나^我란 없다!

나[我]란 없다!

나我란 없다!

초판 1쇄 2019년 12월 23일

지은이 이제겸
발행인 김재홍
교정·교열 김진섭
마케팅 이연실

발행처 도서출판 지식공감
브랜드 비움과채움
등록번호 제396-2012-000018호
주소 경기도 고양시 일산동구 견달산로225번길 112
전화 02-3141-2700
팩스 02-322-3089
홈페이지 www.bookdaum.com
이메일 bookon@daum.net

가격 13,000원
ISBN 979-11-5622-482-2 03100

CIP제어번호 CIP2019045189
이 도서의 국립중앙도서관 출판예정도서목록(CIP)은 서지정보유통지원시스템 홈페이지(http://seoji.nl.go.kr)
와 국가자료공동목록시스템(http://www.nl.go.kr/kolisnet)에서 이용하실 수 있습니다.

비움과채움은 도서출판 지식공감의 임프린트 출판입니다.

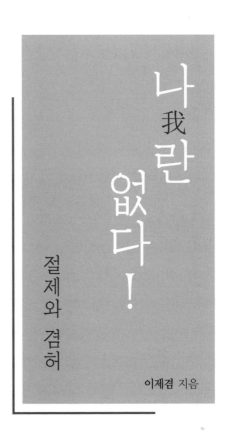

나我란 없다!

절제와 겸허

이제겸 지음

비움과
채움

머리말

 그동안 적어왔던 글이 제법 쌓여, 『나(我)란 없다!』는 제목으로 영혼세상, 현실세상, 추억세상으로 나누어봤습니다. 이 글은 두 번 다시 많은 국민들이 피를 흘리거나 나라를 빼앗기는 일은 없어야 한다는 '구국의 일념'에서 적었습니다. 단맛에 빠진 정치귀족들이 또다시 국민과 국가를 갈기갈기 찢어오며, 세력·패권 쟁탈을 위해 온 국민을 정신병(지역병, 이념병, 한탕병 등)에 빠뜨리고, 국가는 뒷전입니다. 정치 폐해가 너무 커졌습니다. 우리뿐만 아니라 세계적으로… 그래서 더욱 위험합니다!

 요즘 흔들리는 사회를 보며, 어떤 계층이나 어떤 집단이 아니라 우리 모두의 반성을 강조하고 싶었습니다. 우리들의 잘못된 부분들과 너무 과한 부분, 미흡한 부분들을 고쳐가면서 완벽을 향해서 노력하는 데에 '삶의 가치'가 있다고 생각합니다. 그러나 한편으로는 걱정도 됩니다. 이 글을 읽는 분들이 뼈대는 뒤로한 채 '교만한 질책'에만 재미를 느끼고 자칫 감정적으로 휩쓸릴 수도 있기 때문입니다. 날카로운 표현을 쓴 부분들도 많이 있습니다. 이해를 돕고 고질적인 우리의 '폐습'을 타파하기 위해서 좀 충격적으로 표현하자는 '충정'이었습니다.

〈영혼세상〉

저는 두 번째 죽음을 맞이하면서 '지자 깨우침'을 얻었습니다. 역설적으로 엄청 교만하게 살아왔기 때문에, 처절한 반성과 자각을 통하여 그런 대오각성을 할 수 있었던 것 같습니다. 인생을 살면서 항시 '인생의 미지수 X'에 대한 해답을 찾는 데에 '인생의 가치'를 느끼며 살아왔습니다. 그러다 보니 철학적으로는 깊은 '지혜'와 '가치'를 느껴왔던 반면에 현실적으로는 많이 힘들었습니다.

두 번째 죽음을 맞이하면서 얻은 귀한 기억과 함께 만 50살 즈음에 '나란 없다(지자 깨우침)!'라는 글을 쓰고 나니, 마치 밀린 숙제를 마친 것처럼 삶과 정신이 맑아졌습니다. 그렇게 저는 현실세상과 영혼세상의 함수를 풀어내기 시작했습니다. 세상의 구조와 체제 등도 눈에 들어오기 시작했습니다. 그리고 이 엄청난 깨달음을 저 혼자만 알아서는 안 되고, 모든 사람들에게 알려야 한다는 의무감도 생겨났습니다.

그렇게 저의 글은 '영혼세상 부분'의 '나란 없다!'에서 시작되었습니다. '인생 미지수 X의 답'을 찾아 남달리 고뇌와 번민을 많이 해왔던 결과물이자, 자칭 '지자(저의 호) 깨우침'이라 했습니다. 한동안 세상 유일의 '인생 미지수 X의 정답'을 찾았다고 엄청 기뻐한 적도 있습니다.

〈현실세상〉

현실세상에서는 개인이나 집단 등 어느 것도 완벽한 것은 아무것도 없고 완벽할 수도 없습니다. 그런데 예나 지금이나 근시안적인 우리의 권력층들은 權池勢林(권지세림:권력의 연못과 세력의 숲)에 빠져, 온 국민들의 피를 흘리게 하고 나라를 빼앗기고 심지어 국민과 국가를 갈기갈기 찢어놓고 있습니다. 이 무질서한 '권력범람(權力氾濫)'을 아무리 강하게 질책해도 지나치지 않다고 생각했습니다.

잘난 '인물들', '집단들'보다 '전체'를 위한 '제도개선'을 외쳤습니다. 모든 것을 걸고 '한순간의 승리와 우리의 승리'에 희열을 느끼는 근시안적인 단무지(단순무식하고 지랄맞은 자)들의 다툼으로 흘린 피와 지옥 같은 혼란과 아픔과 허망함에 우리는 치가 떨리고 말로 표현할 수도 없습니다. 한때 한가락 하던 자들의 과욕·현혹과 좌충우돌에 그만 휘둘려야 합니다. 특히 억울하고 헛된 피를 많이 흘리고 나라도 빼앗겼던 우리는 모두 정신을 차려야 한다고 외치고 있습니다.

하루빨리 우리 사회의 잘못된 구조와 문제점들을 고쳐야 합니다. 특히, 기득권자들의 '현혹과 지배의 욕심'에 의한 '집단의 세력 다툼, 패권 다툼'의 구도를 고쳐야 합니다. 여기에 기생하는 자들, 기생하려는 떨거지들 모두. 바로 그자들의 '허욕'과 '망상'이 국민들의 피를 엄청 흘리게 하고 나라를 빼앗기게 했으며, 또다시 이 정신병으로 국민과 국가를 갈기갈기 찢고 있습니다. 같은 동전의 뒷면 영혼세상 측면에서 보면, '도토리 키재기'보다 못한 짓인 것을… 문제는 이제 그들이 점점 더 욕심찬 '세력화'와 '패권화'를 노골적으로 대놓고 한다는 것입니다.

잔혹한 동족상잔과 나라를 여러 번 빼앗겼던 우리는, 국가가 짓밟힐 때 많은 국민들이 죽어 나갔고 온갖 수모를 당하며 살아있어도 산 것이 아닌, 지옥보다 더한 경험을 해왔습니다. 아직도 그 고통과 아픔에서 우리는 벗어나지를 못하고 있습니다.

나我란 없다!

우리나라가 살아남기 위한 방법

 1. 부국강병!
 2. 부국강병을 위한 국민화합
 3. 국민화합을 위한 정신병(지역병, 이념병, 한탕병 등) 치료
 4. 정신병 치료를 위한 정신병의 숙주(정치인들) 제거
 5. 올바른 문화구축

올바른 문화구축을 위한 첫걸음은 '법·제도 개선'입니다!

간단히 한 가지 엄격한 제도로 바꾸면 우리 사회가 천지개벽할 만큼 좋아질 것입니다. '정치인'을 없애고 '권력자 경계진(목숨, 가족, 재산 등 모든 것을 바치는 권력자 경계陣)'을 설치하면 됩니다. 나머지는 현재대로 지켜보면 충분합니다.

즉, 한탕귀족을 뽑는 선거를 없애고, 국정의 모든 것을 권력자 경계진(또는 국가수반회)이 감시·감사하는 제도로 만들자는 것입니다. 감시·감사를 잘못하면 자신들이 죽으니, 군과 공무원. 법조계 등의 권력자들을 철저히 감시·감사할 수밖에 없는 제도로 만드는 것입니다. 이 제도는 국민화합과 권력자 경계와 국가 구심점의 중추이자 원동력이 될 것입니다.

'절제와 겸허'의 문화, '살신성인'의 문화, 즉 '죽어야 산다!' 문화가 바로 '득도(得道)'라고 강조했습니다. 그리고 이 '절제와 겸허 문화'를 좀 더 쉽게 3단계로 나눠봤습니다.

1단계, 권력자들의 살신성인 정신(=도·덕·선의 경지)
2단계, 지도층들의 솔선수범 정신(=지·덕·체의 경지)
3단계, 국민들의 헝그리 정신

〈추억세상〉

교만하게 살아오면서 겪었던 많은 시련과 고통이 '자업자득'이었다는 것을 느꼈습니다. 또 그것이 인간을 포함한 모든 것들이 겪는 과정이란 것을… '인생의 미지수 X'를 찾기 위하여 이 책, 저 책을 읽던 중 사주학에 빠지기도 했습니다. 사주학을 공부하면서 저는 엄청 교만한 사주를 타고 태어났지만, 교만했기 때문에 더 많은 고뇌와 반성 등 대오각성을 할 수 있었고, 그 각성을 통하여 더 많이 배울 수 있었던 내용을 꼭 자녀들(새로운 세대)에 알려주고 싶었습니다. 모든 부모님의 마음처럼, 제 자녀들에게 교훈해왔던 글도 몇 개를 포함했습니다. 그리고 교훈적인 일화도 몇 개 포함했습니다.

이제 정말 우리 모두가 대오각성을 하자고 외치고 싶습니다. 너무 강하다고 느낄 수도 있습니다. 하지만 정이 많으나 교만한 우리 국민성에 다른 방법(특히, 현재 기득권층들의 주장들)은 절대 불가능하다고 생각했습니다. 이번 기회에 우리가 반드시 이겨내고 넘어야 할 '숙제'인 것입니다! 무엇이든 과하면 안 좋지만, '권력자 경계법제'만은 아무리 엄격해도 지나치지 않습니다!

우리는 할 수 있습니다! 아니, 우리는 당장 해야 합니다!

나我란 없다!

차례

셋: 추억세상 편

하나

영혼세상 편

01
나(我)란 없다!

사람은 과연 죽으면 끝일까? 아니면 죽은 뒤 영혼이 영원히 불멸할까? 아니면 다른 방향이 있을까? 지금 나는 우리 모두가 가장 알고 싶어 하면서도 살다 보면 타성에 젖어 당연하게 여기고 무관심하게 지나치는 삶과 죽음과 사후세계에 대하여 정확한 답을 찾고자 한다. 이것이 살아가면서 가장 근원적인 질문이자 철학이고 종교이고, 또 누구나 가장 어렵게 여기고 해석이 분분한 내용이란 걸 알았다. 철학이라면 어렵게 쓰여있고 누구나 따분해 한다. 왜, 철학이란 책들은 고리타분하고 어려울까? 이 글도 좀 그럴지도 모르겠다. 그러나 나는 이 '인생 미지수 X'에 대해서 종교나 철학 등을 초월하여 누구나 알기 쉽고 최대한 직설적으로 풀어가도록 노력하겠다. 가능한 직설적이고 간결할수록 더 좋다고 생각한다.

〈나(我) - 1〉

어릴 때 문득, '죽는다는 것은 뭐야? 죽으면 이 세상에서 없어지는 거야? 그러면 나는…?' 그 순간 가슴이 철렁 내려앉았다. '아이고, 이거 큰일 났네. 내가 죽어 없어지다니?' 그때부터 엄청 큰 고민거리가 생겼다. 이만저만한 고민거리가 아니었다. 이미 그때 내게는 하늘이 무너졌었다.

어느 누구에게 물어봐도 신통한 대답이 없었다. '죽으면 그만이지?' 식이었다. 그러나 매일 그 문제로 가슴이 두근거리고, 태산과 같은 걱정으로 아무것도 눈에 들어오지 않았다.

'죽으면 그만이라니, 저들은 어떻게 죽음을 저렇게 담담하게 받아들일까? 아니 본인들이 죽어 없어진다는데, 그것보다 더 중요한 것이 어디에 있다고 저렇게 태연할까? 이 세상이 끝날 때 나도 같이 끝나는 것 아니었어? 아니, 둘 다 끝나면 안 되지. 죽으면 끝이라니? 뭔가 있을 것이야. 와! 없으면 어떡하나? 틀림없이 죽고 난 뒤에는 뭔가 있을 것이다. 가만… 뭔가 기억날 것 같기도 하고, 뭔가 생각이 날 것 같기도 하다.'

마치 내가 갓 태어난 후 또는 엄마 뱃속 시절의 생각도 가능할 것 같은 느낌이었다. 그러면서 누구에게 물어보아도 도통 알 길이 없었다. '이것보다 중요한 것이 뭐가 있는데 다들 이리도 태평할까? 이상하다?'라는 생각으로, 항상 고민하고 마음 한구석에 큰 멍에를 짊어지고 살았다.

나중에는 '그냥 살다 보면 나도 저들처럼 죽음에 대하여 저렇게 태연해질 수 있겠지.'라고 자위하며 대충 넘어가기도 했다. 그러면서도 마음에는 항상 그 어떤 것도 중요하지 않게 느껴졌다. 너무 많은 질문을 하여 핀잔을 듣거나 질문의 방향이 이상하다고 이상한 아이 취급도 받았다. 또 질문 도중에 차단당하기 일쑤였고 좌절도 느꼈다. 삶과 죽음에 대해 명쾌한 답변을 주지도 못하면서, 귀찮게 군다고 구박을 주는 부모님을 비롯한 모든 사람들이 별로 중요하게 보이지도 않았었다.

어릴 때 자주 같이 살았던 외할머니께서 돌아가셨다. 8살쯤이었다. 처음에는 죽음이란 게 실감이 나지 않아 눈물이 안 나왔다. 병풍 뒤의 할머니가 관 속에 누워있다는 것이 궁금해서 들어가려 하자 친척 아저씨들이 말려 울었다. 슬퍼서 울지는 않았다는 감정의 기억이 어렴풋하다. 그리고 한참 뒤 어느 날 동네 아이들과 자주 놀던 빈터를 지나가다, 같이 놀던 아이들이 없고 느닷없이 공허함을 느끼자 갑자기 죽는다는 데에 대하여 그렇게 걱정하며 고민하기 시작했었다. 그 후로 항상 삶과 죽음에 대해 남모르는, 아니 유별나게 근심을 한 것 같았다. 죽음 그 자체에 대한 근심이 아니라 죽음이 가져다주는 '유한함' 때문이었을 것이다.

〈무(無) - 1〉

초등 5학년 때 기마전 시합을 하다가 협공을 받아 떨어져, 거의 완전히 저세상까지 갔다가 돌아온 적이 있다. 얼마나 아프고 추웠는지… 너무 아프고 추웠던 시간은 칠흑보다 수백 배, 아니 수천 배 더 깜깜한 암흑으로 바로 이어졌다.

나는 만 30년이 지난 뒤에 이 사건에 관한 기억이 되살아났다. 그러나 다른 부분은 기억이 나는데 그 암흑의 시간은 도무지 기억이 나지 않는다. 당시 거의 사경을 헤매고 있던 시절, 어느 서점에서였다. 어떻게 그곳에 가게 되었고, 서 있기도 힘든 상태의 무아몽중에서 UFO 관련 책을 보다가 책 속에 글 대신에 느닷없이 그 기억들이 새로운 힘을 주며 나타났다. 너무나 생생했다. 두 번째 죽음의 문턱이었을까? 곧, 이 기억이 두 번 다시 없어지지 않게 글로 옮겨놔야 한다는 강박감이 생겼다.

그때 기마전 시합에서 떨어진 직후, 아마 정수리로 혼이 빠져나가고 있었던 모양이었다. 얼마 후 뭔가 나타났는데 무엇인지를 느끼지 못했고 알지도 못했다. 그리고 여러 사람들이 서 있는 모습이 보였고, 자세히 보니 그 사람들 사이로 어떤 아이가 땅에 누워있었다. 왜 그러고 있는지 의아했다. 가만히 들여다보니 누워있는 아이를 알 듯 말 듯 한 것 같았다(나중에 그 아이가 나였을 거라는 느낌이 있다). 그 순간 눈앞이 점점 희미해지고 멀어지며 깨질듯한 머리 통증과 추위로 모든 감각과 기억 등이 일순간 끊겼다. 극도의 아픔과 추위는 일순간 암흑세계로 연결되었다. 죽음이었다.

얼마나 지났을까? 갑자기 너무나 밝고, 맑고, 화창하고, 기운찬 빛의 하늘과 들판이 나타났다. 주변을 둘러보니 온통 유채꽃보다 더 화사하고 거의 투명색에 가까운 흰색의 꽃들의 들판이 조금은 급한 듯이 내리막으로 맞은편 하늘까지 이어져 지평선을 만들어내고 있었다. 정확한 표현으로 들판의 꽃들은 흰색보다도 더 밝았고 하늘의 밝음이 더해져 그 경계선을 찾을 수 없었다. 너무나 기분이 좋았고 내가 그때까지, 아니 내 평생 지금까지 느껴보지 못했던 쾌청함과 온화함을 느꼈다. 온몸에 힘이 용솟음쳤다.

'여기가 어딜까? 저 지평선 끝에는 무엇이 있을까?'하는 궁금증도 있었다. 그러면서 여전히 추위를 느끼고 있었던 터라 환하고 따뜻한 빛이 계속되기를 간절히 갈망하고 있었다. 그러는 사이에 시선의 방향 때문인지 그 밝은 빛이 약간 약해진 듯한 데 대한 걱정스러움과 주위에 아무도 없는 허전함도 있었다. 몸이 어느 정도 데워져 추위를 못 느낄 때쯤 느닷없이 웬 여인이 개량한복 비슷한 하얀 옷을 입고 내 앞에 서 있었다. 너무 놀랐던 가슴은 그녀의 상냥함과 친절함, 어디서 많이 본 듯하기도 한 포근한 인상에 많이 진정되었다. 나에게로 가까이 다가오면서 그녀는 뭐라 편하게 말을 하는데, 아무리 들으려 애를 썼으나 한마디도 못 알아들었다. 그 여인은 나를 안심시키려 했던 것이 분명했고, 뭔가를 열심히 설명하며 어딘지 자기를 따라가자며 손짓과 함께 설득했다. 놀라움과 무서움은 없어졌고 안심은 되었지만, 전혀 알아듣지 못하는 내용 등에 대한 불안감으로 나는 계속 머뭇거렸다. 그러자 그 여인은 마치 시간이 없다는 듯 다급해 하며 더욱 열정적으로 나를 설득하였고, 그 여인이 나타났던 꽃밭으로 앞서가면서 자꾸 따라오라고 했다. 무조건 믿고 따라오라는 표정이었다. 의아심과 두려움이었을까? 나는 너무 망설이고 있었다. 한편으로 따라가고 싶은 마음이 분명히 있었으나, 몸이 꼼짝하지 않았던 것 같기도 했다.

얼마나 그렇게 실랑이를 벌였을까? 그 여인이 손짓 발짓을 하며 안타까워하고 있는 모습이 역력했다. 한참 후 그 여인이 고개를 돌렸다. 나역시 안타까워하며, 그 여인이 지금 무슨 언행을 하려는지 놓치지 않으려 하다, 그 여인의 고개 돌린 방향으로 시선을 옮겼다. 우측 꽃들 사이로 불과 얼마 전까지 전혀 없었던 짙푸르고 깊은 꽃길이 느닷없이 나타났다. 그러자 웬 다른 여인이 새로 나타난 꽃길 저만치에서 어깨와 얼굴 정도만 보이며 그 꽃길 속에 불쑥 서 있었다. 말없이 불쑥 나타난 그 여인에 또 한 번 깜짝 놀랐다! 그쪽의 꽃길은 먼저 우리가 있던 쪽의 꽃 종류라기보다 오히려 짙푸르고 키가 높은 풀숲이었기에, 두 번째 여인은 그 자리에 불쑥 나타났는지 계속 서 있었는지 몰랐다. 새로운 꽃길은 가만히 보니 꽃길이라기보다 사람 가슴높이의 빽빽한 진초록의 풀숲이었다.

새로이 나타난 여인은 아까의 여인과 똑같은 옷차림이었으나 나이가 더 들어 보였고, 얼굴 생김이 엄격했고 약간 무서워 보이기까지 했다. 어찌 보면 남자인 것 같기도 했다. 의아심과 무서움을 느꼈다. 그러면서 왠지 잘못되어가는 듯한 불안한 마음이 들기 시작했다. 곧 두 번째 여인은 첫 번째 여인의 설명에 아니라는 듯이 단호하게 고개를 가로젓고 있었다. 그런데 자세히 볼수록 무섭고 엄격한 저런 얼굴은 내가 바라던 얼굴이 아닌 듯했고, 또 이런 좋은 환경과는 어울리지 않는 얼굴이라 생각되었다. 점차 주변의 화사하고 찬란하고 화창했던 빛도 진초록의 풀숲 때문인지 제법 많이 어두워져 있음을 느꼈다.

왠지 나는 줄곧 의아심 궁금증 놀라움 등으로 꼼짝할 수도 없었고 놀란 상태로 멍하게 있을 수밖에 없었다. 그리고 앞으로 어떻게 될까 하는 근심과 첫 번째 여인이 마지막으로 아쉬워하며 강하게 설득했던 부분이 왠지 모를 기회를 잃은 듯한 불안감과 한편으로 될 대로 되겠지 하는 심정을 가져다주고 있었다. 그러면서 두 여인의 행동을 번갈아 가며 쳐다봤다. 그런데 엄격한 여인은 이제 단호하면서도 상당히 신경질적인 반응과 함께 첫 번째 여인에게 뭔가를 계속 부정하는 듯 나무라고 있었다. 그러나 내 옆의 여인은 여전히 나에게 같이 가자고 하는 듯하며, 새로이 나타난 여인에게 포기를 모르는 듯 뭔가를 계속 설명하고 있었다. 옆에 있는 여인의 여전히 계속되는 권유가 나에게 뭔지 모를 안심과 희망을 주고 있었다. 그렇게 몇 차례 두 여인은 설왕설래했다. 그러나 나는 여전히 망설이고 있었다. 그러자 내 옆의 여인은 마지막 호소인 듯 뭔가를 큰 소리와 제스처로 두 번째 여인과 나를 번갈아 보며 설명을 했고, 그러자 역시 숲 속의 여인은 이번에도 엄격하게 아니라는 뜻으로 손을 가로저으며 뭔가 화가 난 듯 더욱 강하게 설명했다.

마침내 내 옆의 여인은 마지못해 그쪽 여인에게 수긍하는 듯하더니, 나에게 설득조로 말하기 시작했고, 그 내용은 마치 지금은 아니고 다음에 만나자는 약속을 하는 듯했다. 그러면서 약간 떠밀 듯 강제적인 행동을 취했던 것 같다.

그 순간 또다시 앞서의 두통, 추위와 함께 암흑이 이어졌고, 모든 것이 깡그리 잊혀져 버렸다. 아무 생각이나 의식, 느낌 같은 게 없었다. 전혀 어떤 기억도 불가능했다. 얼마나 지났을까? 어딘가 내가 엎어져 축 늘어져 있음을 차츰 조금씩 알아차릴 수 있었다. 양 팔뚝에서 어깨까지 그리고 양 허벅지 부분은 얼어있었다. 빠르게 녹아든다고 느끼는 순간 또 기억이 없어졌던 것 같다. 잠시 후에 정신이 좀 났던 것 같았다. 그리고 한동안은 그러한 내가 누군지를 전혀 몰랐다. 여전히 엄청난 두통과 온몸의 부자연스러움 그리고 한기를 함께 느낄 수 있었다. 몸이 생각대로 잘 움직여지지 않았으며, 한참 동안 몸을 가누지도 못했다. 엎드려진 상태에서 몸을 일으키기 위하여 팔 하나를 움직이는 데 몇 분이 소요됐다. 양쪽 어깨를 비롯하여 큰 관절 부분은 빠져있었다. 입에서 말도 나오지 않았다. 그리고 얼마 후 아이들이 말들을 걸어왔고 가까스로 급우라는 것을 한참 만에 느끼자, 나는 내가 누구인지를 어렴풋이 알기 시작했고 교실 책상 위에 쭉 뻗어 늘어져 있는 나 자신을 느낄 수가 있었다.

주변 학우들은 체육시간 기마전에서 협공을 당하는 순간 뒤를 받치던 친구가 넘어지고 무너지며 거꾸로 떨어진 뒤 1~2시간 남짓 지났다고 한 것 같았다. 그때는 이미 다른 과목의 수업 중이었던 같았고, 무슨 과목 몇째 시간이라 한 것 같았는데 책을 꺼내거나 바로 앉기조차도 할 수 없었으며, 시간표를 보며 흘러간 시간을 계산할 수도 없었고, 한참 동안의 멍청함 뒤에도 무엇을 할 엄두도 내지 못했던 것 같다. 운동장에서부터 축 늘어진 나를 들고오느라 엄청 무거웠다고 했다. 몇몇은 내가 죽은 것 같다고 했다. 죽은 시체가 더 무겁다며. 다들 내가 기절한 것으로 여기고 있었고, 선생님이 급우들에게 화를 내며 교실로 옮기게 했다고 했다. 순간 선생님이 무책임하고 야속하다고 느꼈으나, 곧 그 것에 대해 별로 생각이 이어지지 않았다. 기마전 사고에 의한 단순한 기절 정도였다고 생각을 하게 됐다. 그 후로도 나는 약 30년 동안 그 사건을 전혀 기억이나 생각해본 적이 없었다.

그런데 30년이 지나 우연히 그 기절의 순간을 기억해낼 수 있었다. 단 혹독한 추위의 암흑기간을 빼고. 41세에 해외근무 등의 여파로 인한 건강상의 문제로 명예퇴직을 한 후 바로 어떤 연수원에서 연수를 받고 있던 중 평생 처음으로 축농증, 폐렴을 앓아 병원에 입원하는 등 최악의 상태였다. 그러나 아직 나이가 젊다 하면서, 자존심만 앞세우며 그냥 미련하게 밀고 나가고 있었다. 그 연수가 거의 끝날 무렵의 어느 날, 몸을 가누거나 눈도 다 뜰 수조차 없었는데 오래 서 있기도 힘든 상태의 몸을 이끌고 과외 집합에 참석하던 도중이었다. 시간이 좀 남아있어 쉬는 공간을 찾아서 동료 연수생 한 명과 집합장소 인근의 서점에 들렀다. 거기서 무심결에 철학 분야의 서가에서 UFO 관련 책들을 보는 순간 눈은 책에 있었지만 30년 전의 기억을 하나하나 끄집어내고 있었다. 두 번째 죽음의 문턱이었을까?

완전히 다른 세상이 바로 내 눈앞에 있었던 것이다. 그것은 꿈이 아니었다. 당시 나는 낮잠도 자지 않던 한참 때였고 더구나 그때는 오전이었다. 온통 투명한 공기뿐인 우리 눈앞에 다른 차원의 세상이, 아니 그 이상이 있다는 것을 확인하는 순간이었다. 인간들은 눈, 귀, 코, 입 등으로 아름다운 세상 등을 보고 듣고 느끼며 살아간다. 반면에 인간들은 그 보고 듣고 느끼는 것들에 족쇄가 채워져 있는 것을 모르는 채, 공기 속에 질소를 비롯한 많은 원소들이 포함되어 있다.

그렇다. 염력이 뛰어난 사람들은 공기(無) 중에서 원소(有)들을 추출하여 물질이나 생물들까지 만들 수 있다고 누군가 말했었다. 믿거나 말거나 한 얘기지만. 어쨌든 바로 눈앞에서 불과 몇십 분 안에 들어갔다 나올 수 있는 또 다른 세상이 있다는 것을 알았다. 인간의 눈으로 볼 수 있는 흰색과 빨주노초파남보, 흑색 등의 범주가 전부가 아니었다. 더욱이 현세에 어느 정도 물들어 있던 자아의 의식이 조금 남아있는 상태에서 왕복해본 다른 세상의 일부가 그 정도였다. 우리 주변, 곧 우주에는 한계가 없이 다양한 차원의 세상이 서로 교묘히 연결되어 있다는 것을 깨달았다. 여태껏 눈에 보이는 잣대로 우리 인간들이 우주의 헤게모니를 쥔 양 사고(思考)하는 발상부터가 잘못된 것임을 느꼈다. 인간들은 주어진 오감도에 갇혀있었다. 제 눈에 안경인 언어나 이론이나 논리로써 우주 대자연을 설명한다는 자체가 잘못일 것이라고 느꼈다. 저 세상(내세)은 현세와 동떨어진 것이 아니라 동체(同體)라는 것도 느꼈다. 뭔가 무한함을 느꼈다. '부즉불리(不卽不離–한계 속의 무한계, 무한계속의 한계)'이리라.

〈나(我) – 2〉

그래서 그랬는지, 나는 좀 엉뚱한 데가 많았던 것 같다. 중학교 때부터 육갑(六甲)을 잘 짚고 설명도 꽤 잘했었던 것 같다. "시천권(時天權)이 들어있어 말년에 권세를 좀 잡겠는데요." "야, 대단하다!" 식이었다. 그렇게 하다 보니 모든 것을 육갑의 틀로 해석하려 했고, 점점 운명론에 빠져들기도 했다. 아마 육갑 속에 '인생 미지수 X'를 찾는 심오한 방법이 있을 것 같아 그렇게 빠졌을 것이다.

또 우리네 풍수이론에 따른 '묘(墓)의 오악(五惡)' 이론 – 죽은 자의 영혼은 해골에 남기에, 조상의 혼이 편안히 묘에 거처할 수 있어야 자손

나我란 없다!

들이 조상의 도움을 받는다는 이론임. 특히 매장(埋葬) 후 묘(墓)에 충(蟲), 수(水), 석(石), 풍(風), 목(木)의 오악(五惡)이 묘를 침범해 들어가는 것은 안 된다고 하는 이 이론은 한동안 나의 마음을 빼앗고 있었다. 묘에서 벌레가 생기거나, 물이 스며들거나, 돌이 솟거나, 통풍이 있거나, 나무뿌리가 생기는 곳에는 조상들의 혼(魂)이 편안할 리 없고 또 유골이 매장되지 못하고 방치되거나 원한이 깊게 죽은 귀신들은 구천을 떠돌며 관련자들에게 해를 입히며, 죽은 자의 시신을 좋은 땅에 매장을 잘해주지 않으면, 그 후손이나 관련자들에게 해를 끼친다는 이론이다. 결국 나는 화장(火葬)에 이은 수목장(樹木葬) 등을 최상이라 여기게 되었다. 인간을 포함한 동물을 양이라면 나무를 대표하는 식물은 음이다. 양이 음을 취하고 음이 양을 취할 때 완성(=무)이 된다.

이렇게 남들이 보기에도 정작 중요한 현실 부분에는 신경을 쓰지 않고 엉뚱한데 신경을 썼다. 나 스스로 생각을 해봐도 정작 물질이나 현실적인 측면에서는 양보나 손해를 많이 보면서까지 별 가치를 두지 않았고, 영혼적인 부분이나 내세(來世) 등에 대해 무한한 가치를 두며 무척 따지고 밝혔고 일찍이 종교에 관한 토론도 많이 벌였다. 영혼과 영원에 대한 집착이 훨씬 컸던 것이다.

그렇게 육신은 가볍게 여기면서 영혼에 대해서는 아주 중요하게 생각하여, 50년 동안 아무 종교에 내 영혼을 무턱대고 맡기지 않겠다는 고집도 있었다. 특히 아이들을 낳고 사랑을 느끼기 전까지, 아니 아이들을 키우고 있는 지금도 조금 현실적으로 변했을 뿐 틈만 나면 영혼 쪽으로 신경을 쓴다. 현실을 우습게 여기는 '현실적 교만'이 나도 몰래 쌓여 현실적인 고생도 많이 했다. 그러나 아직도 '인생의 미지수 X'를 찾으려 인생의 대부분을 축내며 지내고 있다. 종교를 가진 지금도 '인생의 미지수 X'가 너무도 궁금하다. 어느 종교나 철학도 '인생의 미지수 X'에 대해 명쾌한 해답을 내놓지 않았다. '인생의 미지수 X' 부분을 모두 神으로 대입시키고 있었다.

"수십억 명, 아니 수천억 명이 살아오고 있는 이 땅에서 '인생 미지수 X'의 정답을 아는 사람이 없단 말인가. 그러면서 왜 사니?"라고까지 했다. 또 그것을 안다면 당장 죽을 수도 있다고 할 만큼 궁금해하기도 했다.

그래서 도사같이 보이는 사람, 괴팍한 사람, 고상한 사람, 엄숙해 보이는 성직자, 괴상한 이야기 등에 특히 호기심을 넘어 경외심까지 가지기도 했다. 이렇게 갈팡질팡하면서 비현실적인 경험도 많이 해왔고, 또 현실을 가볍게 여겨서 지겨울 만큼 삶이 고달픈 때도 있었다. 그렇게 교만하게 현세를 살아오는 과정에서 알게 모르게 나와의 충돌로 고통을 받은 사람들에게 지면을 빌어 다시 한번 용서를 빈다.

그러한 고통과 시련과 병마까지 겹쳐 마지막의 의식마저 가물가물할 때 죽는 것이 이것보다 못하랴 했던 적도 있었다. 거기서 '아하, 죽는 것보다 사는 게 더 고달플 때 기꺼이 죽을 수 있는구나! 즉, 이렇게 고통이나 고뇌의 경지가 최고조에 달하던지, 아주 도의 경지가 높아지던지, 오욕칠정을 완전히 버린다든지, 인생에 여한이 없든지 할 때, 그때가 바로 살고 있어도 마치 살고 있지 않은 양 삶과 죽음의 경계선이 없어지는 궁극의 경지이구나!'라는 깨우침을 얻기도 했다.

〈나(我) - 3〉

그러나 한편으로는 50세가 되고 현실의 위대함(?)을 많이 느끼고 난 뒤, 인생을 좀 더 현실적이고 방정하게 살았더라면 오히려 좀 더 빨리

나我란 없다!

좋은 답을 찾을 수 있었을지도 모른다고 생각했다. '왜 그리 뭔가에 쫓기듯 살며 큰 것 같으면서도 자질구레한 것들까지 집착했을까?' 잦은 후회도 했다. 작은 것 하나하나에 가치를 두며 놓치지 않으려 했다. 그러면서 한편으로는 정말 교만도 했고 죄도 많이 지으며 갈팡질팡 빙빙 둘러왔다. 차츰 현실에 젖어들게 되었고 어느 정도 인생 미지수 X의 궁금증을 '그러려니'로 여기기도 했다. 현실의 위대함을 영혼과 내세의 위대함 정도로 보게 되었다. 그러면서도 여전히 인생 미지수 X를 찾으려고 했지만 딱 부러지게 설명해놓은 것을 찾지 못하는 데 대한 답답함과 아쉬움은 늘 있었다. 이 문제에 있어서만은 한쪽으로 집착되거나 감언이설적인 말보다는 자신의 직관을 따르려 했고, 오로지 나 자신의 양심과 영감, 직감을 지키려 했다.

수천 년 동안 각종 집단의 강권과 소속감과 지배의 일방적인 주입식 철학과 종교 등에 휘둘리거나 부화뇌동하는 것보다, 오히려 한 사람의 양심과 직관력 그리고 영험이 더욱 정확하고 진실될 수 있다고 생각했다. 그래서 집단들로부터 따돌림받는 말이나 글들에 관심을 가지기 시작했다. 또 직접 저세상 문 앞까지 두 번이나 갔다 온 경험과 예지와 함께 삶과 죽음의 함수에 대해 정직하게 쓴 책들을 찾기에 골몰했었다. 역설적으로 그들이 더 순수할 것이라 확신을 가졌기에. 명리학 책, 환생에 관한 책, 임사체험에 관한 책, 티벳 사자의 서, 인도 철학, 주역 등 등. 50세에는 실체적인 결과도 없고 영혼장사 집단이라고 그렇게 부정해오던 기성 종교에 입문까지 했다. 역으로 '위대한 현실(?)을 배우기 위하여'라는 심정과 여전히 '인생 미지수 X'를 찾기 위하여…

아직 미흡하지만 음양에 기반을 두고 오행으로 나눈 명리학(命理學)

은 상당히 재미있고, 그것에 인생을 대입시켜보면 상당 부분이 들어맞기도 했다. 물만 먹어도 살이 찌는 사람, 아무리 먹어도 살이 찌지 않는 사람 등, 운명론을 가볍게 치부할 수 있는 학문이 아니라 여겼다. 만물은 5가지의 성질로 나누어지며, 또 음과 양으로 구분되고, 다시 십이지(支)와의 연계로 세분화되는 다양한 틀을 만들고 있다. 재미있고 어렵고 상당 부분 감탄할 만큼 실제와 근접하며 빠져들게 만든다. 특히 전생의 업보와 연관 지어 생각하면 더욱 재미있다. 아직 더욱 다양하고 세부적인 교본들이 부족한 것에 아쉬움이 있지만. 그러나 미래 예방 차원에도 좋다. 더 큰 아쉬움은 해석의 여지가 너무 넓고, 좋은 사주라는 것은 오욕(五慾:食, 色, 財, 權, 名譽)을 채우며 철저히 현실세계의 길흉화복을 따지고 있었다. 六甲을 포함하여 그런 현실세계를 목표로 하는 것은 결국 별 의미를 못 느끼게 했다.

임사체험도 나만의 것이 아니었다. P.M.H. 애드워터의『죽음 또 다른 세계로의 여행(BEYOND THE LIGHT)』에서는 나와 비슷한 임사체험자들의 경험이 많았다. 글의 내용은 상당히 정직하며 방대한 논문이었다. 임사체험자 거의 모두가 죽는 순간 어떤 터널을 지나 터널 끝의 황홀한 빛을 맞이하게 된다고 했다. 이 책은 어느 정도 기독교 쪽으로 기울고 있고, 현세와 내세의 중간 기간(바르도 기간)까지를 언급하고 있지만, 그다음 來世를 충분히 설명하고 있지는 못했다.

그리고 임종의 순간에 나타나는 최초의 투명하고 엄청난 이 빛을 또『티벳 사자의 서』에서는 '태초의 빛'이라 했다. 그리고 그 빛을 따라가야 한다고 했다. 그 빛은 모든 것의 근원이며 진리의 몸 그 자체이기 때문

나我란 없다!

이라 했다. 그러나 이때는 거의 죽은 상태인 나(我)의 의식이 거의 없는 상태로 현실적인 의식의 힘으로는 그 빛을 따라가는 것이 불가능하다고 했다. 나(我)의 의식이 있는 것이 오히려 욕심을 불러일으킬 뿐이라 했고, 오로지 카르마(현실의 업보)에 의해 그 빛을 따라갈 수 있거나 없거나 한다고 했다.

아니면 '바르도 퇴돌(죽어서 듣는 것만으로 자유에 이름)' 해야 한다고 했다. 이 부분은 종교적인 색채가 짙게 가미되어있다고 생각한다. 결국 현세에 살면서 나(모래알)를 버리는 습관, 고뇌와 철학이 배어있는 자는 가능하다고 했다. 모든 것을 환상이라 여기며.

'바르도'란 산스크리트어(고대 인도어)로 이생과 來世 사이에 있는 기간을 말한다. 보통 49일간으로 우리가 흔히 말하는 사십구재(四十九齋)도 이 기간을 말한다. 그러나 현실세상의 49일과는 다르다는 것을 분명히 하고 있다. 가장 정확한 표현은 신성한 숫자라 여기는 7의 제곱수인 49라는 숫자는 힌두교와 북방불교(대승불교)의 고차원적인 신비 과학에 따르면 윤회계(현상계) 안에는 일곱 세계 또는 7등급의 마야(환영)로 이루어져 있다. 그리고 그 각각의 우주에는 진화의 일곱 단계가 있기 때문에 모두 합해 49개(7x7)의 정거장이 존재한다고 했다. 그것을 거치며 지나가는 기간을 말한다.

특히 인도의 철학, 종교가 인생은 '이생 – 바르도 – 내세'로 이어진다고 한다. 『티벳 사자의 서』는 고대 인도 철학에서 근대 불교까지를 아우르고 있다. 이 책은 동서양의 '장례(葬禮)의 문화와 바르도세계'에 대한 원전(原典)으로서 상세히 설명되어있다. 환생과 니르바나의 來世에 대하여도 자세하고 중요한 뼈대를 설명하고 있다. 단지 읽는 사람들의 경지(?)가 상당한 정도에 이르고 있지 않으면 이 책의 최고 내용을 이해하기

가 어렵다는 것이다. 라마 카지 다와삼둡 선생, 에반스 웬츠 선생과 류
시화 선생의 노고에 경의를 표하는 바이다.

브라이언 와이스(Brian L. Weiss) 박사의 『나는 환생을 믿지 않았다(Many
Lives, Many Masters)』와 『전생요법(Through Time Into Healing)』도 미국 최고의
정신과 의사인 만큼 前生에 대해 아주 과학적이고 논리적으로 설명하
고 상당히 공감도 많이 가고 매력적인 책이다. 주로 '바르도 기간'과 '전
생'을 표현하고 있는데, 바르도 기간을 관장하는 '귀신(鬼神)들의 여러 층
(level)'이 있다고 주장하는 것이 우리 무속신앙의 그것과 비슷하다.
또 종교학도 공부한 와이스 박사는 콘스탄티누스의 밀라노 칙령 이전
의 고대 기독교는 '환생'을 인정했다고 한다. 또 이 책 속에서 언급되는
맨토귀신들의 직접적인 목소리에 의한 치유방법은 우리의 무속신앙의
그것과 너무나 흡사했다. 단지 아쉬운 것은 최면에 의한 '전생퇴행(前生
退行)'이기에 어느 정도 피최면자의 상상력이나 의식이 포함되었나 하는
문제가 남아있다. 그러나 한 번쯤 경험을 해보고 싶은 분야임에는 틀림
이 없다.

또 경험해보고 싶은 것은, 거의 불가능하겠지만, 인도의 물만 먹고 38
년 이상을 살아가는 요가승들의 경지이다. 이 요가승들은 氣를 조절하
는 특유의 자세로 '바르도 기간'까지 마음대로 왔다 갔다 한다고 한다.
국문학자 서정범 교수께서 40여 년간 '무속신앙'을 연구하며 쓴 『무녀
별곡』 등은 무속신앙에 애착을 가지고 정직하게 쓰려고 한 노고에 감사
를 드린다. 그러나 '언어연구'를 넘어서 과학적으로 검증하며 쓰려고 했
는지, 아니면 '기성 종교와의 차별화'를 한 건지 아쉬움이 있었다. 특히

나我란 없다!

저자가 미리 무속신앙을 미신으로 한 단계 폄하하고 글을 쓰고 있지 않았나 싶다. 아니면 무속신앙인들을 기성종교의 성직자와 달리 의사(醫師)로 착각을 하고 있었던지. 우리는 기성 종교에 베푸는 존경만큼 무속신앙에도 똑같은 존경심을 가진다면 많이 달라질 것이라고 확신한다. 사실 종교라는 것도 믿을 때 효과가 있는 것 아닌가. 심지어 의학에서도 많은 부분을 '플라시보(placebo) 효과'로 변명하곤 한다. 오히려 무속인들이 '영매'로서 '몸신(해당 무속인의 主神)'의 '空手(몸신이 주는 영감 또는 직접적인 가르침)'를 받아 치유하고 예언해주는 부분은 기성종교보다 더 실체적이고 실재적이지 않은가. 또 무속인들이 길(吉)한 동물을 먹지 말라는 부분은 단순한 계몽적 차원이 아니라, 내가 직접 경험한 것으로 대단한 것이었다. 개고기는 4대까지 영향을 미친다고 했다.

나의 경우 개고기를 먹고 복막염 수술을 두 번 했으며, 또 한 번은 직장 동료들과 체육대회 중 바지에 설사를 했으며 그 뒤 30일간 계속 설사를 했다. 자라와 거북은 용왕의 자녀이고 부귀영화의 化身이라고 한다. 나는 자라와 거북을 먹은 그날 밤 '탱화'에서나 볼 수 있는 총천연색 벽으로 둘러쌓인 곳에서 놀라 잠을 깼다. 또, 자라와 거북을 먹고 난 뒤 코뼈가 부러졌고, 부부 성관계가 많아졌으며 나중에는 골수까지 빠져나가는 듯했다. 건강을 잃고 직장을 잃고 모든 재산마저 날렸다. 또 뱀과 구렁이를 먹고는 나뿐 아니라 자식들의 시력마저 나빠지고 있다. 수년 뒤 자라와 뱀장어를 방생하러 다닌다고 허겁지겁한 적이 있다.

우리의 '무속신앙'은 다른 종교에 비해서 상업적으로도 정말 바닥이었다. 특히 처방에 따른 그 해결책을 너무 정확하고 정직하게 나타내려는 데 목적을 두었다. 그 부분을 비교하면 다른 '기성종교들'은 아예 답이 없다고 할 수도 있다. 모든 미지수 X 부분은 하느님, 부처님, 알라님이니까. 또 '영혼 장사'도 엉망이었다. 보이지 않는 神을 신성시하고 경외심을 불러일으켜 현혹시키는 '조직적인 활동'이 있어야 했다. '교세확장'을 위한 선전, 광고, 유착 등도 부족했다. 아니 거의 없었다. 또 너무나 눈물 날 정도로 양심적이어서 너무 적나라하게 모든 것을 공개하려 했다. 그것도 주로 혼자서… 실력을 너무 과신했을까? 우리 속담에도 "중이 제 머리 못 깎는다."고 했다. 다른 기성 종교들처럼 제자들이나 도우미들로 앞세우고, 직설적인 표현보다는 은유나 비유로 두루뭉술하게 넘어갔어야 했다. 그러나 더욱 중요한 부분은 무속신앙은 기성 종교들처럼 편을 가르고 서로 범주를 쌓아 집단으로 가두려 하지 않는 자유스러움이 있다. 무속신앙을 두둔하려는 것은 아니다. 종교와 같이 '순수해야 하는 집단'이란 소박하고 작고 약한 것일수록 순수하지 않을까?

〈나(我) - 4〉

한동안 '영혼집단'에 대한 거부감과 그 허구와 진실을 밝히려고 노력도 했다. 그러면서도 한편으로는 '수천 년 동안 수많은 사람들이 '기성종교'를 믿어오며, 이미 그들이 세상을 좌지우지하고 '세상의 정답'이 되어버렸다. 이제 와서 한 개인이 기성종교의 허구를 밝히는 그 자체가 오히려 우주의 섭리에 반(反)하는 것이라는 생각도 하게 되었다. '승자독식'인 세상인데 정답이 없는 세상살이에서 '다수가 믿으면 정답'이 될 수 있으리라. 그러나 그렇게 생각을 하면 할수록 '인생 미지수 X'가 더 궁금했고, 이 세상에 살고 있기 때문에 이 세상에서 혹세무민 당하는 사람들을 위해서도 진실을 알려야 한다고 생각했다.

어쨌든 가족들과 종교 단일화를 위해서, '인생의 미지수 X'를 찾기 위

나我란 없다!

해서, 또 현실을 배우기 위해 종교에 입문할 때 역시 기대감과 경외감은 있었다. 나보다 훌륭한 사람들이 수없이 많이 믿고 있는데 내가 너무 교만하다고 여긴 '보편적인 착각'도 큰 몫을 했다. 그러나 이미 개똥철학이 어느 정도 머릿속에 박혀있었기에 교리를 그대로 받아들이기 힘들었다. 그래서 우주 전체를 '하느님'으로, 사람들 중 우주의 섭리에 가장 표본이 되는 자를 '예수'로, 모든 여성 특히 어머니의 대표를 '마리아'로 상징했다고 여겼다. 제사를 엄숙히 섬기던 집안의 영향으로 '진혼(鎭魂)'에 대해서는 어떠한 종류든 신성함과 경외심은 가지고 있었다. 그래서 미사에 대해서도 거부감은 없었으나 좀 가볍다고 느꼈다. 그리고 '하느님'을 비롯하여 많은 것을 단순한 그림으로 표현한 것에 신빙성과 신비성이 떨어진다고 느꼈고, 사람의 얼굴 형태를 취하더라도 우주를 포함하고 인식할 수 있도록 해야 한다고 종교입문 당시는 아쉬워하기도 했다.

몇 년 다니다 보니 점점 '최고의 기성종교도 실체적인 결과나 정답이 될만한 게 별로 없다'는 생각에 식상했다. 또한 '나는 왜 이렇게 인내심과 사회성이 없나?'라고 반문도 해봤다. 이 부분에서 많은 사람들이 착각으로 빠지고 있을 것이다. 분명히 인내나 사회성하고는 다른 문제이다. 다시 틀에 갇히며 답답하고 어색함이 생겨났다. 더욱이 비대한 종교집단이 근원적인 신앙(信仰)보다 '세력 확장'과 '세력집단과 타협'하고 있음을 안타까워했다. 매너리즘에 빠진 사제들은 근본적인 신앙과 교리를 사랑이나 헌신보다 '집단의 주입과 지배'로 실천하고, 세력집단과 연결하기 위하여 몸부림치고 있는 것 같았다. 그것도 오로지 종교집단의 이익만을 위하여 너무 이기적이고 심지어 잔인하다고 느낄 때가 한두 번이 아니었다. 나는 다시 집단에 반하여 형태 없는 집단 속으로 서서히 갇히고 있었다.

오히려 어떤 때에는 영리 목적의 기업들이 종교단체들보다 더 도덕적이고 겸허하다고 느낄 때가 많았다. 또 진정 영혼에 책임을 지는 것은 한 번도 없으면서 신자들을 천사병에 빠뜨리고 있다고 생각했다. 그리고 요즘 세상의 서민들이 오히려 성직자들보다 더 성직자답게 고뇌에 차있다고 느꼈다. 사실 종교의 믿음이란 '환영과 환상'이 아닌가. 인생을 비롯한 모든 것을 환영(幻影)이라고도 한다. 오히려 거기에 비하면 수백 년 동안 기성종교들이 문학서적, 정치, 사회적 매스컴 등을 이용하여 미신으로 폄훼하며 짓밟아왔던 '무속신앙'이 훨씬 더 원초적이고 양심적이라 생각했다.

물론 무속신앙과 다른 신흥 종교들도 목적과 교리에 있어서 기성 종교와 별반 다른 것은 없다. 큰 문제점은 기성 종교집단은 이미 충분히 부유한데도 돈과 권력 등을 너무 탐하고 있다는 것이다. 게다가 종교집단들이 빈익빈 부익부화 되어가고 다툼과 야합도 많다. "하느님, 부처님, 알라님 등 神에게 모든 것을 의존하고 해결받는데, 어떻게 유독 돈은 신자들의 호주머니에서 나와야 하나?"라는 비판이 그것이다.

특히 십일조 등 헌금을 잘 납부하는 사람들은, 오히려 현실적이고 부유한 자들보다, 현실적이지 못한 중산층 이하 저소득층들이다. 물론 현실적이지 못하기에 헌납을 잘하겠지만… 심지어 나약한 신자들은 가족들의 의식주는 신경도 안 쓰고 많은 부분을 헌납하기도 한다. 이 부분이 가슴 아프다. 어떤 목적을 가진 현실적인 자들은 광고효과를 노려 큰 금액을 헌납하며 사제들과 종교집단에 영향력을 가진다.

심지어 요즘은 각 종교단체들이 현재의 크기에 만족을 못 하고 막대

나我란 없다!

한 자금력 등을 앞세워 별의별 행사를 하고 있다. 종교 집단의 위력 또한 대단하다. 이미 문학, 정치, 시민단체 등을 통하여 주도권을 쥐고 있을 뿐만 아니라, 사업 확장 등을 위하여 사제들의 성향에 따라 적재적소에 배치시켜 각종 이벤트를 창안하고 있다. 금력과 권력과 영혼을 앞세우고 있기 때문에 대부분의 신자들과 시민들은 부화뇌동하며 따라가게 된다.

집단이란 '이기적'인 것으로 '장삿속'이란 뜻이다. 더욱이 '니 편', '내 편' 등으로 편을 가른다. 대상 고객들(?)의 경쟁심을 유발시켜야 더욱 장사가 잘 되기 때문일 것이다. 이미 기성 종교집단은 장사가 잘 되고 있다. 이제 기성 종교집단들이 너무 비대하여 본래의 목적과 다른 방향들로 나아가고 있음에 징그러움과 두려움을 느낀다. 더욱 문제는 집단에 스스로 갇힐 뿐 아니라 집단 이기주의화 되어왔다는 무서운 사실이다. 와이스 박사가 지적한 것처럼, 시작부터 제정(祭政)이 함께 엮여있던 '세계 최대의 종교집단'은 그 순수성에 문제점이 있었다.

그래서 현실적으로 경제 등의 고통을 받으면서 몹쓸 천사병으로 종교에 헌신하는 불쌍한 신자들을 보면 가슴이 아프다. 오히려 그들이 더 성직자답다. 마치 진정한 애국자는 정치꾼들이 아니라 시민들이듯이… 이렇게 정치든 종교든 경제든 교육이든 욕심으로 현혹하며 집단화하는 것은 바로 '약탈자의 지위'와 다를 바 없다. 한편으로 기성 종교에 종사하는 종교인들도 내세에 대해서만은 불안해할 것이다. 불안을 버리는 최고의 방법은 '나, 집단'을 버리는 것이다. 즉, 양적으로 더 이상 고래 등 같은 성전(집단)을 쌓기에 열을 올릴 게 아니라 질적으로 선(善)과 도(道)와 덕(德)으로 '솔선수범'하는 것이다. 희생하고 포용하는 자세로 말이다. 秘書(비밀문서)나 비밀 등으로 감출 것이 무엇이 있는가. 미래의 언어는 말과 글이 아닌 '독심술'로 형통하였으면 좋겠다.

〈무(無) - 2〉

우주와 비교할 때 사람은 너무나 미미하다. 그래서 창해일속(滄海一粟)이라 한다. 그러나 그 모래알 속에 또 우주가 들어있다고 한다. 과학자들에 따르면 우리의 몸에 세포의 수가 10조 정도 들어있다고 한다. 그리고 그 세포마다 10조 정도의 원자를 포함하고 있다고 한다.

원자 하나에 비교할 때 인간은 무한이다. 우리가 사는 지구가 속한 은하계 속의 별(위성, 항성 등)의 수가 10조 정도라 한다. 그리고 우주에는 우리가 속한 은하계 정도의 수가 10조 정도 있다고 한다. 우주 역시 무한(無限)이다. 그래서 이 닮은꼴의 인간을 소우주(小宇宙)라고도 한다. 눈에 보이는 작은 몸뚱아리의 인간으로서가 아니라… 그래서 인간의 틀에 갇히지 않고 無限으로 나아가야 한다. 나(我)를 우선시하면 모래 한 알에 갇히는 것이고, 나 외의 모든 것을 우선시하면 바로 우주(無限)가 되는 것이기 때문이다. 종교의 궁극도, 바로 이게 '인생 미지수 X의 답'이다. 또 내가 생각하고 행하는 하나하나로 인하여 세상과 우주에 미치는 영향만큼 나의 몸속 마음속에서도 똑같이 일어난다고 여겼다. 좀 심한 비약일지 모르지만 암 같은 불치의 병도 그런 식으로…

『주역(周易)』은 '변화와 생성의 우주 섭리'를 간단한 기호(象)로 잘 나타내고 있다. 無(道=宇宙)에서 하나(一)로, 하나에서 음양으로, 음양에서 64괘로 퍼져나간다. 無에 있어서 완전한 無가 있고 혼동의 無가 있다고 한다. 하나에도 움직이지 않는 하나(太極)가 있고 움직이기 시작하는 하나(乾元)가 있다고 한다. 중국 원고(遠古)시대 복희 왕이 팔괘를, 그리고

3500여 년 후 주나라 문왕이 팔괘를 중첩하여 64괘를 만들었고, 또 약 500년 후에 공자가 점서(占筮)로서가 아니라 순수 철학적 관점으로 64괘상(卦象)과 괘효사(하나의 괘에 있는 6개의 효를 각각 하나씩 풀이함)의 문자를 해설하였다. 이것은 팽창(Inflation)하는 우주의 변화를 잘 나타내고 있다 하겠다. 지구가 속한 은하계가 빅뱅 이후 150억 년이 지났지만 계속 팽창하고 있는 것과 같다.

복희왕 시대는 지금으로부터 약 7000년 전으로 씨족사회 정도였으니 단순하였을 것이고, 문왕과 공자의 시대는 점점 팽창된 복잡한 시대였다. 그래서 인구가 팽창하는 만큼 괘효도 팔괘에서 384효로 팽창 세분화되었다. 이렇게 원래 우주 본연의 無에서 하나로 384효사로 팽창해 나가는 것을 '형이하학', 즉 현실화라 할 수 있다. '위편삼절(韋編三絕)'이란 말과 같이 말년에 주역에 빠진 공자께서 형이하학을 주로 설명을 했다. 이와 반대로 세분화된 현실에서 하나(太極)를 거쳐 무위자연(無爲自然)으로 회귀(올라감)하는 것을 '형이상학', 즉 '道'라고 한다. 이것이 블랙홀을 통하여 無(=宇宙)가 되는 것과 같은 이론이다. 老子께서 무위자연(형이상학)을 주로 노래했다고 한다. 우주의 모든 것들이 이렇게 내세지향(上學)에서 현실지향(下學)으로, 또 반대방향으로 서로 '원도주류(圓道周流)'를 하고 있다. 거기에는 큰 원들이 있고, 작은 원들도 무수히 다양하게 얽혀있다고 한다. 너무 간단한 기호로써 해석에 다변성과 어려움이 있으나 우주의 모든 것을 아우르고 있다. 고회민 박사와 정병석 교수의 깊이 있는 해설과 번역에 감사를 드린다.

현실적으로 두각을 나타내는 개인이나 집단들보다도 오히려 소외되고 있는 '비현실적인 자들'이 道을 갖춘 자들이라고 생각한다. 물질과 현실을 우습게 과감히 버릴 줄 아는 것을 道라고 하기에. 즉 도심(道心)이 강하기에 비현실적일 수밖에 없지 않겠는가. 인도의 철학자들을 그런 사람들이라 생각했다. 인도에는 이름 모르는 그러한 사람들이 많다고 한다. 인도의 가르침은 周易 못지않은 무한함과 혜안을 가져다준다. 기호가 아니라 시(詩)적으로, 어린아이의 순수함으로, 또 논리적으로 따지거나 하지 않는다. 인도 가르침에서는 아낌없이 주는 따뜻한 마음과 사랑을 느낄 수 있다. 그래서 인도를 슬프도록 좋아한 적도 있다. 또 종교와 철학이 분리된 듯하지만, 같이 깊게 녹아있다. 그 역사가 깊다 보니 많은 국민들이 철학자의 면모를 지녔다. 최근에는 현실적인 지식인들을 비롯한 국민들의 노력으로 중국과 함께 세계의 강국이 되었음에 갈채와 함께 부러움을 느낀다.

〈무(無) - 3〉

우리의 영혼은 과연 영혼 불멸할까?

힌두교에서는 하루살이와 같은 저급한 형태에서 인간으로 환생하기 위해서는 840만 번의 윤회를 거쳐야 한다고 말한다. 그러면 지금 나(我)의 영혼은 누구의 영혼일까?

우리의 육체는 물을 비롯한 여러 원소로 조합되었다. 육체는 죽으면 없어진다. 그러나 눈에 보이지 않는 영혼은 구성요소를 상상할 수 없으니 불멸(不滅)하는 것이 당연하다고 느낄 수 있다. 그러나 물체가 에너지로, 에너지가 물체로도 변한다. '질량 불변의 법칙'에서 이미 배웠다. 에너지의 일종인 영혼도 변한다(분리되고 변하고 다시 조합된다).

그것은 간단한 '임사체험'에서 수많은 사람이 체험했던 바이다. 정수리를 통하여 영혼이 빠져나가려고 하는 순간 이미 현세의 자신과 지인들을 알아보지 못했다. 완전히 저세상으로 넘어가기도 훨씬 전 바르도 기간에 들어서는 순간 정도인데… 그래서 최면 중이던, 임사체험 중이던, 현재의 나(我)와 관련된 약간의 의식이라도 있다는 것은 아직 이생의 목숨이 붙어있다는 것이다. 나(我)의 현실영혼도 없어지지 않았다는 것이다. 이것을 영혼불멸이라 착각하면 안 된다. 바르도 기간에 돌입해서도 나(我)와 연관된 기억, 의식이 있는 부분은 현세요, 나(我)와 연관되지 않거나 암흑 등 기억, 의식이 없는 부분은 현세가 아니다.

결국 영혼도 이생의 범주를 벗어나거나 죽을 때 육체와 똑같이 분리되고 변한다. 현세에서 살아왔던 언행, 습관, 믿음, 즉 카르마(業)에 따라서 여러 가지로 다양하게… 그래서 '죽는다'라는 겁을 주는 상업적이고 어두운 단어보다 보편적인 '변한다'라는 단어를 사용하자고 주창했었다. 결국, 인간은 사회적 동물이기에 한평생을 살면서 나(我) 속에 갇히거나 집단 등 어느 테두리 속에 갇혀서 살아간다. 육체든 영혼이든 각각의 어떠한 요소들이 잠시 조합되어져 있는 것을 모르는 체. 그런데 여기에다 고집을 많이 불어넣으면 안 된다. 조합된 나(我) 속에 갇혀서 '이기심, 시기심, 질투심' 등으로 살아가게 된다. 변화하는 시행착오 과정 속의 '한 조합물의 집착'에 불과한 것이다.

집단은 더욱 그 파장이 크다. 현실에 살면서 선의(善意)의 어느 정도 소속감은 좋은데, 그 어느 정도를 파악하기가 힘들다. '영혼불멸 사상'도 나(我)에 대한 집착이다. 우리는 너무 오랫동안 영혼장사꾼들에 젖어 있었다.

우리는 현재의 기성종교가 원시종교와 달리 모든 면에서 상당히 검증된 것으로 여기고 있으나, 오히려 집단의 집착과 어둠에 더 빠진 것일

수도 있다는 것을 알아야 한다.

이생의 나(我)라는 테두리 속의 영혼이 來世에서도 영원히 계속되기를 바라고 있다. 그러나 나의 영혼도 생활이나 습관 등의 카르마에 의해서 발전하거나 퇴보되거나 변한다. 우리는 우주이다. 모래알(나)을 벗어나면, 모래알 껍질을 제외하고 모든 것이 바로 우주이다. 일시적인 작은 조합물인 나(我)에 고착되어서는 안 된다. 우리 속의 원소들을 포함한 우주 속의 모든 것은 같은 종류로 연결되고 바로 우주이기에, 나(我), 집단이라는 테두리(범주, 한계)를 벗어나 무한(無限)이 되어야 한다. 그래야 비로소 순수한 원도주류(圓道周流)가 되어 모든 것들과 同化(=무한=우주)될 수 있는 것이다.

여러 다양한 영혼의 재생성 중 최고는 대자연, 즉 우주 그 자체가 되는 것이다. 그러면 죽어도 죽는 것이 아니고 영원하기 때문이다. 방법은 이생을 살아갈 때 나(我)를 초월하여 모든 것을 나(我) 이상으로 생각하고 혼을 바쳐 사랑하며 나(我)라는 한계를 벗어나는 것이다. 심지어 나를 괴롭힌 자나 원수까지도, 또 동물, 식물, 광물 등 모든 것을 나와 다른 것으로 여기지 말고 동일한 하나로 생각하며 혼을 바쳐 사랑하면, 죽어서도 자신의 영(靈)과 기(氣)는 그 모든 것들에 박혀서 우주 그 자체에 동화된다는 것이다.

자신의 혼을 바쳐서 들풀을 보고 싱그러움을 감사하며 사랑하고, 하늘의 별을 보며 사랑하고, 심지어 똥을 보면서도 천연자원이나 자신의 것, 아니 자신으로 여기며 감사하며 사랑하라. 그러면 자신이 죽은 뒤 자신의 육체는 물론 영혼도 우주 곳곳에 자신이 혼을 바쳐 사랑하던 것들이 되어서 영원히 빛날 것이다. 우주의 원상태(無)로 돌아가는 것,

나我란 없다!

이것이 바로 '해탈'이요, '하느님의 품'이요, '알라님 상제님의 마음속'인 것이다.

각 종교와 철학의 궁극은 바로 이것이다. 현세에 일시적으로 조합된 나(我)의 영혼과 육체, 그리고 소속된 집단에 빠져 계속 고집을 부리면 안 된다. 이렇게 모든 종교도 궁극적으로 '무한의 대자연, 우주'가 되고 자 노래를 했던 것이다. 그런데 숲은 보지 못하고 가지만을 보듯이, 중간에서 전달 역할을 하는 '종교집단들'이 오히려 집단이익에 빠져 사람들의 눈과 귀를 더 멀게 해온 것이다. 우선 먹는 사탕이 달다고 '얄팍한 이익' 등에 무게를 더 놓는 '집단의 아집'은 안 된다. 집단도 오른뺨을 맞으면 왼뺨을 내놓아야 한다. 서로 자신들의 집단에 갇힐수록 서로가 비정상이고 서로가 이단으로 보일 뿐이지 않은가? 무한의 우주로 보면 갇힘과 경계가 어디 있나? 모두가 다 같다. 나(我)가 모두이자 무한(=우주=하느님=부처님)인 것이다. 나는 여기까지 깨우침을 얻는 데 42년이 소요되었다. 논리보다는 어린아이의 순수함으로.

그러나 여기서 사람들이 대부분 오해를 하기 쉽다. "혼을 바쳐 모든 것을 사랑만 하면 곧 우주가 된다. 나도 그럴 수 있고 누구나 그럴 수 있다."고 생각할 것이다. '이게 인생 미지수 X의 정답'이라고. 그러나 이 때 가장 조심해야 하는 것은 '나(我)란 없다!'라는 것을 자각하며, '혼을 바치며 각고의 수행'을 해야 한다는 것이다.

그렇지 않으면 A라는 사람이 'A 자신의 영생'을 위해 모든 것을 사랑하면 '이생의 A'는 죽어도, 또다시 수많은 A의 혼으로 우주 곳곳에 박혀 영생할 수 있는 것으로 착각하기 쉽다. 이것은 마치 A가 A를 버린 것처럼 보일지 모르나 더 많은 'A의 영혼 욕심'이 남아있다. A라는 때(카르마)가 묻은 영혼은 그때(카르마)의 무게 때문에 절대로 우주 곳곳에 박힐 수가 없다. A라는 사람이 '나(我)란 없다!'라는 것을 자각하며 그렇게 영혼을 불태워(엄청난 노력으로) 모든 것을 사랑하고, 수행할 때만이 우주 그 자체가 될 수 있다는 것이다.

영혼(불멸)에 대한 일말의 욕심마저 모두 버려야 우주가 될 수 있다. 이것이 바로 '무위자연(無爲自然)'이다. 우주는 테두리(집단)가 없는 무한(無限)이므로 그때가 진정 천당이요 극락인 것이다. 여기까지 또 10년이 걸렸다. 지식과 논리로서가 아니라 순수한 아이의 마음으로, 그러나 이 모든 것을 버리는 데 또 얼마나 많은 세월이 걸릴지…

즉 사후세계는,

'나(我)란 없다!'라는 것을 자각하고 영혼을 바치며 각고의 수행으로 원래 하나이자 無인 현세의 모든 것을 사랑하면, 죽어서도 자신의 영(靈)과 육(肉)이 다차원의 우주 곳곳에 스며들어 본래의 우주(=無)로 돌아간다.

또 우주(대자연)를 하느님, 부처님, 알라님 등으로 상징화하여 잘 믿느냐에 따라 천국과 지옥이 있다고 믿고 행하면 그렇게 '천국과 지옥'이 있다.

또 바르도를 통하여 '사후세계에 여러 등급'으로 다시 태어난다고 믿고 행하면 그렇게 환생된다.

또 낮은 업보 이론과 귀신이 있다고 믿고 행하는 사람은 '귀신이 있고 낮은 업보'도 있다.

또 현 세상이 전부라고 생각하며 사는 사람은 '현 세상이 전부'이다.

이와 같이 우리의 사후세계는 여러 층들이 있다. 원도주류하는 원에는 큰 원도 있고 작은 원들이 있듯이, 여러 층들도 구분된 듯 구분되지

나我란 없다!

않고 연결·혼재한다. 단, 자신이 각 해당 층을 믿으며 행하면 결국 그렇게 될 수 있다. 물론 위층으로 올라갈수록 '나(我)는 없다'를 더욱 자각해야 하고 모든 것을 사랑해야 한다. 그게 진정한 탈아(=脫我=無限=우주=하느님=부처님=알라님)이다. 이것이 내가 평생 알고 싶어 했던 '인생 미지수 X에 대한 정답'이다. 웬 뚱딴지같은 소리냐고 반문할 수도 있다. 그러나 급하고 짧지만 직설적인 이 개똥철학이 가슴에 와 닿는 순간, 세상에 널리 퍼져있는 모든 종교와 철학도 쉽게 이해될 것이다. 이 단순한 깨우침 속에 모든 것들이 들어있다.

'인생이란 함수'의 정답은 다 나왔다. '나(我)란 없다!'이다. 그런데 그 정답이 현실세상에서는 너무 허무할 수도 있다, 특히 나이가 젊을수록… 어떻게 하면 현실세상에서도 잘 살고, 내세에서도 잘 살까?

이 부분에서는 불가(佛家)의 말씀이 도움될 것이다. 불가(佛家)에서 '인생을 3苦'라 했다. '전생도 苦요, 이생도 苦요, 내세도 苦다!' 젊은 사람들에게는 속칭 '확! 깨는 말'일 것이다. 그러나 나이가 들어갈수록, 또는 죽을 고생을 한 사람들은 '이 말이 딱 맞는 말이다!'라고 느낄 수 있다. 알베르 카뮈 선생께서도 "시지프스가 뾰족산 정상을 향하여 둥근 바위를 굴려 올리는 순간이 행복이다!"라고 말했다.

그러면 어떻게 살아야 할까? '오욕칠정 덩어리'의 인간에게 잘 살려고 하는 것 자체가 모순이다. 인간 개개인의 욕심을 채우며 살아가는 것은 불가능하기에. 또한 적정한 수준을 찾아야 하겠지만, 그 적정수준의 선을 찾기도 어렵고 불분명하다. 인간의 욕심은 불안을 부르고, 불안은 또 욕심을 부르고, 또 욕심은 불안을 부르고… 이렇게 현실세상의 개인이나 집단의 오욕칠정은 인간을 어지럽게 혼동시키는 한낱 '헛꿈'이다.

인간들의 만족도 마찬가지이다. 만족했다고 거기서 끝날 수가 없다. 또 다른 만족, 더 큰 만족을 불러일으킨다.

절대 '욕심의 노예'가 되어서는 안 된다. 그러면 욕심 안 부리고 사는 삶은 좋을까? 인간의 삶에서 '절대 좋음'이란 없다. 거의 대부분은 '지가 최고이고, 제일 잘 낫다!'고 여기며 살아간다. 그렇게 될 수가 없는데 말이다. 그렇게 인간은 헛꿈(=허상) 속에서 살아간다. 그래서 인생을 환영(幻影)이라고 하기도 한다. 오히려 인간들은 고통 속에서 근심을 안고 살아간다. 그래서 인간은 반드시 생로병사를 겪으며 점점 변해간다.

알렉산더대왕, 칭기즈칸, 나폴레옹 등 세상을 한때 지배했던 자들의 인생은 좋았을까? 지배했던 순간은 좋았을 것이다? 승리하는 순간에도 피범벅과 주변국들의 재도전 등의 불안 속에서 '순간의 성취감'은 있었을 것이다. 마치 10대 때의 자위행위나 마약을 하는 자들의 그 순간처럼, 몸은 망가지며 폐인에 이르게 될지언정. 그러나 인간은 한순간의 영욕이 전부가 아니다. 뒤따르는 회한과 고통은 몇 갑절 더 클 뿐 아니라, 바르도 기간의 엄청난 정리과정도 있다.

왜, 우리가 인간으로 조합되어져 일시적으로 세상으로 나왔을까? 지구나 현실세상은 나를 위한 것이 아니고 우리가 주인공도 아니며, 일시적으로 주어진 '작은 자연물(=조합체)'이란 것을 느끼고 공부하며 알아나가라는 것이다. 그래서 전체의 조화에 맞출 수 있는 삶을 살아가는 것이 중요하다. 여기에 현세의 인간 개체는 '분(分:특성. 역할)'을 타고난 일시적인 '조합체'이다. 모든 만물들도 다 같이… 비록 도토리 키재기이겠지만, 개개인이 저마다 특성과 역할이 있다는 뜻이다. 그렇게 각자 태어날 때 서로 약간씩 차이 나는 분(分)이 있다. 이 부분에서 '안분지족(安分知足)'이 중요하

나我란 없다!

다. 그런데 모든 인간들은 자신의 분(分)을 잘 모를뿐더러, 특성이나 역할과 노력 등을 무시하고 더 많은 것을 얻으려고 욕심을 부린다. 심지어 지가 제일 잘 낫다를 외치며. 그렇게 될 수가 없는데 말이다!

욕심을 부린 대가는 결국 본인과 가족 등 주변 모두에게 고스란히 돌아가게 된다. 특히 나이가 들수록 '나(我)라는 일시적인 조합체'에 고집과 욕심을 불어넣으면 큰일 난다. 탈아(=脫我=무한=우주)를 향해 마지막으로 모든 것을 내려놓아야 할 시기에, 나(我)에 점점 고착되면 현실세계만 망가뜨리는 게 아니라 이어지는 영원세계마저 망가뜨리게 된다. 현실의 오욕칠정, 현실의 나(我)에게 고착되면, 우주(=무=하느님=부처님)가 되는 것이 아니라 '똥덩어리'가 되어 떠돌 수밖에 없다. 현세와 내세는 같은 동전 하나이니까.
허상(虛想)의 '오욕과 칠정'에서 벗어나는 노력이 최선이다. 이러한 허상(虛想)에서 벗어나고 저마다 특성을 가진 인간들에게 '최상의 안분지족'을 가져다줄 수 있는 것이 현실세상에서의 '절제와 겸허'이다. 자신에게 맞는 '절제와 겸허'를 하기 위해서는, 자각하고 반성하며 각고의 노력을 해야 한다.

송나라 때 3대에 걸친 정승이자 명리학의 대가였던 여몽정 선생은 "겸허하면, 자신이 타고난 복을 찾아 먹을 수 있다."고 했다. 18세기 일본 최고의 관상가 미즈노 남보쿠 선생은 "음식절제만으로 부귀영화를 누릴 수 있다"고 했다. 또, 예로부터 '50전에 번 돈은 내 돈이 아니다.'라고 했다. 교만한 젊은 시절에 번 돈은 쉽게 나가고, '절제와 겸허'를 지행(知行)하기 시작하는 50세 이후 한 푼 두 푼 모은 돈이 진정한 '모이는 돈'이 된다는 뜻이다. 현실 대가들의 말씀도 이렇게 마찬가지이다.

우리는 '절제와 겸허'를 하면서, 서로 조금씩 차이 나는 '분(分)'과 '대자연의 대순환(원도주류)'도 느낄 수 있다. 자신을 낮추고 버리며 맑아지니까 더 큰 우주가 보이는 것이다. 그러면 얼마만큼 '절제와 겸허'를 해야할까? 인간의 교만은 크고 작고 종류도 많고 타고난 분(分)도 다양하다. 물론 교만할수록 자신이 할 수 있는 한 최대한으로 '절제와 겸허'를 해야 할 것이다.

각자의 분(分)에 맞는 '절제와 겸허'의 경지는
일반인들에게는 곧 '헝그리 정신'이요,
지도층들에게는 곧 '솔선수범의 정신'이요,
권력층들에게는 곧 '살신성인의 정신'이다.

뿐만 아니라, '절제와 겸허'는 '현세의 카르마(업)'를 낮출 수 있기에, 곧 '득도(得道)의 길(영원세상을 위한 최고의 방법)'이 되기도 한다. 그래서 현세와 내세 두 마리 토끼를 잡을 수 있는 최고의 방법이기도 하다. 결국, 타고난 分에 따라 '나의 나약함, 부족함, 불완전함'을 알며 '절제와 겸허의 삶'을 사는 것이 최고의 지혜이자 최선(最善)이다.

나(我)란 없다!

02
호국불교에 바라는 제안서
(어이없이 삐친 불교계의 집단행위를 보며…)

살아오면서 실수도 많이 했고, 교만했던 52세의 평범한 남자입니다. 그러나 반성과 고뇌 또한 많이 했던 인간이기에 감히 이런 '프로젝트'를 제안하고자 합니다.

최근 우리 사회는 원칙이 무너진 것 같습니다. 꼭 충효를 따지자는 것은 아니지만, 예절이 거의 실종한 듯하며 '기성 귀족집단'들에 더하여 '소리 내는 소수집단들'이 워낙 많아졌습니다. 고여서 썩어버린 정치집단은 차치하고, 우리의 정신적인 지주 역할을 하던 기성 종교집단까지 작은 이해관계에 일희일비하고 있습니다. 더욱 중요한 것은 그 집단들이 야합도 하며, 정작 필요한 남의 말은 듣지 않는 고집에 빠져있다는 것입니다. 그런 영향 등으로 작금은 누구나 오로지 '돈과 포퓰리즘'으로 온 사회가 병들어있는 것 같습니다. 법조계는 물론 심지어 군(軍)까지 그렇다고 합니다. 아직 우리는 휴전상태에 있는 국가이고 주변 강대국들이 항상 호시탐탐 노리고 있는 것을, 우리는 너무 무시하고 있습니다.

그래서 호국불교가 '떡고물'에만 빠져있지 말고, 언제 일어날지 모르는 국난에 대비하여 다시 한번 앞장을 서야 한다는 것입니다. 율곡 선생의 10만 양병설처럼…

특히, 불교를 터전으로 한 고려시대를 마지막으로 '무신(武臣)정권'은 끝이었습니다. 고려 말과 이조시대부터 지금까지 600여 년간 '문신(文臣) 위주'의 당파정치로 우리의 국민성은 논리적으로 시비(是非)를 족집게처럼 파헤치면서 정작 포용하는 데는 아주 서툽니다. 거기에는 '과거제도', '음서제도'가 큰 몫을 했습니다. 그런데 지금도 사시, 행시 등 모든 등용문은 문과(文科) 위주입니다. 따라서 우리나라에는 말과 글을 잘하는 사람이 너무 넘쳐납니다. 항간에 떠도는 말처럼 '주둥아리들이 탈이다.'는 것입니다.

그 결과 우리의 문제는
첫째, 국민들의 화합력이 부족하고
둘째, 의협심이 부족하고
셋째, 우리들의 성향이 정적(靜的)입니다.

물론 정치를 비롯하여 포퓰리즘에 기초한 '각종 선거'가 더 큰 분열을 초래하고 있습니다만, 그것은 여기에서 더 이상 언급하지 않겠습니다. 분명한 것은 이 세 가지 근본적인 문제점을 해결하지 않고는 선진국은 커녕 계속 남의 침략을 당하는 데 급급할 것입니다.

일본의 정신을 보면 마치 무질서하게 서구문명을 받아들여 선정적인 섹스천국에 빠져있는 것 같지만, 그들은 절대 어느 선 이상을 넘지 고 있습니다. 예를 들면 제아무리 몸매 좋고 예쁜 배우라 할지라도 게이샤(기생)의 범주 내로 치부됩니다. 그리고 기업가나 정치가들이 치욕적인 행위를 하였을 경우 기꺼이 물러날 뿐 아니라 자살도 서슴지 않습니다. 그리고 지도층을 비롯한 국민들이 어려울 때 가미카제를 하며 국가

를 위하여 살신성인하는 정신입니다. 그 뿌리가 수백 년을 이어온 '무사
도 정신'입니다.

중국의 정신은 '중화사상'을 터전으로 세계 최고의 대국이라는 자부
심이 있습니다. 인구 13~15억 정도에 수천 년 역사 동안 수많은 전쟁의
경험과 깊은 철학이 함께 있습니다. 그리고 의협심의 근간이 되는 무협
정신과 쿵푸(소림사 등)의 뿌리가 깊게 실재하고 있습니다.

그래서 위 3가지 암적인 존재의 근본적인 문제를 해결할 방법으로는
'문과 무의 형평성'을 맞추고, 국민 특히, 청소년들의 호연지기(浩然之氣)
를 키워 '의협심과 화합력'을 증진시켜야 한다는 것입니다. 실천방안으
로 다음 예시와 같은 내용의 '통합 무술대회'를 '호국불교의 기치'로 내걸
어 불교계가 앞장서야 한다는 것입니다.

통합 무술대회

최근 전 세계에서 인기를 끌고 있는 UFC, K-1 등보다 더 강한 '무술
대회'를 우리가 만들자는 것입니다. 그래서 국민들의 마음을 '활기있고
자신감'에 차게 하여 의협심과 화합력을 키우자는 것입니다. 즉, 호연지
기를 바탕으로 한 무술대회를 통하여, '국민정신의 뿌리'를 민감하고 냄
비근성이 강한 文 위주의 성향에서 의협심과 포용력이 있는 武 위주의
성향으로 바꾸자는 것입니다. 그러나 늦게 시작하기 때문에 어설프게
하거나 관중들의 이목을 집중시키지 못하면 우위를 차지하기는커녕 살
아남기 힘들 것입니다. 그래서 가장 강하고 원초적인 방식과 아울러 많
은 상금을 내걸자는 것입니다.

구체적인 예로, 각 방식별 체급은 총 5체급 정도로 하고, 방식은 '무제
한 방식(UFC와 비슷)', '가벼운 무기(막대)를 허용하는 방식(보호구 착용)' 중

더 실전적인 방식으로 함. 권투 링보다 2~3m 정도 더 큰 링이나 오픈된 장소를 규격으로 하며 아마추어의 점수 방식이 아니라 프로보다 강한 '전투방식'을 채택합니다. 그리고 라운드(회)가 없는 무제한 방식입니다.

모든 경기에서도 다 마찬가지겠지만, 판정의 정직성이 가장 중요하며 실전에 가까운 'No Rule' 방식이 가장 좋다고 하겠습니다. 단, 선수가 바닥을 쳐 항복할 수 있고, 경기 도중에 세컨드의 수건으로 기권이나 심판이 중지시킬 수도 있습니다. 그리고 심판진들은 철저한 교육과 훈련으로 KO나 TKO 시에 최대한 선수를 보호할 수 있는 자질을 갖추어야 할 것입니다.

(1) 지역예선

방식은 토너먼트 방식임. 우리의 고질병인 '지역감정 타파'에 도움을 주기 위하여 전국을 총 4개 혼합지역으로 하여, 1개 지역에서 체급당 2명씩 결선에 오를 수 있도록 한다(예, 서서울+서경기, 동서울+동경기+강원, 경남+전북+충남, 경북+전남+충북+제주). 물론 우리의 지역감정 타파에 가장 좋은 방향은 '정치 지도자들의 殺身成仁'과, 본적이 같은 출신끼리 '금혼(禁婚)제도'의 제정이라 생각합니다만, 그것은 여기에서 더 이상 언급하지 않겠습니다.

(2) 결선

지역예선에서 올라온 ○○명이 토너먼트 방식으로 치름. 전년도 우수자들을 시드배정은 하되 지역예선부터 시작함. 더 많은 신예들을 창출함과 공평성, 저변확대를 꾀하기 위해서임. 바쁜 연말에 결승전을 피하기 위해서 매년 9월부터 익년 8월까지로 함.

- 상금(예):우승자 체급별로 10억 원, 준우승자 체급별로 1억 원, 기타 순위별 차등 지급.
- 방송 및 홍보방법:각종 매스미디어를 확보하여 사용함. 적어도 지상파 1곳과 지역방송 3~4곳을 선정하여 방송할 수 있음(승패도 중요하지만 '선수들의 선행과 페어플레이'도 중점적으로 방송).
- 기타 사항:위의 내용에 전문가들과 더 많은 연구를 통하여 가감될 수 있음(현재 국내에서 활동 중인 대회를 흡수·통합하는 것도 방법임).

잠재되어있는 국민들의 '도전정신과 의협심'이 살아날 것입니다. 종교계의 치졸한 밥그릇 싸움을 벗어나, 불교계의 올바른 포교에도 도움될 뿐 아니라 호연지기의 산실로도 가능해질 것입니다.

작금의 선정적이고 불륜 드라마 등으로 이혼율을 세계 최고로 끌어올린 언론 방송도 무술대회 방송을 통하여 국민들에게 건강하고 최고 교육 효과를 가진 언론 방송으로 거듭날 수 있는 계기가 될 것입니다. 상금 등의 경비는 방송국, 대회 입장료, 광고 등으로 가능할 것으로 사료되며 상당한 이익 창출도 가능할 것입니다.

아울러 전국 각지에 많은 무술도장이 생겨날 것이고, 승(僧)무술도장이 주도할 기회도 가질 것입니다. 또 대회 결과 우수자들을 Korean Idols는 물론 경찰, 소방, 군, 경호 간부 등으로 스카웃 할 수도 있을 것입니다. 이제까지 겉으로 통일을 외치며 안으로 분열시키는 것과는 달리, 차후에는 북한민도, 재외동포들도, 외국인들도 단계별로 참가시켜 '진정한 통합의 기초'를 다질 수 있을 것입니다.

03
숙성과정

'나란 없다!'라는 개똥철학을 공개한 후 많은 놀라움과 칭송도 있었지만, 곧 일상의 매너리즘에 의한 논쟁도 가끔 이어졌다. 처(妻)는 감동이라며 "성경의 본질은 바로 이것을 얘기하고 있어요"라고까지 했는데…
(妻와의 대화식으로 서술해보기로 하자.)

지자: 성당에 가든 안 가든 내게 맡겨줘. 마음속에 다 있다고 했잖아. 나는 천주교든 개신교든 불교든 이슬람교든 다 받아들이고 있어, 좀 내버려 둬.

처: 잘났어! 알면 뭐해 행동으로 해야지. 현실을 살아가는데 아는 것만으로 통하냐고. 성당에 안 빠지기로 나하고 약속했잖아.

지자: 허허 큰 가르침을 봐야지, 집단이기주의 인간들이 지어낸 가치 없는 '집단족쇄'는 인생을 더 허무하게 만들 뿐이야. 집단의 건물을 '성전'이라고 하는 것도 잘못이야. 마음이 성전이지. 나도 없고, 너도 없고, 우리도 없는 無의 상태가 원래의 우주야. 그게 당신네들이 말하려는 하느님, 부처님이고.

처: 또, 또, 그게 더 복잡해. 나는 최고의 가르침인 성경을 보면 잡념도

나我란 없다!

없어지고 마음이 평온해져.

지자: 그건 수십 년간 신성시해온 것하고 안 한 습관의 차이지. 오히려 성경이 더 아리송하고 두루뭉술하게 써놨어, 게다가 종교집단들은 이미 '다단계 회사'가 된 지 오래고. 인간세상을 환영(幻影)이라 하잖아. 무한의 우주에 일시적으로 뭉쳐진 큰 질량물이 산산조각이 나도록 부서져, 그 미세한 가루 하나하나가 당신이야. 또 나(我)고 지구나 행성이고. 거기서 또 다시 서서히 뭉쳐지고 변하여 '하나'를 거쳐 '우주 그 자체(=無)'가 된다는 거지. 결국 우리 모두가 우주이자 하느님이야. 누차 얘기하지만, 사람의 영혼도 영원하지 못해, 영혼도 육체처럼 분해되고 변하니까. 그런데 영혼장사 집단들은 '나의 영혼'이라는 소집단 속에 사람의 정신을 가두어놓고, 죽음을 천당, 지옥, 연옥 등으로 나누어 겁주고 세뇌시키고 장사하고 있어. '죽음'이란 없어 '변하는' 게지. 우리가 이미 배운 '질량 불변의 법칙'을 봐. 물질이 에너지나 다른 물질로, 또 에너지는 물질이나 다른 에너지로 변하지. 모든 것은 변하는 게야.

처: 영혼이 없다는 것이 말이 돼? 지옥 갈 소리 하지 말어!

지자: 오히려 현세의 영혼장사 집단들이 첨단의 상업주의적이지. 영혼을 팔아먹는 집단. 현 종교집단들은 '영혼장사'를 위하여 사람은 죽어서도 내 영혼은 계속된다고 세뇌시키지만, 생각도 영혼도 일종의 에너지로써 변하는 거야.

처: 몰라 몰라, 머리 아퍼. 또 개똥철학을 듣고 있으려니.

지자: 어허, 보기보다 세뇌된 강도가 높네. 쉽게 말하잖아. 우리는 모두 하나라고. 이기적이고 집단 중심적인 개념에서 탈피를 해봐. 우리

모두는 無(限)인 동시에 우주 그 자체야.

처: 또, 또, 그놈의 무!

지자: 그게 바로 당신들이 그토록 갈망하는 '궁극의 神'이야. 다시 말하면 인간 개개인이 원하는 완벽한 유토피아의 세상은 불가능하지만, 우리 모두가 함께 그렇게 만들 수는 있다는 거야.

처: 그런 흑백 논리로 사람을 교란시키지 마! 나는 당신하고 이런 얘기만 하면 머리가 뱅뱅 돌아가.

지자: 어째 이게 흑백 논리야, 근본적인 비교라 할 수 있지. 사실 흑백논리를 줄곧 펴서 승리를 쟁취해와 지금 '전 세계를 장악'하고 있는 것이 '당신들의 집단'이지. 말로만 '낮은 곳으로 임하소서' 하며, 실제는 '군림집단'으로 된 것이 이미 수천 년 전부터야. 근본 가르침을 종교집단들이 '집단이기주의'로 각색하고 사족을 달며 '다단계화' 시켜놓은 게야.

처: 그러나 지난번에도 얘기했다시피, 현세는 '예수가 승리'를 했고 '예수가 지배'를 하고 있잖아. 아니꼬우면 '지자철학'이 승리를 하던가. 왜, 우리 크리스트교만 싫어 하냐고?

지자: 맞아! 피해자였던 예수가 지배자로 된 지 약 2000년이나 됐어! 예수가 승리했으니 예수쟁이들의 세상이라고? '오른뺨을 맞으면 왼뺨을 내놓아라' 하고선, 2000년 동안 남의 뺨을 갈기고 있잖아. 그러니 지구상의 거의 모든 전쟁이 종교집단들로부터 발생하는 거야. 지배를 목적으로 하는 필요 이상의 거대한 집단은 안 돼.

처: 패배자들의 변명과 궤변적인 주장은 김밥 옆구리 터지는 소리에 지나지 않아. 현실을 부정하려 하지 마. '하느님의 군단'에 패배란 있을

수 없어. 그러니 당신도 니체처럼 말년에 정신병자로 살다가 죽어가지 말고 현실로 돌아와!

지자: 승리 집단에 깝죽거리며 대들지 말고 고개 숙이고 들어와라! 그러나 당신들 집단도 애초부터 승리 집단은 아니었어. 당초는 패배자들의 집단으로 모두들 거지발싸개보다 못한 꼴들이었는데, 너무 가여웠고 그 측은지심을 이용하려는 자들에 합종·연횡되어 오늘에 이르고 있어. 가장 문제는 이미 당신네들이 '피해자 집단'이 아니라 '가해자 집단'이 되어있다는 거야. 어느 시대에나 세상에는 순수한 피해자들이 많이 있었어. 제발 '피해자였던 것으로 꾸며진 예수'를 앞세워 더 이상 우려먹지 않았으면 좋겠어. 상징화된 예수는 그렇다고 치자, 그러나 덧칠하며 용비어천가를 만들어가는 집단의 야욕은 안돼. 세상은 변하는 거야. 그리고 더 넓게 보면 승패란 원래 없어. 환영(幻影) 속에서 일시적으로 그렇게 보일 뿐이지.

처: 왜 당신은 우리 종교를 그렇게 못살게 구는 거야? 내가 미운 거야, 우리 종교가 미운 거야? 내가 보기 싫으면, 당신 눈앞에서 내가 없어져 줄게.

지자: 아니, 집단을 나무라는 거야. 집단이란 좋은 목적 아래 다 같이 모이자라는 뜻을 가지고 있지만, 집단이 형성되는 순간 또 벌써 끼리끼리 분리되고 나눠지고 다툼이 생기는 거야. 집단은 안 돼! 당신이 싫거나, 순수 신앙을 싫어하는 것이 아니라는 것을 잘 알잖아. '승패'는 투쟁의 집단들이 즐겨 쓰는 말이야. 아주 나쁜 말이지. 그런 나쁜 말들이 또 있어, 선민사상, 사탄, 이단, 지옥 등. 정말 바보 같고 8살 마인드의 나는 도저히 납득할 수 없는 용어들이야. 어떻게 온 우주를 창조하시고 관장하시는 '하느님'을 외치는 사람들이 '자기집

단'과 대립되는 모든 것을 '사탄'이라 적대시하고 타 종교인들을 '이단'으로 적대시할 수가 있어? 하느님이 우주를 창조하셨다면, 사탄과 이단도 하느님의 자식들이야. 뭔 하나님의 집단이 그렇게 포용력이 없어서야. 원!

처: 뭐? 8살 마인드라고? 천만에 당신이 사탄이 아닌지 의심이 들 때가 한두 번이 아니야.

지자: 이제 누구나 알만큼 다 아는 세상이지 않는가. '눈 감고 아웅'하던 시대는 지나갔어. 그렇게 왕따시키고 억압해서 온 세상 사람들을 모두 크리스천으로 만들면, 유일의 천국집단이 될 거 같지? 그 집단은 바로 다시 갈라지고 변하는 게야. 집단은 차별화(Discrimination)의 원흉이야. 집단이란 가장 단합과 협력을 잘하도록 이끌 것 같지만, 집단이란 말 자체가 이미 구분을 짓겠다는 거야. 그렇게 '집단이란 잣삿속이고 이기적인 것'이야.

처: 아, 아 머리 아퍼!

지자: 단순한 것 속에 가장 최고의 진리가 있어. 히브리어, 이태리어 등 외국어로 알쏭달쏭 배배 꼬아 몇 장 몇 절로 해놔야 뭐 같다고 느끼는 게 인간 심리야. 특히 튀는 것들을 좋아하는 인간들의 심리.

처: 하느님이 모든 것을 창조하셨어요. 그러면 하느님의 말씀인 성경만 잘 믿고 따르면 돼요.

지자: 사실로 어느 누가 하느님을 본 놈이 있어? 그리고 성경을 언제 하느님이 말씀하셨냐고, 그렇게 '집단약속'하자는 게지. 더욱 문제는 집단이기주의에 빠진 자들이 파워게임하는 데 여념이 없었지, 상대를 배려하고 사랑하고 우대해주는 것을 봤냐고? 각박한 현실세계에서

영혼적인 안식처가 되어야 할 종교가 '집단이기주의의 첨병'으로 우리의 정신과 마음을 파괴시켜 오고 있지.

처: 당신은 참… 좋아 당신 말이 옳다고 해, 하지만 요즘 세상에 당신 말처럼 사는 사람이 어디 있어. 그렇게 살다간 자식들 다 죽이고, 가족 모두 딱 죽이기 십상이지.

지자: 아니, 영혼세상을 얘기하자면 그렇다는 거야. 귀성길 서울역에서도 '저 노숙자들이 바로 예수요 석가'라고 내가 몇 번 말했잖아. 진정 근원적으로 보면 그들은 자의든 타의든 '베푸는 마음의 소유자들'이기에 그렇게 될 수밖에 없어. '베푸는 성격의 사람들'이야말로, 타고 날 때부터 '진정한 영혼주의자들'이라 할 수 있어. '흡수하는 자들'은 '현실주의자들'로 주로 외모가 뺀질(?)하고 강하게 생겼지. 반대로 베푸는 성격의 사람들은 선(善)하고 약하게 생겼어. 그래서 성직자들이 건장하고 비대하고 눈매 날카로운 자들은 자격이 없다고 했잖아. 언제부턴가 성직자라고 자처하는 자들이 명예롭고 편하고 좋은 것만 다 취하여 뒤룩뒤룩 살이 쪘지. 특히 눈매가 선한 게 아니고, 고집스러운 코에 강한 눈매의 사람들은 성직자가 '자신의 직업'일 뿐이야. 세상은 참 이상하지, 베푸는 자들이 지도자나 성직자가 되어야 하는데 흡수하는 자들이 그 자리를 차지하고 있으니… 디플레이션(축소) 시대에는 그게 가능할지?

처: 어떻게 노숙자가 예수로 될 수 있어? 그럼 가난한 자들은 다 예수가 될 수 있겠네.

지자: 그럴 수 있지! 꼭 부처님, 예수님의 상징물을 금이나 금박으로 만들었어야 할 필요가 없었고, 하더라도 가장 소박하고 일반적이고 돈이 안 드는 것으로 했어야 했어. 금과 예수, 부처라… 당신네들 교리와

너무 상반된 것 아니야? 이미 노숙자 정도의 자들은 예수나 부처라 할 수 있지. 자의든 타의든 이 세상에서 지는 것, 즉 베풂을 보여주고 있으니까.

처: 뭐, 가난한 게 베풂이라고? 그런 논리가 어디 있어. 어떻게 그렇게 끼워 맞출 수가 있어?

지자: 진정해. 당신이 신성시하는 예수에 노숙자들을 비교하니 감정이 격해졌나 본데. 예수나 노숙자나, 왕이나 거지나, 대통령이나 일용직이나 다 똑같아. 단지 인간들의 입방아에 많이 올랐냐 아니냐의 차이일 뿐이지. 자본주의의 근간이 되는 팽창주의에서는 '이기는 게 최고'라고 세뇌시키지만, 결코 아니야. 이미 물질적인 분야에서만이 아니라 종교 철학 등의 정신세계에도 '팽창주의'가 파고 들어가 있다는 증거지. 그러나 영혼과 내세를 얘기하고 영원을 담으려면 '팽창주의(Inflation)만으로는 부족하다는 것'을 느낄 거야. 그래서 솔직한 말로 현실세상 속에서 축소지향(Deflation)적인 종교장사가 잘 되는 것 아니야?

처: 엉뚱한 소리 지껄이지 말어! 그런 소리 계속하다가는 당신은 교인들에게 맞아 죽기 딱 알맞으니까.

지자: 허허, 그렇게 심한 말을. 그러면 좀더 쉽게 얘기해 볼게. '노숙자들'이 세인들에게 주는 '반면 교훈'이나 '반면 위안' 등의 가치는 얼마나 될까? 마치 우리가 '공짜로 마시는 공기의 가치'와도 같지. 예전에는 공짜였던 물이 요즘 상당한 가격을 받고 있는 것을 봐. 공기나 노숙자들에게 감사드릴 날도 멀지 않았어. 쪼다처럼 우습게 보이고 힘없이 비실비실하게 보이는 자들이 바로 우리들의 큰 스승이야, '순수 영혼지향주의'에서는. 언젠가 '디플레이션(축소, 영혼지향)'의 시대가

나我란 없다!

되어봐, 그러한 열린 마음의 소유자들에게서 진정으로 배워야만 살 수 있을 테니… '강하고 뺀질한 자들'은 아니야.

처: 현실세계에 살면서 사람들과 만나고 서로 통하는 게 좋잖아요. 하느님에 대한 믿음도 충만할 때는 마음의 평안도 오고.

지자: 서로 만나고 통하는 게 좋다? 마음 맞는 동아리에 몇 군데 가입하면 되겠네? 그래 우리 마누라처럼 종교집단보다는 '올바른 신앙심'을 가지는 사람들까지 나무라지는 않아. 그러나 당신도 내가 옆에서 자주 이런 이야기를 하니까 그렇지, 현실 종교집단의 가르침을 따르는 자들은 현혹되고 왜곡된 것을 받아들일 수밖에 없어. 항상 서로가 옳고 잘났다고 다투잖아. 집단에 집착하는 건 안 돼. 당신이 몸담고 있는 종교집단이 수많은 신도들의 힘을 믿고 일삼는 파워게임을 봐. 이미 우리의 '토속신앙들'을 미신이라 짓밟은 것처럼, 이제는 세상 사람들을 지배하려 하고 있지. 나는 종교집단들이 또 어떤 '역사적인 우'를 범할지 불안해.

처: 너무 그렇게 몰아세우지 말아요. 자연도태지 우리 종교가 뭘 어떻게 했다고 그래요. 불우이웃을 돕는 등 얼마나 많은 봉사활동과 좋은 일들을 많이 하고 있는데요.

지자: 그렇지, '자기만족에 빠져있는' 당신 같은 사람들이 자원봉사하기 때문이지. 남편들의 눈살과 마지못해 하는 가족들의 관용을 뒤로 한 채. 그런데도 그런 봉사활동들은 항시 그 종교집단의 이름으로 매스컴을 타고 있어. 결국 대단한 '광고 선전 효과'를 불러오지. 계속 종교집단의 '세력 불리기'와 '빈익빈 부익부화'를 만들어가고 있는 거야. 이미 거대 종교집단들은 사회적으로 아니 세계적으로 군림집단이 된 지 오래이며, 거기 성직자들이 사회나 세계의 지도층으로 나

섰으면 나섰지 '희생자들'이나 '불가피한 수혜자들'로 나선 적이 있냐고. 사실 말없이 '자비량 목회', '익명의 봉사', '희생' 등 정말 순수하게 왼손이 모르게 오른손을 행하는 사람들도 많아. 그러나 그런 고차원적인 희생들을 차치하더라도, 오히려 '제도개선'이나 '구조적인 도움'을 강조하고 싶어.

처: 안 주는 부자보다 주는 부자가 낫잖아요. 당신은 왜 그리 우리 종교에 대해 항상 쌍심지를 켜고 삐딱하게 바라봐요?

지자: 나는 성경에 대해서 잘 모르지만, 성경이 말하는 요지는 예수를 비롯한 경전의 주인공들처럼 '낮은 곳으로 임하라'는 거 아니야? 팽창에 기인한 자본(상업)주의 시대에 정작 '낮은 곳으로 십자가를 짊어져야 할 종교집단들'이 상업주의에 편승하여 불이나 부쳐댔지… 사실 우리가 신성시하는 영혼세계를 깨우친 선각자들은 속칭 '거지발싸개'같이 현실세계에 대해서는 별 볼 일 없었던 사람들이었을 게야. 예전부터 영혼적이고 비현실적으로 베푸는 성격의 사람들이 '순수 영혼세계'를 먼저 깨우쳐왔거든. 가만히 보면 사실 선각자들의 이름을 빛낸 자들은 그들의 제자들이나 제자를 자처하는 사람들이었지. 예수에 바오로, 석가에 사리자, 공자에 맹자, 노자에 장자, 소크라테스에 플라톤 아리스토텔레스 등등. 원 스승들은 순수하고 낮게 임하는 자들로써 센세이션을 일으키거나 대박을 터트리는 현실적인 능력이 없었어. 영혼세계를 지향하는 자들은 현실세계에서는 젬병들이니까. 그렇다면 그들의 이름은 어떻게 빛났을까? 그들의 제자라고 자처하는 자들의 짓이야. 그들의 제자들은 현실적으로 한가락 하는 자들이나 현실적으로 비상한 머리의 소유자들이었으니까. 요즘으로 말하면 출판사 CEO나 기획광고사 CEO 정도 되거나 전도

나我란 없다!

유망한 신흥 보보스였을 게야.

처: 그건 너무 심한 비유야!

지자: 비록 당신은 올바른 신앙인에 속하지만, 오랫동안 집단에 물들어 그렇게 착각할 수도 있어. 그래서 당신의 생각과 행동이 이율배반적으로 되는 거야. 올바른 신앙심과 성경의 가르침은 '낮은 곳으로 임하라'인데, 진정으로 낮은 곳으로 임하는 쪼다같이 보이는 남편의 말보다는 현실적인 종교집단이나 겉만 번지르르한 사제나 신도들에게 더 빠져있는 게지.

처: 아니, 당신 말도 맞아요. 사실 당신 대단하다고 생각해요.

지자: 그래 나뿐 아니라 모두가 대단하지. 현실에 살면서 너무 종교 종교, 영혼 영혼 할 필요가 없다는 거야. 그리고 현실에 겸허하고 조용히 살면 되는 거야. 영혼세계와 현실세계는 동전의 앞면과 뒷면이야. 즉 현실세계 속에 영혼세계가 다 들어있어, 영혼세계 속에 현실세계가 다 들어있듯이.

처: 그러면 깨우친 자나 그냥 현실을 잘사는 자나 뭐가 틀려?

지자: 큰 차이가 있지. 알고 있으며 사는 거와 모르고 사는 것과는… 어느 선을 넘지 않는다는 거지. 현실세상 속에 당신네들이 말하는 천당, 지옥이 다 들어있다. 절제와 겸허로 살아가지 않으면 '지옥과 같은 현실 고통'이 따르게 된다. 또, 모르고 산다는 것은 어둠 속에 어린 아이가 둑 위를 걷는 거와 같다. 가장 큰 점은 비록 찰나의 인생이라지만 같은 인생을 사는 동안에도 '영원을 느끼는 값어치'가 틀려. 그리고 영혼세계를 지향함에 있어 궁극의 차원도 틀려. 마치 무한대는 제로와 가깝다고 하는 거와 비슷하지. 또 왕왕 태어날 때부터

깨우친 자들도 있어. 그런 사람들은 잠재의식적으로 올바르게 살아 가게 되어있지.

처: 그런 거 같기도 하네.

지자: 어렵게 생각하지 마. 그냥 현실에 충실히 살되, 현실세계와 영혼세 계를 알면서 살라는 거지. 태양계가 속한 우주는 약 140억 년간 팽 창해오고 있어 앞으로도 160억 년 정도 더 팽창한다고 하고. 그 팽 창의 각박함 속에서 역으로 축소되는 것을 동경하게 되지. 그래서 우리 인간들도 현실을 살면서 영혼세계(종교)를 동경하고 있는 거야. 이러한 안과 밖, 앞면과 뒷면의 서로 변화하는 메커니즘을 알고 있 으면 돼. 그러면 '죽는다'라는 불안감도 없이 살 수가 있어. 그리고 정신없이 현실에 매달리거나 영혼(종교)에 매달리거나 하는 우를 범 하지 않게 되지.

처: 자칫하면 살인자가 무죄로 될 수 있겠네?

지자: 그건 안돼. 한 사람의 영육이 제대로 서기도 전에 기회(잘 살아야 하는 현 실세계)를 뺏는 거니까. 서로 혼돈 속에서 반목과 질시와 투쟁하는 어리석음을 버리며 겸허하고 절제하며 살아가야 한다. 예를 들어 살 인한 자의 고통은 살인 당한 자의 고통보다 수십 수백 배 더 크다는 것을 알아야 해. 교만하면, 우선 현세에서 이미 엄청난 고통을 맞게 되어있어. 과유불급, 너무 지나친 영혼에로의 욕심이나, 물질(돈)로 의 욕심이나, 파괴를 하면 안 된다는 것이다.

처: 나 혼자만 그렇게 해서 되나요?

지자: 오! 이제 제법 경지에 올라오셨구만. 사실 처음에는 영혼세계에 대해 서만 얘기를 하려 했는데, 결국 나의 무식을 드러내게 하는 현실세

나我란 없다!

계까지 와버렸네. 결국 마찬가지가 됐잖아, 현실에 모든 것이 다 포함되어있으니, 현실에서 상부상조(절제와 겸허)하면서 잘 살아야 한다고. 자신들의 집단에만 빠져있는 집단 이기주의는 안 된다는 것이야. 완벽한 세상은 없어, 그 유토피아적인 완벽함을 지향할 뿐이지. 밤이 있어야 낮이 있고, 불행이 있어야 행복이 있듯이 자연에 순화하며 묵묵히 절제하고 겸허히 살아야 하는 게야. 그래서 각고의 사랑(절제와 겸허)으로 우리 모두가 하나가 되어 無限(=우주)이 되려는 것 아니겠어. '전체적인 우주'로 볼 때에는 한 인간 개체와 같은 불완전한 것들로 완전함을 이룰 수 있어.

처: 우리 모두가 '절제와 겸허'로 하나가 되어 우주, 하느님이 된다?

지자: 그래서 '나란 없다!' 즉, '우리 모두는 하나이다!'라고 했잖아.

처: '없다'와 '하나'가 어떻게 같아?

지자: 불완전한 것들로 완전함을 이룰 때 하나가 되는 게야. 그게 바로 無(=無限=우주=하느님)야!

04
어떤 일탈 속의 보물

'초과이익 공유제'를 주장하여 前 총리와 국내 최고의 재벌 간에 신경전을 벌였다. 자본주의사회에서 '정당한 경쟁'으로 살아나가는 데 문제될 것은 없다. 그러나 과하면 안 된다는 것이다. 그 정당한 경쟁이란 룰에도 문제가 있을 것이고.

반면에 무한 경쟁의 자본주의에서 자칫 느슨하면 제아무리 큰 기업도 망하기는 눈 깜짝할 순간이니, 인간사회에서 완벽함은 없지만 적정함이 있어야 하는데 그 적정함을 찾기란 또 어렵다.

그래서 나와 같은 비현실주의자는 '영혼적인 정답'보다 '현실사회의 정답 찾기'가 더욱 어렵다.

누구나 비슷하겠지만 생활을 하는데 나는 몇 가지 고집과 같은 원칙이 있다.

첫째, 나(我)란 없다.

둘째, 인간은 동물이니 식물을 먹고 살아야 조화롭다.

셋째, 인위적인 집단은 안 된다. 자연발생적인 집단도 최소화되어야
*   하고, '절제와 겸허'로 운영되어야 한다.*

나我란 없다!

물론 100% 실행은 까마득하다. 그러나 그렇게 하려고 노력하고 있다.

최근 IPTV를 설치하여 다큐멘터리 영상물에 빠져있다. 오랜만에 맛보는 답답함 속의 청량제였다. '아무르 강', '아마존의 눈물', '차마고도' 등 직접 여행하는 것보다 더한 만족감을 느꼈다. 특히 많은 것을 바라지 않고 자연을 거스르지 않는 겸손함을 아는 지혜로운 현지인들의 생활을 보며 외경심을 넘어 숭고함마저 느꼈다.

그리고 인도네시아 발리 편에서 본 '발리 힌두교'에서 '현실 인간사회의 이상향'을 발견했다. 제주도 3배 크기의 발리는 인도네시아 전체가 모두 이슬람교인 것과 달리 힌두교를 받아들여 잘 승화시켰다 한다. 유흥 관광지로만 알고 있던 발리는 미소의 천국이고, 이방인들의 천국이며, 많은 것을 바라지 않고 자연을 거스르지 않는 겸손함을 지행(知行)하는 균형사회였다.

휴양지를 벗어난 마을은 우리 시골마을과 다를 바 없었다. 그러나 항상 미소를 머금으며 여유롭게 생활하는 태도에 놀랐다. '신, 인간, 자연'의 조화를 토대로 인간은 자연물의 하나임을 知行하고 있었다.

자신의 것들을 지키려 하면서도 더 나은 외래문물을 받아들이는 포용력. 담 없는 마을, 공동체의 이타적인 생활. 좋은 것과 나쁜 것에 치우치지 않는 '균형을 최고의 가치'로 여기며 '모든 것에 감사할 줄 아는 겸허(謙虛)'가 있었다.

내가 본 사회 중 가장 이상적인 사회였다. 인간사회의 가능성을 봤다!

05
영혼 단련

'나(我)란 없다'를 쓴 이후 주변에서 질문이 많았다.

"그러면 궁극적으로 인생이란 무엇인가?"

"임사체험 이야기를 많이 들어봤는데, 몸이 얼었다는 이야기는 처음이다. 자세하게 이야기해달라."

"어떻게 그런 결론까지 얻을 수 있었나?"

"꿈속 총천연색 벽 속에 갇힌 뒤 어떻게 됐나?" 등.

제목 그대로 '나란 없다'고 했다. '우리도, 집단도 없다'고 했다. 영혼적인 측면에서는… 그런데 영혼을 얘기하는 자들이 더욱 '집단, 조직'을 들먹이며 '세력다툼'을 하고 있다고 했다. 그렇게 현실세상의 조직, 집단을 나무라기도 했다.

예를 들어 비행기를 타고 고도 5,000m 정도 높이 올라가면, 이미 알림 화면에 기온이 영하 40~50도 전후로 왔다 갔다 하고 있는 것을 보게 된다. 싱가포르 등 열대지역에 도착하면 반팔을 입어도 더워서 숨이 켁켁 막힌다. 토론토에 가면 엄청 춥고 또 겨울에 오후 4~5시만 되면 주위가 캄캄해져 집에만 틀어박혀 지낸다고 한다. 이렇게 인간은 아주 한정된 작은 공간에서만 살아갈 수 있는 미약한 생물체에 지나지 않는다. 그런데 인간들은 본인들을 중심으로 태양계와 각종 은하계와 블랙홀 등 온 우주를 좌지우지하며, 인간을 만물의 영장이라는 등 최고로 여기고 있다.

이순을 지난 나이에도 로또 당첨을 꿈꾸며 간혹 구입하고, 어떤 힘센 권력이나 유명세 타기를 바랄 때도 가끔 있다. 힘들고 찬바람들 때 가족들을 위한 보험용으로 구입하지 실제 당첨을 노리는 것은 아니라며, 권력이나 유명세로 뭘 하겠다는 것이 아니라 올바른 사회를 위한 밑거름이 되겠다며…

그러나 만약 로또 당첨이 되면 현재 내 삶의 노력과 긴장, 절제, 겸허 등의 균형이 깨질 수 있고, 나를 내려놓아야 할 시기에 오히려 나에게 더 집착하는 동기가 될 게 뻔하다. 이 나이에 정말 나(我)에게 갇히면 큰일이다. 죽을 때가 되면 새털보다 더 가볍게 죽음을 받아들일 수 있는 초월함을 지녀야 한다고 노래를 부르면서… 언제 어느 때에 우주에서 가장 가벼운 '것'으로 化할 수 있게. 육체든 영혼이든 완전히 분해되어 무(無)로 화(化)하는 것이 궁극의 '지자 깨우침'이다!

너무 건강이 안 좋아 사경을 헤맬 때, '차라리 죽는 게 낫지 않을까?' 하며, 정말 숨을 한번 길게 참으면 바로 경계선을 넘을 수 있겠다는 것도 느꼈었다. 이때 오히려 비관적인 생각보다는, 삶과 죽음의 경계가 무의미한 경지에 도달한다는 것이 이런 것이구나 하는 '희열감(?)'이 그 짧은 순간에 살짝 스치며 지나갔었다. 정말 나를 코스모스 꽃잎보다 더 가볍게 느끼며, 언제나 그렇게 돌아갈 수 있다는 자신감(?)마저 들었었다.

오랫동안 오욕(五欲)과 칠정(七情)을 내려놓으려 많은 노력을 기울여 왔었다. 그런데 뭔가 허전함, 허무함 등이 나타났었다. 아직 경지에 다다르지 못했었기에? 그렇지! 나를 완전히 내려놓지 못하는 것은 욕(欲)과 정(情)이 남아있기에 그렇다. '欲과 情을 완전히 없애며, 나란 없다.'를 실천할 때가 진정한 '나는 없다.'이구나 하며 두 번째 깨달음도 있었다.

그놈의 자식새끼들과 마누라 때문이라며 가끔 변명도 했는데. 아직 덜 된 내려놓기에서는 당연히 허전함 등이 상존하는 것이 당연했고, 생각만이 너무 앞서 시간과 공간을 뛰어넘으려 했던 것이다.

아직 이생에 발을 딛고 사는 순간에는 모든 것들에 대한 균형이 필요하다는 것도 느꼈다. 오욕(五欲)과 칠정(七情)을 다 내려놓으면 이미 이 현실세상 사람이 아닌 것을… 이 현실세상을 사는 동안에는 현실세상과 영혼세상의 균형도 맞춰야 한다고 여겼다. 낮이 있어야 밤이 있듯이, "이 현실세상에서 사라지는 것만 능사가 아니지 않는가?"라며. 그래서 좀 치사하지만 이 현실세상을 살아가는 데 '고집보다 기술'을 익혀야 한다고 다짐했다. 타인들에게 끼치는 피해를 최소화해야 하고, 내가 받는 피해도 최소화해야 한다고. 즉, 감정보다 이성적인 삶을 살아가는 게 자타에게 최상이라고. 방법론은 '절제와 겸허'의 생활이다.

그러면 영혼세상을 향한 자세는?

'현실세상에서 지혜롭게 살아가지 않으면 카르마(업)의 노예가 된다.'라고 했다. 즉, 영혼세상도 현실세상에서 '절제와 겸허의 생활(카르마)'이 잘 이루어졌는가에 대한 결과물인 것이다. 즉, '절제와 겸허'가 현실세상과 영혼세상 두 마리 토끼를 잡는 방법인 것이다. 그래서 현실세상과 영혼

나我란 없다!

세상을 동전 하나에 비유한다.

　사후(死後) 육체는 태워서(화장) 가루를 나무 근처 땅 밑에 묻는 것이
최상이라 생각한다. 우주의 근원(木火土金水)을 통하여 다시 無로 化할
수 있기에. 이미 현세의 우리들 속에는 이 원소들이 들어있다. 현세의
욕심과 아집에만 빠져 살지 말고, '절제와 겸허'의 생활로 無로 化할 준
비를 해야 한다는 것이다.
　모두들 '사랑이 최고다!', '베풂이 최고다!', '헌신이 최고다!'라고들 한
다. 바로 '네'가 '나'란 것이다. 심지어 동, 식물 등 모든 것들이 바로 '나'
란 것이다. 모래알에 갇혀 '모래알 바깥의 세상(우주)'을 도외시하지 말
고… 자신의 모래알을 중요시하면 결국 모래 한 알밖에 안 되지만, 자
신 외의 모든 것을 사랑하면 곧 우주가 될 수 있다는 것이다.

　제 성질대로 단순 무식하게 살면 '우주(=無限)의 영역'으로 化할 수가
없다. 사후(死後) 우주의 깜깜한 곳의 차가운 돌이 되거나 똥 덩어리 같
은 더 심한 악취물 등으로 떠돌거나, 돌출될 것이다. 육체의 관리도 중요
하지만, 정신과 마음의 관리가 더욱 중요하다. 앞면의 현실세상만이 아
니라, 뒷면의 영혼세상도 함께 위하여 '절제와 겸허'의 생활을 하자. 이것
이 현실세상도 영혼세상도 모두 충족시킬 수 있는 최상의 방법이다.

06
좋은 만남의 여운

최근 좋은 만남을 가졌다. 요즘은 나와 같은 과(科)의 사람들을 잘 만나게 된다. 좋은 만남은 엔돌핀, 다이돌핀을 샘솟게 한다.

개신교 목사인데, 모 업체의 고문도 겸하고 있었다. 자신이 20여 년간 깨우치며 '우주론의 체계'를 한 권의 책으로 작성해놓은 초안을 나에게 이메일로 보내준, 목사의 틀을 초월한 멋진 분이었다. 대단한 경지였다.

그 방대한 글이 한꺼번에 쏟아져 나온 것이 아니라, 한 땀 한 땀 한 생각 한 생각, 흘러온 세월에 따라 각고의 고뇌에서 나온 글이기에 더욱 그랬다. 그분은 "이 우주의 모든 것들에 대한 설명이 성경에서 비유적이나 은유적으로 때로는 직설적으로 모두 묘사되어있는 데에 놀랐다."고 했다. 그리고 "나 자신에 방점을 놓지 말고 모든 것은 창조자이고 전지전능하신 신에 의해 만들어졌고 진행되고 있다는 것을 한시라도 잊으면 안 된다."고 했다. 심지어 "나란 만들어진 존재이다. 마누라 자식들 주변의 사람들의 말과 행동이 옥음(玉音)이라고 여겨라. 그러면 복을 받고 모든 게 행복해진다."라고 했다.

나의 개똥철학, '無이론(?)'과 비슷하다고 했다. "나란 없으며, 영혼도 육체와 마찬가지로 분해되어 없어진다. 현실세상이나 인생이란 無 속의 잠깐 지나가는 빛과 같은 환영(幻影)이라."고 했다. "영혼이 영원하다는

　　　　　　　　　　　　　　　　나我란 없다!

것은 영혼장사집단들이 세상을 현혹하고 지배하려는 차원에서 만들어진 것이다.”고까지 했다.

“천사의 적은 천사라고 했는데, 우리는 괜찮겠죠?”라며 서로 웃었던 기억이 있다. 역시, 그간 가끔 맞닥뜨려진 것과 같이, ‘우주를 전지전능자가 주재하느냐, 혹은 無의 변화(無 속에서 원소들의 변화)이냐?’ 라는 고집(?)만이 남겨졌다.

초기 공부방에서, “사주학(四柱學)을 배우면 어디에 좋습니까?”라고 물었다. “사주학은 점서(占筮)라기보다는, 세상을 살아가는데 수많은 이론과 경전, 옥음(玉音) 등과 같이 하나의 좋은 ‘종합적 지혜서’입니다.”

“그런데 정말 재벌들처럼 잘 사는 사주는 따로 있습니까?”

“사주학에서는 균형을 말하고 있습니다. 아무리 재물이 많아도 한쪽으로 쏠린 사주는 그만큼 문제가 있다는 것을 말합니다. 현세에 잠시 조합된 조합체로서 한 인간 개체인 자신에게 너무 많은 ‘고집’과 ‘내가 제일 잘 낫다!’를 불어넣으면 큰일납니다. 그렇게 될 수도 없고, 결국 자신을 망가뜨리는 지름길 작용만 할 뿐입니다. 현세는 ‘고뇌와 이성과 인내’를 배우는 학습장입니다. 인간 개체는 1/70억이고, 1/수천경이고, 창해지일속입니다. 그래서 현세를 ‘환영(幻影) 속에서의 학습장’이라고도 합니다.

물론 사주팔자에 따라, 부모를 잘 만나느냐에 따라, 배우자를 잘 만나느냐에 따라, 주변인들에 따라서 영향을 많이 받거나 그런 쪽으로 많이 빨려 들어가는 것은 사실입니다. 그러나 ‘노력이나 자각’ 등으로 좋은 ‘습관’을 들이느냐에 따라 ‘현세운명’은 달라집니다. 즉 자기관리(自己管理)로 극복하는 것이 ‘현세와 내세’의 두 마리 토끼를 잡는 최고의 길입니다. 결국 자기관리에 의한 ‘좋은 습관체’를 만드느냐에 따라 모든 것이 좌우되는 것입니다."

옆에 있던 분도 물었다.

"어떻게 하면 돈도 벌고 인생에 한 획을 그을 수 있습니까?"

"한 획을 그은 만큼 다시 지우는데 엄청난 시간과 노력 아픔 괴로움이 수반될 것입니다. 인간이 천년만년 영원히 이 세상에서 살 수 있으면 지울 필요도 없겠지만."

"먹고 죽은 귀신이 때깔도 좋다라고 했잖습니까?"

"죽은 것은 이미 본인이 아닌데, 때깔이 좋아봤자…"

"자손들이 잘 살잖아요?"

"과연 자손들이 잘살지, 00처럼 얼굴에 똥칠 당하거나, 감옥에 갈지, 쇠푼은 좀 있을지 몰라도, 그게 잘산다고 할 수 있을까요? 또 그 쇠푼이 얼마나 지속될까요?"

"그러면 어떻게 사는 게 잘사는 것입니까?"

"잠깐 지나가는 빛과 같은 환영 속의 쇠푼이나 벼슬은 자칫 전부인 것 같지만, 너무 하찮고 자신을 가두는 족쇄에 불과하지요."

"……"

"'나'라는 게 어디까지 지속될 거 같습니까? 인간 개체들은 영원할 수 있나요?"

"영혼은 영원히 가지 않습니까?"

"힌두교의 가르침에는 저급한 하루살이 등이 840만 번을 윤회해야 인간으로 환생한다고 했습니다. 그러면 나의 영혼이라는 것은 지금 이 인간 개체의 영혼입니까, 그 이전 개, 고양이 등의 영혼입니까?"

"……"

"단언컨대, 나(我)란 없습니다. 이미 우리는 학창시절에 '질량불변의 법

70   나我란 없다!

칙'에서 고체가 액체나 기체로, 기체가 액체나 고체로 변한다는 것을 배웠습니다. 영혼도 氣라는 일종의 에너지로써 분해되고 변합니다. 영혼 장사 집단들이 '나의 영혼은 영원하다!'를 수천 년 동안 세뇌시켜 영혼 장사를 잘 해왔죠. 현혹이었습니다. 나눠드린 적이 있는 제가 직접 경험한 저의 글에서, 바르도 기간 입구로 들어설 때 이미 본인을 못 알아보게 되었습니다. 인간을 비롯한 모든 개체는 잠시 조합된 조합체의 환영(幻影)입니다."

"······"

"동서고금을 통한 올바른 가르침뿐만 아니라 저의 직접 경험에서도, 카르마(업보)의 무게를 최소화해야 한다는 것을 느꼈습니다. 사후(死後) 바르도(이생과 내세의 중간) 기간 초입에 엄청난 빛을 맞이합니다. 그것을 『티벳 死者의 書』에서는 태초의 빛이라 합니다. 그 빛을 따라가면 '해탈'을 하게 되고 아니면 윤회의 나락으로 떨어진다고 합니다."

"해탈이라…"

"이야기가 좀 무거워졌는데요, 해탈이란 대단한 것인 줄 알았습니다. 그런데 해탈은 '윤회에서 벗어남'이라는 단순한 뜻이었습니다. 단순하고 순수한 것에 최고의 뜻이 담겨져 있죠. 축생도든 인생도든 윤회의 굴레는 고뇌입니다. 불가(佛家)에서도 3苦를 말씀합니다. 전생도 苦요, 이생도 苦요, 내세도 苦라고. 서양의 대문호 카뮈 선생도 시지프스가 뾰족산으로 둥근 바위를 굴려 올리는 그것이 바로 행복이라 했듯이."

"······"

"여러 가르침뿐만 아니라 저의 직접경험에서도 올바른 카르마(업보)를 걷지 못한 자들은 바르도 기간에서 태초의 빛을 보는 순간 절대로 따라갈 수 없습니다."

수업을 마치는 순간에 한 분이 옆에 다가와서 "햐, 돈을 좀 벌어야 하는데?" 하길래.

"그렇죠. 우선 현세를 잘 살아야 합니다, 너무 과하지도 너무 부족하지도 않게. 특히 영혼세상과 현실세상은 동전의 앞 뒷면처럼 연결되어 있기에 항상 근면하고 조심하며 살아야 합니다. 일전에 제가 말씀드린 滿招損 謙受益(만초손 겸수익)을 모토로 삼고, 勤爲無價之寶(근위무가지보)를 실천습관으로 해보세요. TV의 서민갑부 정도의 富는 누구나 가질 수 있을 겁니다. 지구인은 모두가 중산층이 원칙입니다."

"아, 이 나이에 할 수 있을까요?"

"인도나 티벳 등의 가르침에서는, 지혜스럽지 못하면 카르마의 노예가 될 수 있다고 했습니다."

"좀더 구체적으로 말씀해주세요."

"절제와 겸허를 하세요! 똑같은 말입니다."

"……"

"한두 푼 모이는 돈이 진정하게 쌓이는 내 돈이 되고, 잘 빠져나가지 않을 겁니다. '50세 전에 번 돈은 내 돈이 아니다!'라는 말이 있잖습니까."

"햐! 어느 천년에?"

"자기 욕심의 노예가 되지 마세요. 먹고 싶은 것 다 먹고, 사고 싶은 것 다 사고, 구경하고 싶은 것 다 구경하고, 놀고 싶은 것 다 놀고, 하고 싶은 것 다 하면서 어떻게 돈을 모을 수 있겠습니까?"

"……"

"항상 조심하며 건강합시다!"

둘

현실세상 편

01
패악질!

과연 이대로가 좋을까? 전 정권이 졸속으로 4대강 사업에 약 20조 원의 혈세를 퍼부었는데, 돌아오는 건 오히려 환경파괴 문제란다. 그 잘못된 사업의 유지비와 금융이자 등으로 1년에 수천억 원씩 들어간단다. 자원외교랍시고 약 10조 원을 투자했는데, 빈 깡통만 돌아온단다. 거기에도 막대한 이자 등 금융비용이 계속 들어가야 한단다. 전 국민의 안보가 달린 방위산업문제는 속을 정확히 들여다볼 수도 없어 깜깜하단다.

뿐만 아니라, 우리를 향해 총부리를 겨누는 놈들에게 수억 달러씩이나 퍼줘 놓고도 눈 하나 깜짝 안 했다. 심지어 퇴임 후 백담사나 감옥에 가는 것을 피하기 위해, 양자 양부 관계를 맺고 야합으로 차기 대통령을 만들어내는 반칙 기술까지 보였다. 우리가 모르는, 이보다 더한 반칙들은 얼마나 될까 생각하니 소름이 끼친다.

한 국가의 대통령은 '탑 컨트롤 역할'을 해야 하는데, 사심(私心)만 가득하고 한쪽 세력의 선봉장 역할에만 충실하고 있다. 켜켜이 엮여있는 그 똘마니들은 줄곧 그들의 방패막이를 하면서 변명과 억지를 늘어오고 있다. 서로가 더 많이 처먹었다고, 또 더 처먹겠다고 박 터지게 싸움질하고 있다. 이제 국민들은 정치인들이 만든 '정신병(지역병, 이념병, 한탕

나我란 없다!

병 등)'으로 갈기갈기 찢어졌다. 기가 찬다!

하급 공무원도 사심(私心)이 끼면 사회가 엉망이 되는데, 하물며 대통령이란 자들이 이렇게 사심이 가득하면 어떻게 되겠는가? 대통령이란 자리가 제멋대로 하는 자리가 아니다. 오히려 막중한 의무와 책임으로 숨도 제대로 못 쉬는 자리이다.

왜 처벌을 못 할까? 과연 권력층들의 패악질은 죄도 없고 책임을 묻지 않아도 되는 걸까? 역사는 '귀족들의 권력'이 나라를 망친다고 했다.

왜 '정치인들'을 뽑아야 하는가? 왜 '사기꾼들'을 뽑아야 하는가? 애초부터 잘못됐다! 대통령, 국회의원이 뭔데? 대통령, 국회의원이란 국가와 국민을 위해서 살신성인(殺身成仁)해야 하는 자리가 아닌가? 그들이 '살신성인'의 각오와 자세로 전념해도, 국가의 어려움은 항상 존재한다. 그렇지 않으면, '온 국민을 죽이는 자리'이다.

최근 무속인의 말을 듣고 수천억 원의 회삿돈을 날린 S기업 회장은 감옥에 갇혀있다. 그 기업도 엄청난 정치자금을 내어왔단다. 물론 대기업들은 세금 등 엄청난 혜택을 받고 있다. 이 모든 것이 침묵하는 양들의 등골을 후벼파서 나온 돈이다. 곧 그 회장은 풀려날 것이라고 국민들은 예상할 수 있다. 아삼륙으로 엮여있으니까. 이래도 정치꾼들이 필요할까?

국민들은 경범죄부터 가차 없이 법 적용을 하면서, 왜 그들에게는 수십조 원에 이르는 사기에도 치외법권의 외계인 취급일까? 정말 개판인 세상이다. 단돈 몇만 원, 몇십만 원에 자살도 하고, 살인도 하고 있다. 심지어 천륜을 버리는 존속살인을 하고 뒤져보니 몇만 원밖에 안 나왔다고 했다. 한 정권이 패악질하는 돈은 거의 수십조 원에 이른다. 십만

원으로 나누면 수억 명의 목숨을 살릴 수 있는 돈이다. 우리 국민은 고작 오천만 명이다. 정권들이 바뀔 때마다 국민들은 거의 각혈을 하게 된다. 정말, 국가 경제도 힘들 뿐 아니라 국민들이 허덕이며 많이 분노하고 있다.

이완용이를 욕할 필요도 없지 않은가? 바로 작금의 정치꾼들이 최대의 '사기꾼'이자 나라를 말아먹는 '역적들'이지 않는가. 매번 정권이 바뀔 때마다 친인척 비리에 차후를 위해 수천억 원씩 비자금을 챙기는 것은 상례화 되어있다. 이미 그들은 국회의원, 지자체, 법조계, 감독기관, 언론방송, 조폭, 떨거지 등과 거대한 세력을 형성하고 있기에, 뒤탈도 별로 없고 책임도 거의 안 진다. 그들에게는 국민은 아예 없고, 국민이란 선거날에만 필요한 좋은 '미끼'에 지나지 않았다. 아직 원전이 터지지 않고, 탱크가 굴러가고, 또다시 식민지배를 안 당하고 있는 것이 대단하다. 그자들은 다시 나라가 망해도 눈 하나 깜짝 안 할 자들이다.

한 세력집단이 패권을 쟁취하여 '국가통치의 책임'을 맡았으면, 어찌 '부국강병'을 위하여 '유비무환의 급선무'도 모를까?

왜 우선적으로 항공모함까지는 아니지만, 쾌속구축함이나 쾌속정 등을 생산 보충하고 개발하지 않는가?

왜 우선적으로 각종 고등 훈련기 등을 생산 보충하고 개발하지 않는가?

왜 우선적으로 각종 탱크, 고등기관총 등을 생산 보충하고 개발하지 않는가?

왜 우선적으로 각종 미사일 등을 생산 보충하고 개발하지 않는가?

왜 우선적으로 각종 레이더망을 생산 보충하고 개발하지 않는가?

왜 우선적으로 각종 과학기술 등을 더욱 연구 개발하지 않는가?

특히 세계적으로 조선업, 항공업 등의 불황시 국민들의 혈세를 패악질로 낭비하지 말고, 이러한 투자로 이 업종들의 생산가동률을 높여 경제와 국방에 도움을 주지 못하는가?

왜, 백주(대낮)에 버젓이 이러한 개판의 정치가 있어야 하는가?

왜, 백주(대낮)에 버젓이 이러한 개판의 법·제도가 있어야 하는가?

만일 국민들의 눈높이로 이런 정치꾼들의 죗값을 묻는다면?

관련된 모두(떨거지까지 포함)의 재산을 몰수하고 그 모두에게 능지처참형을 내려도 부족하다 할 것이다.

왜, 이렇게 우리의 높은 자리들과 집단들은 근시안적일까?

全體(전체)를 위해서 大도 小도 희생되어야 한다! 大를 위하여 小가 희생되어서는 절대 안 된다. 大·小의 비교 논리는 집단의 비교이자, 갈등의 비교이고, 다툼의 논리이다. 반드시 '전체를 위한 희생'이라야 한다. 이순신 장군을 비롯한 많은 군사들이 그러했고, 안중근, 유관순, 윤봉길 의사를 비롯한 독립투사들이 그러했고, 위안부 할머니들이 그러했고, 사랑 가득한 어머니들이 그러하다. 가치 있는 문화와 희망 있고 보람있는 문화를 지도층부터 보여 달라.

이제 세상의 돈을 빨아들이는 서방 선진국들도 어려움을 겪는다고 한다, 특히 중산층 이하에서. 그들의 원인도 '빨대 귀족층들'이 많아졌기 때문이란다. 그들의 법·제도를 수입한 우리는 더 심하다, '늦게 배운 도둑질'에 밤새는 줄도 모르고 항상 '민주'를 외치고, '여러분이 이 나라의 주인입니다!'며 유혹을 해대면서. '정치빨대들'은 나라야 어떻게 되든 말든 현재 이 상태가 더욱 다단계화 되기를 기도한다.

하루빨리 법·제도부터 바꿔야 한다!

02
광분!

국회의원 선거날이 다가오자 정치인들이 광분(狂奔)하고 있다. 어린애들 장난 같은 짓도 서슴지 않는다. 정말 이렇게까지 할까? 정치가 왜 이렇게까지 비대해지고 파란을 일으킬까? 항상 '세력쟁탈전, 패권쟁탈전' 등에 빠져 혼란을 가져오고, 결국 많은 침략을 당하여 엄청난 피를 흘리게 하고 나라도 빼앗겼다.

우리 오천 년 역사상 가장 크게 피를 흘리게 했던 광분자(狂奔者)는 단연 김일성으로, 그가 저질렀던 6·25 전쟁은, 남한군 사망실종자 17만여 명 부상자 45만여 명, 북한군 사망 실종자 64여만 명, 남한 민간인 사망자 24만5천여 명, 학살된 민간인 13만여 명, 민간인 부상자 23만여 명, 납치 8만5천여 명, 행방불명 30만3천여 명으로 남한 측 사상자 160만여 명, 북한 측 사상자 약 188만 명으로, 당시 남북한 국민 수의 1/5에 해당했다 한다. 게다가 유엔군 사망 실종자 5만여 명과 부상자 10만여 명, 중공군 사상자 97만 명에다, 사회·경제적인 측면에서의 피해는 산출 불가능이라 한다(출처:국방부 군사편찬연구소).

사상자 수로는 1500년 이후 세계에서 손꼽히는 전쟁이라고 한다. 원인은 서로의 욕심에 의한 내분(內紛)이었는데… 정말 미친놈이다!

나我란 없다!

그다음이 대립각을 세우며 나눠먹기식 알박기(?)한 이승만이었을 것이고, 그다음이 온 국민을 지역병, 이념병으로 갈기갈기 찢어버린 국회의원 한탕귀족일 것이고, 그다음이 식민 약탈했던 일본놈들일 것이다.

그런데 또 우리의 정치인들이 광분(狂奔)을 해오고 있다. 다시 정신병(지역병, 이념병, 한탕병 등)으로 국가와 국민을 갈기갈기 찢고 있다. 오로지 일신의 '영달'과 '세력다툼'을 위하여, 각 정권이 금치산자들처럼 수조 수십조 원의 각종 부정부패와 패악질로 광분하고 있다. 그 험악했던 춘추전국시대보다 오히려 민초들의 등골은 더 휘고 있다. 광분자들의 주둥아리로는 '민주', '국민을 위하여'라고 외치며.

정말 미쳐있다!

우리 사회에 정치라는 게 이렇게 크게 개판을 쳐도 되는 걸까? '정치'가 괴물일까? 아무리 권력이 좋다지만, 국민들이 있어야 정치도 권력도 있는 것 아닌가? 게다가 책임지는 자들이 아무도 없다. 또다시 엄청난 피 흘리고, 노예(식민지)가 되는 난리가 터지지 않을까? 이제 정말 우리는 더 이상 헛되고 억울한 피를 흘리면 안 된다!

예전에 낚시를 다녔던 적이 있다. 미끼를 물어 잡히는 물고기와 우리가 다를 게 뭘까? 낚시꾼들에게 붕어는 '3초 머리'라는 별명으로 불린다. 미끼를 물려다 혼이나 놓고, 3초도 안 되어 잊어버리고 그 미끼를 탐하여 다시 문다는 것에 빗대어 붙여진 별명이다. 정치인들에 현혹되는 우리들은 과연 몇 초 머리일까?

이제 민초들의 눈에도 다 보인다. 그 광분이! 더럽고, 무섭다! 돈을 노리는 자, 권력을 노리는 자, 명예를 노리는 자, 돈과 권력과 명예를 노리는 자들. 모두가 '제 놈들 목숨과 영달만 중요'하고, 국민들은 안중에도 없다는 것을 이제 우리는 알고 있다. 천년만년을 살 것처럼 세력다툼에 날 새는 줄 모르는 미친 자들이다.

단연코 '집단이 세상을 망친다'고 했다. 첫째는 '정치집단', 둘째는 '종교집단', 셋째는 그 '기생집단'들! 집단은 자연발생적이어야 하고, 최소화되어야 한다고 했다.

이제 인간들이 너무 많은 것은 아닐까? '善'을 찾기 위하여, 영혼세상까지 염두에 두고 살아가는 사람들은 항상 '밥'이고, 더럽고 치사하고 독한 놈들이 잘사는 세상이다. "여러분, 이 나라의 주인은 국민 여러분입니다!" 해놓고, '왜, 바보같이 사냐? 좀 약삭빠르게 살지!'라고 속으로 비웃는 꼴이다. 정말 말과 행동이 다르고 독하고 약삭빠른 자들이 잘사는 세상이 됐다. 게다가 그런 놈들의 수가 좀 적으면 괜찮은데, 이제 피 빨리는 국민들보다 더 많아졌다. 그놈들을 먹여 살리기에 무척 힘들고 괴롭다.

역사상 최고의 수도승들은 현실세상의 카르마(업)를 적게 짊어질수록 더 밝고 넓은 마야(우주)로 나아간다고 했다. 또 힌두교에서는 하루살이 같은 저급한 생명체로부터 인간이 되기까지 840만 번의 윤회가 있어야 한다고 한다. 그러면 '나'의 영혼은 정확히 '어떤 개체'의 영혼일까? 이러한 모든 가르침들이 현재의 '나'라는 개체에 국한하라고 한 것일까, 모든 것을 극복하며 초월하라고 한 것일까? 한순간의 승리, 나의 승리, 우리 집단의 승리에 광분하는 것이 과연 의미 있는 짓일까?

나我란 없다!

국가도 집단인데, 왜 '우리 국가의 승리'를 외쳐본 적은 한 번도 없을까? 과연 우리 국민은 남의 지배를 당할 때만 화합을 할 수 있는 저능아 집단들일까? 또 국민의 1/5 정도가 억울하고 헛된 피를 흘려야 할까?

03
제도개선 운동

리처드 도킨스는 『이기적인 유전자』에서 '실제로 하나의 몸은 이기적인 유전자들에 의해 맹목적으로 만들어진 프로그램 기계이다.'라고 했다.

현실세계를 잘 사는 데 있어서,
유전자에 초점을 둬야 할까?
나(我)라는 개체에 초점을 둬야 할까?
가족에 초점을 둬야 할까?
출신교에 초점을 둬야 할까?
출신지역에 초점을 둬야 할까?
국가에 초점을 둬야 할까?
지구세계에 초점을 둬야 할까?
영혼세상 현실세상 모두를 보살핀다는 종교집단에 초점을 둬야 할까?
'나란 없다, 우리는 우주이기 때문이다.'에 초점을 둬야 할까?

현실세상에서는 나(我)가 없어지면 다 없어지니, 나(我)가 가장 중요하다 하겠다. 또 나라를 잃었거나 국가 간 전쟁이 있었을 때 나(我)와 가족과 이웃과 국민이 가장 많이 피를 흘렸다. 두 번째라 하겠다. 우리나라

나我란 없다!

의 오천 년 역사를 보면 960여 번을 침략을 당하고, 침략을 한 번도 한 적이 없는 나라라고 했다. 그리고 지금이 역사상 가장 잘사는 시기라고 한다. 전쟁의 잿더미에서 꽃을 피워, 원조를 받는 나라에서 원조를 주는 나라로 바뀌었다고 한다. 과연 우리는 지금 잘 살고 있는 것일까? 잘 살고 있다면, 이것이 얼마나 지속될 수 있을까?

20세기 말 '보이지 않는 손(Invisible Hand)'은 세상의 모든 매스컴과 금융 기관들, IMF 등을 일사불란하게 움직여, 43년여 우리 국민이 피땀 흘려 이룩해왔던 국부 수천억 불을 하루아침에 강탈해 갔다. 워낙 근면한 국민성이라 잘 만회를 해오고 있지만, 2008년 미국발 '서브프라임 모기지론' 사태의 여파로 다시 한번 휘청이고 있다. 유독 정이 많지만 교만한 우리 국민성 때문에 호전적인 국가들에게 많은 침략을 당했고, 현실적인 나라들에게 많은 강탈을 당했던 것 같다. 그러나 좀더 정확한 분석을 하자면 '자중지란의 결과'로 '자업자득'이었다는 것이 더 정확할 것이다.

우리는 현재 아주 다양하고 불규칙적인 '험악한 세상'을 살아가고 있다. 적도 동지도 뚜렷하지 않을 뿐 아니라 조금 전까지 동지라고 믿었는데 순식간에 적으로 돌변하여 등을 찌르기도 한다. 정말 눈 뜨고 코 베이는 세상이다. 항상 긴장하며 정신을 바짝 차리고 살아가야 한다. 우선 전체의 흐름이 어떠한지 파악해야 하고, 적인지 아군인지 구별할 줄도 알아야 하며, 유비무환을 다져나가야 한다. 이 모든 것을 위한 첫째 기본은 내실을 다지는 것, 즉 '국민 화합'이다. 여태껏 우리는 항상 외국들에게 맘씨 좋고 다정하고 교만하게 마음의 빗장을 열어, 줄창 낭패를 당해왔다. 안으로는 '도토리 키재기'하며, 서로 지지고 볶고 피 흘리고 다투면서…

우리는 식민지 40년과 두 동강 난 채 혈육이 끊어진 지 60여 년, 도합 100년여 이상을 아직도 상처와 고통 속에서 살고 있다. 지금도 나라 잃기 전 구한말 혼란의 시기나, 광복 후부터 6·25전쟁 사이 정신없던 내홍의 시기보다 더 위험하다고 한다. 이제부터는 어떠한 이론이든 이유든 법칙이든 철학이든, 안에서 서로 세력다툼, 패권 다툼 등으로 자중지란을 초래해서는 안 된다. 그래서 소 잃고 난 뒤 과거의 잘잘못만 가릴 게 아니라, 현재와 미래의 우리(우리의 DNA:후손들)를 위해 최소한의 '자정운동'부터 하자고 외친다. 원칙과 제도는 간단하고 투명할수록 좋다.

환경개선 운동

상수도와 하수도를 구분하자. 우리나라는 산이 70% 이상으로 예로부터 강 하천의 물을 식수로 살아오고 있다. 반드시 그린벨트 등을 엄격히 하여 산림(山林)을 지켜야 한다. 그리고 강과 하천으로 유입되는 모든 오수를 차단해야 한다.

예로 들자면 적어도 사람들이 거주하는 하천·강의 상류부터 하류까지는 둔치에 하수도를 위한 별도의 대형관(리비아 대수로 공사용 등)을 설치해야 할 것이다. 이때 반드시 수천 년을 사용할 수 있게끔 안전성과 내구성은 필수이고, 또 일정 거리마다 필터링 구조를 설치하고 규칙적으로 불순물 제거 및 정화처리를 할 수 있게 해야 할 것이다. 물은 국민건강의 첫째 근원이다. '국민이 건강하면 반드시 국가는 부강하게 된다'.

쓰레기 제로화 운동을 하자(추억세상의 '쓰레기 제로화 운동' 참조). 추한 것

나我란 없다!

일수록 노출을 시켜야 하고, 자발적이 안 되면 강제적이라도 하게 하자. 단계별 처리 과정을 대국민 홍보하여 '모두가 동참'할 수 있게 해야 하고, 환경시스템의 모든 것을 마지막 '제로단계'의 공정에 초점을 맞추어야 하고, 특히 음식물 쓰레기와 일반 쓰레기 취급자들의 1일 2교대 근무 등의 혜택과 공장 내의 탈의, 샤워, 소독, 세탁, 방역, 의료, 보수 등의 복지시설을 최고 수준으로 갖춰야 하고, 또 해당 공장들에게도 혜택을 많이 줘야 한다. 아울러 국민 의식을 고취시키기 위해서 '환경벌금제도'를 강화해야 한다.

국민들의 호연지기(浩然之氣) 운동

우리나라의 사람들은 대부분 정적(靜的)이다. 왜 우리는 TV 등에서 노래와 연예물이 판을 칠까? 물론 노래와 연예물이 나쁘다는 것은 아니다. 너무 과하다는 데에 문제가 있다는 것이다. 게다가 청소년들은 PC, 스마트폰에 빠져있다. 이렇게 비활동적이고 비진취적인 것들로 국민들의 건강마저 위태롭다. 건강에 적신호를 느낀 40대 이상의 시민들이 겨우 뒤늦게 등산을 하는 정도이다. 학교와 기업체 공무원 등 학과정, 입사 및 인사고과에 '체력장 및 건강검진 점수'를 반드시 넣어야 한다. 아무리 똑똑해도 심신이 건강하지 못하면 본인은 말할 것도 없고, 본인이 속한 가족, 사회, 국가는 낭패를 보게 되고 엄청난 피해도 가져올 수 있다. 반드시 '호연지기 운동'을 정착화시켜야 한다.

예를 들면, 놀이터나 공원 등에 국민건강에 좀 더 도움이 될 수 있는 체계적인 운동 터전을 마련하자(공원 등에 트램펄린, 암벽 등반, 10m 상공 레펠, 10m 상공 줄 위 걷기, 가장자리에 인라인 스케이트 타기 등)!

학생들의 학년별 해당 '체력등급 이수원칙'과 '대입시험'에도 필수과목으로 해야 하고, 기본적인 체육 종목과 위의 암벽등반 등 내용을 연계한 '오디션 제도' 등을 우선 방송하여 정착화하는 등 국민체력을 강화하자. 기업체 직원, 공무원들의 '입사시험'과 '인사고과'에 반드시 '체력 및 건강점수'를 반영하고 매년 건강검진과 체력검사를 해야 한다.

지역갈등, 이념갈등 일소운동

원인은 '정치귀족'들의 표(票)싸움 때문이다. 제발 '선거'가 없어져야 나라와 국민들이 더 이상 찢어지지 않을 것이다! 우리 시절에는 출신 지역의 고등학교를 졸업할 때까지 지역감정이란 것을 몰랐었는데, 요즘은 상당수의 초등학생들도 지역감정을 느낀다고 한다. '지역병 정신질환', 이제는 여기에 '이념병, 한탕병 등 정신질환'이 연계되어져 있다. 정말 큰일이다.

친구를 친구라 부르지도 못하고, 이웃과 속을 터놓고 친교하지도 못하는 사회! '지역병 정신질환의 폐해'는 굳이 표현을 안 해도, 누구나 느끼며 회피하고 싶어 할 정도가 되었다. 거의 모든 일에, 심지어 매스컴 등에서 유명인을 볼 때 등등. 대부분 사람들은 마음속으로 지역병 정신질환으로 인해 '편견, 편애' 등을 한 번쯤 느껴봤을 것이다. 병이 이렇게 깊은데 가해자들은 원인 발견과 치료는커녕, 서로 침을 튀기며 '票'에 열을 올리고 '국민 찢기'에 전념하고 있다. 정치병자들은 국민(표)들을 정신병(지역병, 이념병, 한탕병 등)으로 찢어놔야, 야음을 틈타 귀족 자리를 쉽게 차지할 수 있으니까.

이렇듯 그 알량한 '한탕귀족' 자리를 위해 국가와 국민을 갈기갈기 찢어놓았다. '흑'과 '백'으로 찢어놔야, 더욱 票장사가 잘되니까. 그런데 사실 '흑'과 '백' 모두 한탕귀족들의 손아귀에서 논다. 그자들은 싸우는 척

나我란 없다!

하다가도, 야합하거나 당을 옮기거나 합당, 분당과 '퉁'치기도 잘한다. 그리고 시민들은 아무리 떠들어도 법을 바꾸는 발의조차 할 수 없다. 게다가 매스컴 등의 잦은 현혹으로 국민은 또 홀린다. 이렇게 한번 귀족은 '영원한 귀족'이 된다.

지금까지 우리는 정치지도자를 모범적이고 헌신하는 자들로 교과서에서 배워왔고 마음속에 그렇게 남아있다. 또 국민을 대표하는 자들이라고. 그런데 그들은 '인기'와 안정적 '당선'을 위해서 '출신지역' 등을 강조하며 국민을 찢어놨다. 이렇게 여러 지역으로 찢어진 상태로 국민들은 현혹되어 그자들을 보며 일희일비(一喜一悲)하는 병에 걸려있다. 야음을 틈타 정치인들은 '한탕귀족'으로 되어있고, 이제 모든 길은 그들로 통하고 있다. 참으로 답답한 양들이다!

여태껏 민주주의, 참정권 등으로 미화되고 포장된 선거로 국민들의 눈을 가리고 현혹시키며, 가해자인 정치인들만 온갖 혜택과 특권을 다 누리고 있다. 이제는 이 '귀족들의 특권남용 문화'가 나라를 말아먹을 지경에 이르렀다. 게다가 암보다 더 무서운 이 '정신병'이 많은 곳으로 전이되어 있다.

이웃 간의 관계에서도
학생과 선생님 간에도
노조원의 주장과 투쟁에도
TV, 라디오, 언론, SNS에도
기업 간, 기업 내부에도
남북의 교류문제에도

각종 스포츠에도

원자로를 운영하는 데도

항만, 다리를 놓는 데 등에도 이 정신질환이 영향을 끼친다.

이제 정치인들은 물론 온 국민들이 감당하지 못할 정도로 너무 심각하고 비용부담도 엄청 커졌다. 사실 지역병, 이념병 정신질환을 따지고 보면, 너무 어리석고 소모적일 뿐 아니라 아무것도 아니다. '반대를 위한 반대! 찬성을 위한 찬성!' 이제 유치한 이 정신병을 없앨 때가 됐다. 이 몹쓸 '정신병'의 덩어리를 일거에 제거하고 재발 방지를 위하여, 선거제 폐지와 아울러 '같은 도내(道內) 출신끼리 금혼제도(禁婚 制度) 및 분열 조장 및 야합 금지법'을 주창한다.

최소한 이 이상의 강력한 법만이 우리 고질병을 고칠 수 있고, 생물학적으로도 좋다(이 방법은 우리나라에서는 가능한 처방이다. 가능할 때 하루 빨리 서둘러야 한다. 큰 국가나 다양한 종족으로 구성된 국가에서는 거의 불가능하다).

정치인을 공무원으로 대체하자(선거제 폐지운동)

일제식민지 때 감옥에 갇힌 신채호 선생에게 감옥소장이 "너희 조선인들은 태어날 때부터 당파심을 갖고 태어난다!"라고 비아냥대자, 선생은 "한 명이 먹어야 할 밥 한 그릇을 10명이 나누어 먹다 보니 그럴 수밖에 없었다!"고 일침을 가했다는 일화가 있다.

국민 모두가 자신이 먹을 밥을 자신들이 마련하는데, 입만 갖고 더 많이 처먹는 권력자들이 너무 많다는 뜻이었다. 과거제도의 남용과 음서제도의 남용 등이 엄청난 권력자들과 아전들을 낳았다. 게다가 서로의 파워게임에, 그러니 '사색당파'가 일어날 수밖에 없었다는 설명이었다.

나我란 없다!

지금도 마찬가지이다. 이제 중산층이 무너진 것은 말할 것도 없고, 악순환에 의해서 상류층들도 무거운 세금 등으로 힘들어하고 있다. 우리 사회는 정치귀족들의 패악질(졸속선거 공약사업, 각종 보조금, 각종 야합 등) 등이 너무 많아 국민 피폐는 물론 국가도 누란지위(累卵之危)의 처지에 있다. 국민을 위한다는 명분 아래 수많은 정치귀족의 '삽질, 분탕질'은 이미 도를 넘었다. 그자들은 아직도 '쥐어짜고 분탕질하고 삽질해도 설마 나라가 망하기야 할까?' 한다. 큰일이다!

더욱 큰 문제는 그 '현혹 장사꾼'들은 이제 책임도 지지 않고 어떠한 상황에서도 잘 대처한다는 것이다. 여기에 야음을 틈타서 그자들 옆에 붙어 한탕 하려는 떨거지, 하이에나들도 많다. 그러다 보니 죽어나는 자들은 국민이다. 대기업 총수가 수백억 뇌물공여를 해놓고 '관행'이라 하며 흐지부지되어버렸다. 반대쪽 전 대통령비서실장이 수백억 받은 게 들통이 나자, 한참 서로 쑥덕이더니 '퉁' 쳐버린다. 사과 상자에, 차떼기에, 각 정권의 수조 원대의 패악질 등…. 기가 찰 노릇이다!

게다가 '책임을 지는 자들이 없고, 사회에 정의가 없어졌다는 것'이 가장 큰 문제이다. 그 결과, 사회는 온통 '부패천국'이 된 지 오래다. 왜, 이렇게 우리는 미개할까?

또, 왜 당으로 구분을 짓게 했는지? 우리나라에는 맞지 않는 제도이다. 서양의 잘못된 다단계(hierarchy) 정치문화가 미처 준비도 안 된 우리에게 너무 빨리 너무 깊이 들어와 버렸다. 세상 시민들을 현혹하여 세상 인간들의 '계급을 다단계' 하기 위한 '프리메이슨'의 정치수법에 놀아난 것이다. 세상을 '공존공생'이 아닌 '지배'를 목적으로 하는 프리메이슨들이 자주 내뱉는 말이 Discrimination(차별화)이다. 유색인종은 때려 죽어도 백인을 따라올 수 없고, 인간들을 '다단계로 계층화'하는 게 자자손손 '등급별 노예'를 부리며 살 수 있다는 것이다. 이 멋진 제도(?)를 물려받은 우리 한탕귀족들도 그 좋은 권력과 금력에 도취되어 영원히 '차별화된 귀족생활'을 위해 수단과 방법을 가리지 않고 있다. 반면에 현혹된 국민들은 '하층민 선거노예'로 전락하여 지들끼리 반목과 질시와 다툼 등의 온갖 십자가를 짊어진 채 피를 흘리며 죽어가고 있다!

'배운 게 도둑질뿐이다'는 말이 있듯이 票에 미친 자들이 다단계 틀을 확고히 구축하기 위하여 지자체, 기초단체, 교육계 등의 선거로 양산해 오고 있다. 이제는 정말 '밥 한 그릇에 수십 명이 달라붙는 꼴'이 되었다. 큰일이다!

그러면서도 선거 때가 되면 우리들은 또 온갖 쌍나팔에 현혹되어, '개 끌려가듯' 투표장으로 끌려가게 된다. 이렇게 '선거의 노예'가 되어있다. 하루빨리 잘못된 이 '선거제도'를 없애야 한다. '선거'는 전근대적인 퇴폐물로써 인간사회를 '다단계 계급화'하기 위한, 국민을 현혹하기 위한, 특히 가진 자들의 기득권을 더욱 탄탄하도록 하기 위한 수단에 지나지 않는다. 선거는 '한탕귀족' 그들만의 잔치인 것이다.

또 왜 권한을 그리도 많이 줬을까? 권한도 배트맨 같은 올바른 자들에게 주면 좋은데 만약 '골룸' 같은 악당들에게 그런 권한을 줬다고 상상을 해보라. 책임도 안 지는 권한을…. 이제 국가의 모든 대소사가 그 자들의 주둥아리를 거치게 되어있다. 나라를 다 망쳐놓은 자들이 마치 나라를 제일 많이 걱정하는 척하는 꼴이 되어있다. 답답하다!

당선이 안 되어도 떡고물과 쏠쏠한 권력 등이 많지만, 당선만 되면 한

나我란 없다!

명당 어지간한 기업가를 넘어서고 엄청난 파워를 누릴 수 있는 '한탕귀족'으로 급 신분 상승을 한다. 그러다 보니 누구나 그 자리에 정신이 팔려있고 거기에 홀려있다. 이제는 학생들, 예능인들, 노조원들 등 온 국민의 로망이 되어있다. 이 '귀족들의 특권 남용 문화'를 우선으로 청산해야만, 국민화합과 국가발전을 시작할 수 있다. 이 미친 '선거제도'를 없애는 것만이 이 몹쓸 '정신병'을 치유할 수 있고, 국민화합과 국가발전을 얘기할 수 있다.

유일한 방법은 하루빨리 한탕 귀족인 국회의원 및 지자체장·의원(이하 장. 의원), 교육계를 '공무원'으로 대체하는 것이다.

그러면 미친 '선거'가 없어질 것이고,

'지역병, 이념병, 한탕병' 정신질환이 없어질 것이고,

만병의 근원인 '패거리 정치인들'이 없어질 것이고,

미친 세력다툼과 패권쟁탈전이 없어질 것이고,

'인기 공약'과 '떡고물, 비자금' 등이 줄어들 것이고,

'공약 삽질'에 들어가는 '천문학적인 비용'이 절약될 것이고,

여러 '패악질'의 '천문학적인 돈'이 절약될 것이고,

인기를 위한 별별 튀는 행동이 줄어들 것이고,

눈치싸움이 줄어들 것이고,

국가업무의 전문성과 정통성이 살아날 것이고,

기업들이 눈치 보며 '상납'해야 하는 데가 줄어들 것이고,

국민들이 조마조마하며 '염려'하는 것이 줄어들 것이고,

국민들이 '현혹'되고 '배신'당하는 일이 줄어들 것이고,

국가와 국민이 갈기갈기 찢어지지 않을 것이고, 등등

이러면 그자들은 "공무원들은 국민들의 대표가 못 된다."를 주장할까, 아니면 "0.1% 귀족들의 등용문, 철밥통이 없어진다."를 주장할까? 오히려 공인된 시험을 통과하고, 평생 몸담을 각오를 한 공무원들이 배려심과 준법정신 등이 더 강한 국민의 대표이다. 한탕주의로 '귀족'을 노리는 미친 자들보다는…. 만약 차이가 있다면, 그자들의 간땡이가 공무원들보다 엄청 더 크다는 것이다. 물론 공무원의 '감시·감사제도' 강화와 아울러 모든 공무원 임용부터 근무·퇴직까지 명징해야 함은 말할 필요도 없다.

예를 들면, 입법고시 사법고시 행정고시를 비롯한 7, 9급 공무원시험을 통과한 자들이 '훌륭한 대표들'이다. 지방업무는 지방 공무원들 중에서 하면 된다(물론, 로테이션 방식도 가능하다). 또, 반드시 삼권분립에 의한 상시 서로 '감시·감사제도'가 구축되어야 하고, 모든 기관들의 모든 '회의록'과 모든 '결재자료'는 '영구보관'되어 상호 감사팀은 물론 언제든지 국민도 볼 수 있어야 한다.

위와 같이 입법, 사법, 행정이 공무원으로 삼권분립이 되면, 가칭 국가수반회(또는 권력자 경계陣)를 설립해야 하는 게 좋다고 생각한다. 인간은 제아무리 똑똑하고 지혜롭고 잘났다고 하더라도, 개인은 감정에 치우치기 쉽고 한계가 있다. 국가의 중대사 결정에 약간의 사심(私心)이라도 들어간다면 그 중대사는 반드시 잘못된다. 지금까지 각 정권들의 '패악질'은 바로 그자들의 사심(私心)과 그 집단의 욕심이 원인이었다. 국가수반회는 입법, 사법, 행정부를 포함하여 국방부, 과학기술부, 교육계, 체육계, 대기업계, 중소기업계, 소상인계, 종교 철학계 등에서 각 대표 1인씩을 뽑아 약 30인 정도로 구성할 수 있다. 국가수반회 회원자격은

나我란 없다!

체력·건강검사를 통과한 자로서 일정 나이 이상, 일정 학업 및 업적 이상인 자들이어야 한다.

국가수반회는 국가의 최고 대사를 결정하는 기관으로 과거의 '원로회'와 지금의 '대통령직'을 합한 것과 유사할 수 있다(예를 들어, 각 부에서 직무전결규정의 범위를 뛰어넘는 국가 대사를 국가수반회 전원 참석에 2/3 이상 찬성으로 가결하도록 한다).

국가수반회는 국가 최고의 권력을 가지는 동시에, 문제시를 대비하여 '목숨과 가족과 재산' 등 모든 것을 국가에 바쳐야 한다. 그리고 모든 공무원들의 직무에 대한 책임은 '무과실 책임 및 무한 책임'으로 한다.

이미 2400년 전 플라톤 선생이 '권력자 경계제도'에 대해 강조했다. "권력을 가진 자들은 국가를 좌지우지할 수 있기에, '사유재산'을 가져서도 안 되며, 국가보다 가족을 우선해서도 안 되기에 '그들의 가족을 신탁'해놔야 한다"고 했다(최용철 선생의 『인간본성에 관한 10가지 철학적 성찰』 참조).

그러면 어느 누가 공무원 및 권력자가 되겠냐고? '안 하면 된다.' 그 정도 책임감과 의지가 없는 자들이 뭘 하려고. '지도자란 명예'는 아무나 가질 수 있는 게 아니다, 적어도 국가와 국민을 위하여 기꺼이 목숨 등 모든 것을 바칠 수 있는 자들만이 가능하다.

인간들은 '仁'과 '지성'과 '영혼'을 논하지만 사실 '눈앞의 이익'에 더 목을 맨다. '원칙과 제도'는 투명하고 간단할수록 좋다. 이게 어렵다면 승자독식에 따른 철저한 패자승복 제도(이 경우도 반드시 권력자 경계제도가 수반되어야 한다)를 정착시키든지. 죽도 아니고 밥도 아니니, 항상 지지고 볶고 난리를 칠 수밖에 없다.

위의 네 가지 운동은 우리나라라는 테두리에 갇혀서, 이웃 나라들을 도외시하자는 것이 아니다. 우선 안으로 좀 더 안정적 기반 위에 있을 때, 오히려 국가 간에 서로 긴장하며 '신뢰'를 가질 수 있고 서로의 탐욕을 줄여서 상생할 수 있을 것이다. 통일도 더 빨리 올 수 있을 것이며, 통일 전에 반드시 우리가 해놓아야 하는 책무일 뿐 아니라, 통일된 뒤에도 과거 광복 때의 혼란과 달리 흔들림 없이 안정될 것이다. 물질이나 시비를 떠나서 적어도 이 정도의 운동이 정착되면, 국민이 안정되고 건강해질 것이다. 물론 완벽하지 못할 것이고 미흡한 부분도 많을 것이다.

우선 이 정도의 뼈대를 구축하여 운동을 해나가야 하는 것이 '급선무'일 것이다. 미흡한 부분은 진행하면서 차근히 병행해나갈 수 있다고 생각한다. 아직 우리의 상태는 그래도 많은 부분이 양호한 편이다.

허리가 두 동강 난 사람은 수술 및 치유부터 한 뒤 뭘 해야 하듯이, 스포츠든 정치든 외교든 경제든 군사력이든 정당한 경기를 위해서, 이 간질하는 것은 최소한 삼가야 한다. 대한민국은 수십 년간 너무나 부당한 경기장에서 경기를 해왔다. 그러나 냉혹한 세계는 오히려 그 약점을 파먹으려 들지 도와주려고는 하지 않는다. 동물의 세계에서도 사자나 하이에나 등 강한 놈들은 약한 동물의 새끼나 다친 놈들을 더 잘 노린다. 이것은 우리의 몫인 것이다. 우리 손으로 일어나지 않으면 안 된다는 것이다. 다시 이제 우리는 이러한 '자정운동'부터 시작해야 한다.

우리 모두가 더 연구 개발하고 실행하여, 하루빨리 이 제안이 고루한 내용으로 여겨졌으면 좋겠다.

04
주둥아리들

ㄱ: 오랜만입니다.

ㄴ: 반갑습니다.

ㄷ: 정말 우리 사회가 왜 이렇습니까?

ㄹ: 이기심을 바탕으로 파벌주의에 패권놀음이라 할 수 있지 않나요?

ㄴ: 우리 사회에는 이미 정의도 없고 책임지는 자들도 없고 오로지 황
   야의 무법자들만이 개판을 치고 있으니.

ㄱ: 예, 정치인들의 당파, 계파 이기주의에 따른 세력다툼이 원흉이죠.

ㄹ: 전체를 보듬어서 외국과 경쟁, 준비해야 할 자들이 눈앞의 이익에만
   매달려 안으로만 정신병적으로 물고 뜯고 있으니.

ㄴ: 그자들은 나라가 곧 무너져도 꿈쩍할까요?

ㄷ: 꿈쩍할 정도면 정신병자들은 아니죠.

ㄱ-ㄹ: 하하하.

ㄱ: 요즘 각 계층별·지역별·분야별로 욕구불만이 상당한 거 같아요.

ㄹ: 묻지마 살인사건 등도 많아졌고, 각종 사회문제들이 이러한 정신병

(지역병, 이념병, 한탕병 등)에서 나오는 것도 크겠죠?

ㄴ: 의사들은 대부분 '우울증'이나 화병으로 얘기하잖아요.

ㄷ: 최근 정혜신 정신과 전문의의 『당신이 옳다』라는 책에서는 변별력 없는 우울증 진단은 없어져야 한다고 주장합니다.

ㄱ: 예, 작금의 외관적 보편성이 과한 것은 사실인 것 같습니다.

ㄹ: 물론 일괄적으로 우울증으로 진단하는 것이 문제가 없는 것은 아니지만, 그렇다고 요즘처럼 변화무쌍한 시대에 일일이 모두를 정밀 진단할 수도 없고.

ㄷ: 그 의사 선생은 모두가 '피해의식'에 사로잡힌 듯한 히스테리의 시기에 저마다 관계의 고통으로 소리 없는 비명을 지르고 있다. 그래서 공감과 주목을 받지 못한 채 관계를 단절하고 있다. 하루가 멀다 하고 엽기적 갑질 뉴스가 넘쳐나고, 흉악범죄를 저지른 사람은 또 정신과에서 발부받은 우울증 진단서를 '면죄부'로 들이민다고 했습니다.

ㄹ: 몇 년 전, 독일의 한 부기장이 비행기를 추락시켜 150명이나 죽었는데, 그 원인을 우울증이라 했다지요. 소심한 불면증 환자도 우울증으로 진단이 내려진다는데, 정말 모두가 우울증이네!

ㄷ: 그래서 그분은 우울증 진단이 없어지길 바란다고 했죠. 우울은 삶의 보편적인 바탕색이라 하면서, 또 인간은 누구나 '자기소멸'의 위기를 겪는다고 했습니다. 사회적으로 성공한 자들도 '자신을 지우고' 조직에 부응하는 기술을 발달시킨 뛰어난 생존자라며. 그래서 자기 존재가 소멸된다는 느낌이 들 때, 가장 빨리 자기 존재를 확인하는 방법이 '폭력'이라 했습니다.

ㄴ: 그분은 해결책을 뭐라고 했나요?

나我란 없다!

ㄷ: "네 마음이 어떠니?" 하며, 존재에 주목하며 경청하는 것이라고 했어요. 단, 이때 절대로 '충고나 조언, 평가, 판단'을 금해야 한다고 합니다. "네가 그렇게 힘들었는데, 내가 몰랐구나!"라는 '각성' 한마디면 충분하답니다.

ㄴ: 개인적으로는 그렇게 되겠지만.

ㄱ: 맞아요. 이 사회에 침묵하는 양들이 얼마나 오랫동안 많이 경청을 해왔는데, 저 정신병자들은 나아진 게 하나도 없이 점점 병이 더 깊어만 가니 그 해결책이 뭐냐구요?

ㄷ: 그분은 단지 정신과 의사예요, 국가나 사회를 뜯어고치는 분이 아닙니다. 그분은 튼튼한 관계는 '존중과 경계'가 함께 한다고 했습니다.

ㄹ: 우리부터 그렇게 합시다.

ㄱ: 우리, 앞으로 서로 잘 존중하고 경계도 합시다.

ㄱ-ㄹ: 하하하.

ㄴ: 언제부턴가 우리 사회에 존경받는 사람이나 존경받을 사람이 없다는 것도 큰 문제인 것 같습니다.

ㄹ: 그렇습니다. 권력의 단맛만 알지, 진정 헌신하는 자가 없는 거 같아요.

ㄷ: 예, 우리 사회에 엄한 아버지 어머니가 없는 거 같습니다. 그놈의 '민주'를 외치거나 '으쌰으쌰'를 외치는 잡음들만 무성하지.

ㄱ: 큰일입니다. '목청 크고, 고집 센 자들'이 진실된 자들과 마음이 깊은 자들을 짓밟고 국가와 사회를 주름잡는 판국이 돼버렸으니.

ㄹ: 목청과 고집에 더하여 독하고 눈치도 빠른 '소리 내는 소수의 패거리

들도 많아졌고, 입만 가지고 권력을 누리며 '띵까띵까'하는 사회인데.

ㄱ: 이 시대 우리 사회에 '진정으로 헌신'하는 사람들이 있을까요?

ㄴ: 민주나라와 민주시민들의 걱정을 가장 많이 하는 민주정치인들?

ㄷ: 민주, 하하!

ㄹ: 자발적은 아니지만 제도적으로 불가피하게 헌신하는 자들은 있을 것입니다.

ㄱ: 그렇죠. 청소부들, 상당수의 소방관, 상당수의 의료인, 일용직 근로 자들, 묵묵히 일하는 월급쟁이들, 영세사업자들.

ㄴ: 그러면 우리 사회에 주둥아리만 가지고 모든 것을 누리고 사는 부류는 어떤 게 있을까요?

ㄱ: 첫째가 정치인들이죠. 주둥아리만 가지고 최고의 권력과 돈을 누리니 제조원가 하나도 없이.

ㄹ: 그렇죠. 제조원가가 없으니, 그놈들의 수입이 모두 '당기순이익'이 되겠네!

ㄱ: 그 장부상 수입은 빙산의 일각이죠.

ㄹ: 뒤통수 쳐서 긁어내는 돈들과 또…

ㄴ: 아니죠, 걔들도 원가가 엄청 들어요. 떨거지들에게 들어가는 돈들이 랑, 품위유지비랑…

ㄷ: 그런 백해무익한 돈들은 빼야죠.

ㄱ: 품위유지비? 하하.

나我란 없다!

ㄹ:　둘째가 법조계 애들 아닐까요? 주둥아리만 가지고 최상의 권력을 누리니 역시 제조원가도 없이.

ㄱ:　그렇죠, 정치나 경제계 등에 연계되지만 않고 진정한 정의를 구현하면 괜찮지만…

ㄹ:　사실 국회의원 중 절반 이상이 걔들 아닌가요?

ㄷ:　그러니 패거리로 나뉘며 각종 유착이 제일 많고, '유전무죄, 무전유죄'라는 풍토가 그 토대에서 만들어졌잖아요.

ㄱ:　그 '방지법'을 빨리 만들거나, AI로 대체해야 합니다.

ㄴ:　셋째가 종교 성직자들 아닌가요? 주둥아리만 가지고 권력과 돈 옆에서 알짱거리니. 역시 제조원가도 없이.

ㄷ:　물론 몇몇 올바른 신앙심으로 살신성인하려는 성직자들도 있지만, 요즘의 성직자들은 '패거리'로 나뉘며 세력 불리기와 정치, 이념 등과의 '야합'에 관심이 더 많으니…

ㄹ:　넷째가 언론 방송인들 아닌가요? 주둥아리만 가지고 권력과 돈 옆에서 알짱거리며 줄타기까지 해대니 역시 제조원가도 없이.

ㄱ:　그렇죠, 걔들도 단맛을 알고, 일찍부터 패거리로 나뉘며 줄을 서고 있습니다.

ㄷ:　사실 그 분리된 확성기들이 국민 현혹에 가장 큰 폐해를 끼치고 있습니다.

ㄱ:　큰일입니다!

ㄴ:　다섯째가 노조 애들이죠? 주둥아리만 가지고 권력과 돈 옆에서 알짱거리며 줄타기까지, 제조원가도 없이.

ㄹ:　노조의 세력이 너무 커져 있습니다. 정말 '과유불급'입니다.

ㄷ:　그래요, 사실 현 노조원의 수보다 실업자들의 수가 훨씬 많고, 또 노인들의 수는… 사실 그분들이 노조를 결성해야 하지 않나요?

ㄴ:　이미 기성 노조는 순수성을 잃었고, 나라를 삼킬 정도입니다.

ㄹ:　썩어 죽을 놈들!

ㄱ:　기업의 자체노조 외에 산업별 등의 '옥상옥 노조집단화'를 금지해야 합니다. 그리고 노조집행부를 '정기 감사'해야 합니다.

ㄷ:　여섯째가 그 기생집단들 아닐까요? 주둥아리만 가지고 권력과 돈 옆에서 알짱거리며 확성기 역할까지 해대며 별 지랄들을… 제조원가도 없이.

ㄹ:　그 거지발싸개들은 입에 담을 가치마저…

ㄱ:　무엇보다 치유방법이 문제인데, 묘수가 없을까요?

ㄷ:　가장 먼저 '인기⑦ 선거'를 없애야 합니다! 선거가 나라를 갈기갈기 찢어온 근본 원인입니다. 그자들은 국민이 나라의 주인이라며 선거 때마다 '민주'를 외치지만, 결국 선거날만 지나면, 국민들은 또 '밥'이나 '노예'가 됩니다. 우리 국민성과 전혀 맞지 않은 잘못 수입된 제도입니다. 이제 선진국들도 이 선거의 폐해를 점점 많이 지적하고 있습니다.

　　　　　　　　　　　　　　　　　　　　　나我란 없다!

ㄴ: 그리고 권력자들은 국가를 위해 목숨을 내놔야 합니다. 일정 수준 이상의 권력자들에게는 '사유재산과 가족'을 갖지 못하도록 하고, 국가와 사회를 위하여 '살신성인하도록 법제화'해야 합니다. 이미 그들은 충분히 국가와 국민으로부터 '목숨보다 귀한 명예'를 얻었습니다.

ㄹ: 옳소! 그리고 국가의 녹을 먹는 자들의 실책에 대하여는 '무과실 책임'에 '무한 책임'을 지도록 해야 합니다. 그래야 똥파리들이 달라붙지를 않죠. 적어도 국가의 지도층에서 이 정도로 엄격해지면, 국가와 기관들이 상당히 유기체적으로 움직이게 되며 국가의 힘도 엄청나게 강해질 것입니다.

ㄱ: 그렇습니다. '목숨을 바치는 법과 제도'로 고치지 않으면, '교만한 국민성의 한국호'는 불가능합니다. 역시 오늘 여기 오신 목사님들과 도사님은 종교나 철학을 초월하시고, 국가와 국민을 위하는 마음이 현실의 빨대들은 물론 상앙이나 한비자 못지않게 훌륭하십니다.

ㄷ: 지금도 정치인들이 개헌이다, 뭐다, 말들이 많지만, 또 국민들을 현혹시키려는 것이죠. 모두 다 그 자들의 영달과 체제를 유지하려는 심보란 걸, 이제는 모르는 사람이 없을 정도입니다.

ㄱ: 하루빨리 목숨을 바칠 각오가 안 되어 있으면, 나서지 못하게 법제화해야 합니다. 속이 시커먼 놈들! 이 방법이 아니면 정에 약하고 모질지 못한 우리 국민성에는 희망이 없습니다.

ㄴ: 오늘 같은 기분이면, 우리가 나서서 '으쌰으쌰'라도 하고 싶은 심정입니다.

ㄷ: 크 참으시죠. 우리가 철딱서니들과 똑같이 나서면, 정말 나라에 혼란이 옵니다. 조용히 우리 위치를 지키면서, 제도권 내에서 고쳐질

수 있도록 주변에서 조언하는 게 최선이라 생각합니다.

ㄹ: 그렇습니다. 자칫 더 큰 혼란을 가져올 수 있습니다.

ㄴ: 그리고 그자들은 국가와 국민을 위해서는 목숨을 안 바쳐도, 자기들
        밥그릇에 손대거나 자존심을 건드리면 목숨을 걸고 달려들 거예요.

ㄱ: 맞아요, 개들도 지 밥그릇에 손대면 엄청 짖잖아요.

ㄷ: 개들 고집, 트집을 못 당해요. 오히려 똥물까지 다 덮어쓸 거예요.

ㄴ: 뭐 그런 것을 무서워하는 것은 아니지만…

ㄹ: 아직 우리나라는 희망이 있죠?

ㄱ-ㄹ: 파이팅!

05
모두가 프리메이슨?

A: 세상이 왜 이리 울퉁불퉁한지… 어느 놈의 자식은 태어나자마자 수십 수백억 원대의 주식, 부동산부자가 되질 않나!

B: 내 말이. 인간세상이 천편일률적인 것까지 바라지는 않지만, 서로 엇비슷하게 살 수는 없냐구?

C: 원래 세상이란 게 그런 거 아니겠어. 모두 공평해 버리면 아무 의미도 없잖아. 그러나 정도의 문제인데 요새 세상은 해도 너무한 거 같아. 지들만 잘 살면 뭐하냐고.

D: 그래 인생이 영원히 사는 것도 아닌데 말이지.

E: 대기업들도 정경유착에다 감세 등의 정책지원과 국민의 호응 등으로 클 수 있었던 거 아니야? 마치 지들은 외계인들처럼 까불고 있어!

A: 띠불놈들, 요즘은 지들을 잘못 대해주는 정권에게 '니들은 내 돈 안 받아 처먹었냐?' '다국적 기업화됐는데 확 다른 나라로 가버린다!'하며 지랄들이지.

B: 맞아. 아무리 무한 세계경쟁에 미래 불안이 항시 상존하는 기업들이라지만, 국민이 있어야 지들도 건재하지 않겠어?

E: 정확히 표현하자면, 기업이 문제가 아니라 자본주가 문제야! 지분율

이 50% 이하인 경우 오너라는 표현도 문제가 있고, 반드시 전문 경영인을 원칙으로 해야 한다. 그리고 무엇보다 기업, 특히 재벌들의 '회계감사'가 투명해야 해.

C: 가진 놈들이 더 행복할 줄 알았는데, 사실 알고 보니 정신병자들인 게야. 물론 각박한 현세에 인간은 누구나 정신질환을 가질 수밖에 없지, 게다가 나이 들어감에 따라 정신질환의 도수가 점점 높아지고. 가진 놈들일수록 욕심이 불안을 부르고 불안은 욕심을 부르고 또 불안을 부르는 게지.

D: 그래 봤자 국내 상황은 아직 아마추어 수준일 뿐이야. 이미 세상은 우리가 상상할 수 없을 정도로 잔인한 '지배야욕자들'의 손들이 곳곳에 뻗쳐져 있어. 가장 정신병 도수가 높은 세계적인 킬러들 봐. IMF 때 세계의 유수 금융기관들과 매스컴을 장악하여, 우리나라를 호미걸이로 강탈해간 뒤 더욱 갈증을 느끼며 난리를 떨고 있지. 세상을 지배하려는 그 띠불놈들은 그 후로도 온갖 시나리오를 짜며 시뮬레이션하고 있어. 이젠 그놈들 땜에 '세계전쟁'이 유발되지 않을까 걱정이야.

A: 정말 세계를 지배하는 집단이 있을까?

B: Could be! 서방선진국들의 현실세상 지배를 위한 세력 다툼이 수 천년 정도 이어져 오고 있어. 이제는 그놈들 중에서도 어느 정도 서열 정리가 되어 있을 거야.

E: 이미 그놈들에게는 전쟁도 시나리오에 들어가 있을 게야. 원인은 단순한 욕심에 의한 불안인데…. 어휴, 그 지랄병(?)의 도수가 너무 높다는 게 문제지.

나我란 없다!

A: 인간의 마음에는 道심이 있는데 인간들의 정신질환을 좋은 쪽으로 승화시킬 수는 없을까?

B: 야 야, 그런 숙제를 담당하는 '종교집단들'이 한 통속이니 그렇지.

C: 그래 이미 기성 종교집단을 비롯한 지배집단에게도 '현혹과 세뇌의 승패'만이 존재할 뿐이야. 종교집단뿐 아니라 모든 집단, 모든 개인 에게도 오로지 '승리'만이 존재하고 있어!

D: 맞아, '중들이 고기 맛을 알면 법당에 파리가 남아나질 못한다.'고 했어. 그놈들은 '영혼세상'도 먹고, '현실세상'도 먹어야 직성이 풀리 는 거지!

E: 정말 아이러니한 거 아니야? 현실세상의 '오욕과 칠정'의 소용돌이 와 지배를 벗어나, 청량제나 보완제 역할을 해줘야 하는 '종교집단' 들이 짜고 치는 한통속이었잖아!

B: 집단들은 안 돼!

A: 맞아! 집단이란 포용하고 협력하는 것 같지만, 더 구분을 잘 짖고 아주 상업적이고 이기적인 것들이야.

D: 그래 이기는 놈이 장땡인 세상이야!

E: 세상을 지배하려는 집단의 정체는 뭘까?

D: 현세의 흐름을 보면 누구나 세상을 지배하려 하고 있어. 어느 정도 실체가 드러났냐 아니냐의 차이일 뿐이지.

A: 맞아! 오욕칠정의 덩어리인 인간들은 다 똑같아! 그런데 그 '보이지 않는 손'은 어떻게 만들어졌을까?

B: 인위적으로 만들어졌을까, 자연적으로 발생했을까?

A:	예전부터 미국을 지배하는 0.1%는 앵글로 색슨족 일부와 연계된 유대계 일부라 들었어.

B:	일찍이 독일의 히틀러가 "프리메이슨은 유대인의 하수인으로서 국가 마비상태를 조장한다."고 주장했고, 1930년대 중반 독일 내 모든 프리메이슨 지부를 해산했었다고 했어. 비슷한 시기에 이탈리아와 스페인에서도 프리메이슨 단원들이 체포되거나 살해되었다고 했지.

C:	1980년대 말에 일본의 우노 마사미가 지은 『유대인의 세계화 전략』이란 책에서 '미국은 유태의 정복국가'라 했어. 또 기가 막히게 예견한 소련의 붕괴는 '국제유태자본'의 세계화 전략일 거라 했지. 이 책에서 국제유태자본 즉, '미국의 이면국가(裏面國家)'는 소련이 종말의 날이 오기 전에 이스라엘을 침공하여 세계 최종 전쟁을 일으킨다고 '구약성서 에스겔서'에 예언되어있기 때문에 유태인들은 소련과 너무 경제대국이 되어버린 일본을 적으로 보고 이들에 대한 '유태 이면국가'의 세계화 전략을 발동했다고 썼어.

D:	너무 센시티브한 책인 것 같네. 근데 우리가 이렇게 심하게 까발려도 되는 거야?

A:	그냥 그들의 의견이 그렇다는 거지. 그것보다 과학의 발달로 가까워진 세상을 아직까지 제 민족 제 국가에 국한하여 모든 것을 근시안적으로 보며, 타 민족 타 국가를 짓밟는 행위가 여전히 고쳐지지 않고 있는 게 더 문제야.

B:	그런데 일본 유명인들 중에 유대인으로 가입된 사람들이 많다고 하던데?

C:	가입은 자신도 모르게 '오픈샵(노조원가입방식중 하나)' 형태로 되었는

데, 탈퇴는 '클로즈드샵'이다 그런 식이지.

D: 그럴 거야…

E: 그리고 댄 브라운의 소설 『로스트 심볼』 이후 프리메이슨이 다시 뜨고 있는 거 같아. 인터넷 등에서도 '성당기사단, 일루미나티, 세도우 가븐먼트, 예수회 등'에 대해 많은 글들이 쏟아지고 있어.

A: 그래, 요즘은 '세상을 지배하는 집단 프리메이슨'으로 너무 많이 까발리고 있어. 이상하리만큼. 심지어 미국 방송에까지… 이제 어느 정도 오픈해도 된다는 식인가?

B: 맞아. 조지 워싱턴도, 프랭클린도, 레이건도, 부시도 유명한 자들은 모두 프리메이슨의 멤버들이었다며 오히려 물타기를 하는 것 같아.

C: 심지어 한국의 000대통령도, 000대통령도, 재벌 000도 프리메이슨 멤버들이다 식이야. 또 일본은 이미 메이지 유신을 계기로 가입된 몇몇의 프리메이슨 단원들이 있었고, 냉전시대에 미국, 유럽, 일본의 고위 인사들이 창립한 '삼각위원회'도 이 계보에 포함된다고 하고 있지.

D: 그것보다 그 멤버들의 요상한 등급들이 더 문제인 것 같아. 더욱 문제는 여러 파가 나뉘어져 있다는 거지. 표면적으로는 두 파인 것 같지만…

E: 사실 내가 그런 집단의 리더라 하더라도 구질구질하게 멤버들을 가입시키기보다는, 각 지역 각 국가에서 잘 나가는 놈들 몇몇을 집어 삼켜 버리면 지배구조가 더 탄탄하고 손쉬운 것 아니겠어?

A: 지, 집어삼킨다! 어떻게?

B: 예를 들어 1:1 점조직 식으로 멘토와 멘티로 엮는다면 어떨까? 세

상을 지배하는 집단이니 시뮬레이션을 거친 많은 프로젝트들도 있을 것이고. 멘티 대상들을 위해서 적절한 프로젝트를 끄집어내어 적절한 멘토를 통해 약간의 지원만을 하더라도 해당 국가나 지역 멘티의 사업이나 계획은 충분히 목표를 초과 달성할 터이니. 그 멘티는 향후 그 멘토를 神 이상으로 모시지 않겠어?

C: 도대체 그러한 집단이란…?

D: 있을 수 있지. 그러나 누구의 눈에도 드러나지는 않으려 하겠지. 심지어 멤버들마저 모를 거야. 겉으로는 너무 점잖(?)을 빼기에 자신들이 멤버들이란 사실도 잘 모를지도 몰라. 단지 '나는 (가칭)뉴욕클럽 회원인데 S&P 회장과 친분이 있고 지난번 큰 도움을 받았다.' 정도.

A: 충분히 그럴 수 있다. 문제는 이제 그 멤버들이 인종, 지역, 국가 등을 가리지 않고 산재해 있기에 위험성이 더 커졌다고 봐야지.

B: 과연 뒤에 숨어서 꼭두각시들을 앞세워 분칠하고 있는 집단의 주범들은 도대체 어떤 놈들일까? 그리고 그러한 집단이 한두 집단이 아니란 느낌이 들어.

C: 현실세상에서 지배하려는 자들은 모두 프리메이슨인 게야! 인간의 본성이야! 인간들의 일장춘몽적 욕심이 불러일으킨 '야합의 허상'이지. 인간의 욕심은 가질수록 점점 더 불안해져.

D: 맞아. 지배세력들은 하이어라키(계급사회)를 더 다단계 시키고 싶은 게지. 그래야 그들의 지위는 점점 더 범접하기 힘든 영역으로 굳어질 거고.

A: 그렇지! 그러한 집단들의 우두머리들은 비상시에 다른 집단들의 우두머리들과 핫라인을 통하여 아메바처럼 야합하기 쉬울 게고.

나我란 없다!

B: 이미 세상의 '정치 종교 경제 과학 군사력' 등을 장악한 기득권자들은 크고 작은 문제들이 발생할 때마다 종교를 끌어들이거나 굴지의 기업이나 금융기관을 동원하거나 심지어 군사력을 동원하기도 하지.

C: 인간은 사회적인 동물이라지만, '인위적인 집단'은 최소화되어야 해. 우리 주변의 작은 사회에서도 집단이란 자기주장이 강하고 이해관계에서 절대 물러서지 않으려 하고 손해를 보려 않잖아. 심지어 작금은 '영적 도덕과 신앙'을 목적으로 하는 종교집단들이 당초의 초심과는 달리 거대 '기득권 실체'로 둔갑한 게 가장 문제야.

D: 게다가 정치집단, 경제집단, 언론집단 등과 함께 아삼륙으로 야합하고 있으니. 엄청난 괴물들이야!

E: 무지하고 무가치한 이런 짓들이 역사의 단면으로 지나간 것들이었으면 좋은데. 중세시대나 어둡던 시절에 저질러진 것들로 여겨지는 이 모든 것들이 아직까지, 아니 더 설쳐대니… 이제는 많이 오픈되어 있고 투명해져 있는 시대인데도.

A: 아니, 점점 더할 게야. 원인은 간단해. 인간들, 집단들의 욕심인 게지. 여전히 잘못된 집단들의 잘못된 종교심, 가치관 등이 계속 이어져가고 있다는 거야. 욕심으로 인한 자기만족에 끝이 있겠어?

B: 모두가 세력들이 어느 정도 커졌고, '내 종교가 최고다'라는 식으로 집단을 이끌다보니 자기최면에 빠져들 있는 게지. 그렇지 않고서야 어떻게 자신들의 교리에 실려있는 부분적이고 미신 같은 예언 구절만 믿고, 앞도 뒤도 가리지 않고 오히려 본질적인 교리에는 역행하며 파괴하는 행위를 일삼을 수 있겠니?

C: 발년들! 지들이 만든 교리에 지들이 만족을 못 하고 헷갈리고 있으

니. 나 원, 종교든 정치든 경제든 '정신질환'의 도가 높고 '속 좁은 놈들'이 승리하는 아이러니한 인간세상, 정말 싫다!

D: 그래 '낮은 곳으로 임하소서', '부자가 천국에 가기는 낙타가 바늘구멍에 들어가기보다 힘들다.'고 현혹하고선…. 아직도 그놈들은 그들이 지배하는 지구가 중심이 되어 우주가 돌고 있어야 한다고 믿고 싶은 게지.

E: 모든 종교들이 마찬가지야. 상선약수(上善若水), 최고의 선은 물과 같이 유유히 낮은 곳으로 임하는 것이라 했고, 하심(下心), 좋은 것은 남을 위하고 힘들고 못한 것은 내가 솔선수범한다고 말로만 외치고 있으며 지들은 상좌(上座)에 있지.

A: '내가 최고야'라는 최면에서 인간들과 집단들이 하루속히 빠져나와야 해!

B: 나는 팽창의 이 시대가 '축소의 시대'로 바뀌어야 된다고 생각해. 전 세계 인구가 2~3억 명 정도가 되면 서로 존중하고 그리워하고 협동심도 가질 거 아냐?

C: 나는 그렇게 생각하지 않아. 인간의 오욕(五慾)과 칠정(七情)이 있는 한, 인간과 인간이 투쟁하고 지배하려는 심리는 계속되리라 생각해. 물론 축소의 시대가 되면 지금보다야 나아지겠지만.

D: 나는 현실 자본주의가 장·단점을 많이 갖고 있지만, 개인이나 집단들이 과유불급(過猶不及)을 알고 실천하면 상당히 더 나아질 거라 확신해. 예를 들면 '귀족들의 권력남용 문화'를 포함해서 '승자독식문화'를 좀 바꿔야 한다고 생각해. 특히 일부 스포츠선수, 연예인 등을 포함하여 금융인들과 기업 CEO들의 천문학적인 연봉이 위화감과

나我란 없다!

사행심을 불러오기까지 하지. 아무리 뛰어난 놈들이라도 동일 업종의 평균치 10배 상한제를 적용하는 건 어떻겠어?

E: 맞아 그런 것들이 매스컴 등을 통하여 사람들의 욕심을 더욱 부추기고 있어. 그래서 인간들이 어린아이 마음으로 되돌아가야 한다고 생각해. 어릴 적에 자주 얘기하던 '팔이 다쳐 깁스한 자들의 사회에서 남을 먼저 먹여주는 사회가 천국이다.' 했듯이.

D: 이제 다시 모든 인간들의 가치관을 바로 세우는 것이 중요하다고 생각해! 나(我)가 어디 있어? 짧은 인생에서 높이 올라갈수록 '살신성인하고 헌신'하는 것이 현세와 영혼세상을 아우르는 최고의 가치 있는 삶이라고 생각해!

A: 어! 가만히 생각해보니, 우리 '지자' 선생의 호가 곧 궁극의 방법이네!

B: 진짜, 호를 잘 지었네!

C: 뻔한 이름 같지만 아무나 그렇게 이름을 짓지 못하지. 그 경지에 도달하지 않고선…

D: 그래, 내가 바로 너야! 그래서 '지자(이기자 반대)철학'은 이 시대에 가장 필요한 생활철학이라고 확신해. 특히 팽창의 시대에서는 더욱. '지자'에는 이미 베풂과 낮춤과 화합과 사랑 등 좋은 게 다 들어 있잖아. 모두 '지자철학'이 깃들면 세상에 평화가 넘쳐날 거야.

A: 우리도 이런 식으로 잘된 자들에게 시기, 질투하는 것만으로는 발전할 수가 없다고 생각해. 현실적 천재들의 정당한 업적까지 나무랄 수는 없어. 탐욕의 과도함이 문제라는 것이지.

D: 서로가 '절제와 겸허'를 하는 문화가 필요해.

06
똥 낀 놈이 성내는 세상!

선거가 너무 많다. 그자들이야 자신의 '영달'을 위하여 당연한 일이겠지만, 뉴스 등 매스컴에 온통 '빨대들'이 판을 친다. 대부분이 파벌싸움, 뇌물수수, 정경유착 등의 더러운 얘기들이다. 짜증나고, 한편으로 걱정도 된다. 나라가 괜찮을까? '침묵하는 양들'은 이미 노예가 된 지 오래다. 그리고 빨대들이 책임지는 것을 본 지 오래다. 빨대들이 너무 많아졌고, 빨대들의 기술 다양화와 사건 사고도 많아 나라를 말아먹는 확률이 높아졌다.

큰일이다! 왜, 빨대들이 책임을 지지 않는 환경으로 되었을까? 그들이 관여한 모든 사안들을 기록으로 남기고, 국민들에게 항상 보일 수 있는 전용 사이트나 광화문과 전국 주요 도시의 대로에 '대형 전광판'을 만들어, 상시 '문제 빨대들'을 방송하는 것은 어떨까? 과학이 발달한 지금 모 지검장의 무소불위 정신질환을 CCTV로 밝혀냈듯이, 정치인들의 24시를 CCTV나 몸캠으로 '촬영하는 법'을 만들면 어떨까? 관여한 모든 사안에 대해서는 '직계비속 3대'까지 법으로 배상책임을 지게하고, 그러면 그자들의 삽질·패악질 등이 많이 없어지지 않을까?

정치가 과연 얼마나 국민들과 국익에 도움이 될까? 이제 한 정권이 국가에 피해를 끼치는 패악질 금액은 수조 원, 수십조 원에 달하는 것을 눈으로 빤히 보고 있다. 더구나 책임지는 자들은 없다. 오히려 국민들의 혈세로 죽을 때까지 그 본인과 가족들의 노후보장 '특별연금 예우'마저 해주고 있다. 미쳤다!

게다가 정치인들뿐만 아니라 그 떨거지들, 야합하는 기업인들 등 연결고리들의 모두 합친 비리 금액은? 이제 국민들은 부담이 점점 더 늘어나 숨쉬기도 힘들 뿐만 아니라, '노예'로 전락하고 있다.

전국시대(戰國時代)에 뒤늦게라도 정신을 차린 왕의 일화를 한번 보자.

제(齊)나라 선왕(宣王)은 제나라가 강한 것만 믿고서 점점 술과 여색 등의 교만에 빠졌다. 어느 날 제 선왕이 여전히 궁에서 잔치를 벌이고 여자 악공들을 불러 음악을 즐기고 있었다. 이때 한 여인이 성문 앞에서 무사들에게 청한다.

"나는 대왕을 뵈러 왔다. 대왕에게 좀 안내해다오."

문을 지키는 무사들이 본즉, 그 여인은 억세고 추하고 못생긴 나이 많은 여자였다.

"이렇게 못난 여자가 어찌 대왕을 뵈올 수 있단 말이냐?"

우여곡절 끝에 무사를 따라 자리로 들어온 그 여인을 본 모든 신하와 여자 악공들은 손으로 입을 가리고 웃음을 참지 못했다. 제 선왕이 종리춘에게 묻는다.

"그런데 그대가 '천승(千乘)의 왕'인 나를 섬기겠다고 한다니 그것이 참말이냐? 만일 참말이라면 그대에게 특히 뛰어난 무슨 재주라도 있는가?"

"첩은 아무 재주도 없습니다. 다만 은어(隱語)를 잘 씁니다."

"그렇다면 그 은어란 걸 써보아라. 내가 알아 맞춰보마. 만일 횡설수설하다가는 목숨을 부지하지 못하리라!"

종리춘은 은어로 4가지를 표현했다.

"춘이여, 이리 가까이 오너라. 과인에게 그 뜻을 설명해다오."

종리춘이 머리를 조아린다.

"대왕께서 첩을 죽이지 않겠다고 약속하시면, 감히 대답하겠습니다."

"네가 무슨 말을 할지라도 벌하지 않으마."

"첩이 눈을 치켜뜬 이유부터 말씀드리겠습니다. 첩이 대왕을 대신해서 봉화가 오르는 걸 보았기 때문입니다. 그다음에 첩이 이를 보인 것은 첩이 대왕을 대신해서 충신들이 간하는 말을 듣고 기뻐하는 모습입니다. 첩이 손을 든 것은 첩이 대왕을 대신해서 허다한 간신들을 내쫓는 모습입니다. 첩이 손으로 무릎을 탁탁 친 것은 첩이 대왕을 대신해서 잔치하는 고대광실을 모두 다 무너뜨리는 모습입니다."

제 선왕이 크게 화를 낸다.

"과인에게 어찌 그런 네 가지 실수가 있으리요. 저 시골 여자가 망령된 말을 하니 그냥 둘 수 없다. 속히 저 여자를 참하여라!"

종리춘이 청한다.

"첩은 죽더라도 대왕의 네 가지 잘못을 다 말하고 죽겠습니다. 그러니 잠깐 기다리십시오. 첩이 들은바 소문에 의하면, 진(秦)나라는 위앙을 등용한 이후로 나라 재정(財政)과 군사를 크게 일으켰다고 합니다. 진나라는 멀지 않아 군사를 함곡관 밖으로 출동시켜 장차 우리 제나라와 천하 패권을 다툴 것입니다. 그런데 대왕은 좋은 장수를 양성하지 않고 변방의 방비에 대해서도 관심을 갖고 있지 않습니다.

나我란 없다!

그러므로 첩은 왕을 위해서 눈을 치켜뜨고 장차 쳐들어올 진나라 군사를 바라본 것입니다.

또, 첩이 듣건대 임금과 시비(是非)를 따지는 신하가 있는 한, 그 나라는 망하지 않으며, 아버지와 시비를 따지는 자식이 있는 한 그 집안은 망하지 않는다고 하옵니다. 그런데 대왕은 안으로 여색만 즐기고, 밖으론 전혀 나라를 다스리지 않고, 시비흑백을 따져서 간하는 충신들의 말을 듣지 않고 있습니다. 그러므로 첩은 왕을 위해서 웃음으로 충신들의 간하는 말을 받아들인 것입니다.

또 아첨을 일삼는 간신 왕환(王驩) 등은 어진 사람이 앉아야 할 벼슬자리를 차지하고 있습니다. 또 황당무계한 말만 하는 추연 등은 아무 실속도 없이 모든 걸 다 아는 체하고 있습니다. 그런데 대왕은 그들만을 믿고 있습니다. 그래서 첩은 우리나라 종묘사직을 염려한 나머지 왕을 위해서 손을 들어 그들을 내쫓았습니다.

또 왕은 큰 궁실을 짓고, 넓은 동산을 만들고, 화려한 대를 쌓고, 아름다운 못을 팠기 때문에 백성들은 지칠 대로 지쳤고, 나라 재정은 탕진되었습니다. 그래서 첩은 왕을 위해서 그런 호화롭고 사치한 것을 다 무너뜨렸습니다.

대왕은 아시나이까? 대왕과 우리 제나라는 지금 누란지위기(累卵之危機)에 놓였습니다. 어찌 목전의 편안한 것만 아시고, 앞날의 우환을 내다보지 못하십니까? 첩은 죽기를 각오하고 감히 왕께 아뢰는 것입니다. 대왕께서 이러한 뜻만 살펴주신다면 첩은 당장 죽어도 한이 없겠습니다."

제선왕이 찬탄한다.

"종리씨가 말하지 않았다면 어찌 나의 허물을 들을 수 있었으리요!"

제선왕은 즉시 잔치를 파하고, 종리춘을 수레에 싣고서 정궁(正宮)으로 돌아갔다. 그리고 제선왕은 종리춘을 왕후로 삼았다.

종리춘이 사양한다.

"대왕은 어찌하여 첩의 충언을 듣지 않고서 첩의 몸만 요구하시나이까? 먼저 나라를 다스리고 어진 인물을 등용하시는 것이 급선무입니다."

이에 제선왕은 널리 어진 선비를 초청하고, 간신을 추방하고, 그간 직문 강실에 모아두었던 유세객들을 흩어버렸다. 그리고 충신 전영을 정승으로 삼고 추(鄒)땅 출신 맹자(孟子)를 상빈으로 모셨다. 이리하여 제나라는 마침내 크게 다스려졌다.

종리춘은 고향인 무염 땅이 봉(封)해졌고, 그 후 사람들은 종리춘을 무염군(無鹽君)이라 불렀다.

〈김구용 선생의 『동주 열국지』 참고〉

약 20여 년간 투표에 참가를 안 했다. 그렇다고 데모 주동자나 '으쌰 으쌰'가 아니다. 자식들마저도 국민주권에 참여치 않는다고 성화였다. 그러나 애들이 좀 크고 난 뒤 "이미 정치판이 너무 비대해졌고 비정상적이다."라고 했다. 투표에 불참하는 것도 주권참여의 한 방법이라며. "수천만 국민들이 정치에 현혹되지 않고 투표에 참가한 시민들이 고작 수백 명뿐일 때, 51%를 득표한 자라고 해서 과연 대통령이나 의원으로 될 수 있을지 보고 싶다."며.

국회의원이 되면 엄청난 권력과 함께, 세비, 보조금 등 엄청난 자금과 비서관, 보좌관, 자가용, 평생연금 등 순식간에 엄청난 귀족이 된다

나我란 없다!

고 한다. 세상에 이런 제도가 있을까 싶다. 어떻게 그 잘못되고 썩은 제도가 60여 년간 지속할까? 그러니 개나 소나 정치판에 뛰어들고 나라가 난리판이다. 꼭 장이나 의원을 노리지 않아도, 그 언저리에서만 놀아도 떡고물은 항상 떨어진다고 한다. 도대체 그들이 생산하는 것이 무엇인데? 오로지 값싼 주둥아리만으로 편 가르고 국민들을 호도하고 있는데…. 점점 더 정경유착이다 권력남용이다 거짓 삽질이다, 부정부패가 심해진다. 약 6~70여 년 동안 고여서 썩은 제도를 온갖 매스컴은 왜 두둔하고 가꾸어 나갈까?

예를 들어보자, 각 당의 전당대회 때 수만 명이 실내체육관을 메우고 있다. 서로의 세력을 과시하기 위하여, 때로는 조폭들도 끌어들인다고 한다. 그 체육관에 참석하는 자들은 어지간한 기업체의 차장, 과장급 이상의 연봉(?)을 받는다고 한다. 그 많은 돈이 어디서 나올까? 그들이 생산하는 것은 하나도 없고, 오로지 주둥이만 나불거리는데. 이제 주둥이로만 권력과 거짓을 휘두르는 자들이 너무 많아, 상하 계층 간 구조가 역피라미드형으로 되어 수적으로 더욱 줄어든 서민계층의 등골은 더 휘어지고 있다. 그런데 점점 세금을 더 쥐어짜 내야 한단다. 누가 누구에게? 왜? 무엇을 위하여?

이 모든 게 다 '표(票)'만 있으면 된다. 이러니 온갖 매스컴 등으로 온 국민(표)을 미치게 하고 한탕주의로 몰아가고, 지역병 이념병 한탕병 등으로 국민(표)을 갈기갈기 찢어놓고 있다. 그럼에도 '票'를 주러, 투표하러 가겠는가?

고기 맛을 본 자들은 이제 법당의 파리까지 넘보고 있다. 대선, 총선, 지자체, 교육계 선거 등 숨이 막힌다. 왜 해야 하는지는 차치하고. 이제는 딱히 투표일이 언제인지, 무슨 투표인지, 어떤 자들이 나오는지, 장단점은 뭔지를 모른다. 명함이 난무하고, 길거리가 소란스럽고… 하니 또 꼬인다. 심지어 그들이 범법자인지, 사기꾼인지, 조폭인지, 우리에게 이익이나 피해를 얼마나 끼쳤는지 끼치고 있는지 등을 더욱 모른다. 그즈음 동네를 지날 때, 잘 모르는 사람이 반갑게 인사하거나 명함을 주는 경우가 많다. 모두가 미쳐있다! 우리나라는 큰 나라의 일개 주(州)보다 작은데, 요상하게도 분할을 해서 최대한 그자들의 자리를 준비해놓는다. 미쳤다!

더욱 문제는 언젠가부터 정치의 방향이 이상하게 흘러가고 있다. 오로지 돈 놓고 돈 먹기 식이다. 20억 원을 뿌려서 40억 원을 벌어 가면 된다는 식이다. 특별연금도 나오고, 비석에 새길 벼슬도 얻고…. 예전의 탐관오리는 아무것도 아니다. 그러니 별의별 놈들이 다 나온다. 사이코 기질에 싸움질·패악질 잘하는 자들, 간땡이가 큰 놈들이 각 조직들에 선봉장 등으로 뽑힌다. 그 확성기 역할의 매스컴들도 그런 놈들로 도배하고 있다. 정치 몇 단이라고 추켜세우며. "침묵하는 양들의 등골은 먼저 뽑아가는 자들이 임자입니다."라면서. 세상이 온통 불을 쫓는 '불나방들'로 변해간다.
노예 같은 침묵하는 양들이 불쌍타!

이제 우리 사회에 '원칙'도 없고 '책임'도 없다 보니, 닭 잡아먹고 오리 발 내미는 것은 당연할 뿐 아니라, '똥 낀 놈들이 성내고, 판결하고 있다.' 이미 우리 사회는 무법자들만이 설쳐대는 '황야'이다. 법의 잣대도 고무줄이다. 분통이 터지고 화병에 눕는 자들은 양들뿐이다. 침묵하는

나我란 없다!

양들이 힘에 겨워 한마디 한다, "다음 생에는 인간으로 안 태어날 거다." 기가 찬다!

　이제는 유무선 통신을 이용한 다단계로 네티즌들까지 교묘히 끌어들인다. 수단과 방법을 안 가린다. 위법과 탈법이 난무해도 첨단기기를 이용하니까 잘 찾을 수도 없다. 진짜 치사한 경우도 많다. 제 놈들은 아무리 큰 대형사고를 쳐도, 서로 눈치를 보며 국민은 안중에도 없이 '퉁'치고 넘어가는 대범한(?) 수법도 쓴다. 진짜 국민을 개·돼지로 본다. 그러면서 또 선진 다른 나라와 비교하며 물타기를 한다. 가관이다!

　또다시 주변의 호전적인 국가들이 말랑말랑한 한국에 침을 흘리기 시작했다. 국민이 미개하면 나라가 망하고, 국민이 깨어있으면 나라가 부강해진다고 한다. 하루빨리 이러한 票에 미친 지역병, 이념병, 한탕병 정신질환을 싹 뜯어고쳐야 한다.

　그리고 국가에서 정치가 차지하는 비율과 비중을 법으로 최소화해야 한다. 한때는 '순수 야경국가' 형태가 최고 이상적인 정치형태라고 생각한 적이 있다. 지금도 별로 다르지 않다. 그리고 정치인을 '무보수 명예직'으로 하거나, 너무 힘들고 괴롭고 '무한책임'이어서 아무나 엄두를 못내는 분야로 만들어야 한다. 영혼을 바쳐서 정치하다가도 의식적이 아니라 '무과실 과오'에도 중형의 책임이 따르도록 해야 한다. 수천만 국민의 생사가 달려있기 때문이다.

　정치(政治)란 국민과 국가를 상생될 수 있도록 하는 윤활유요, 정치인 개인적으로는 '살신성인의 자세'로 마지막으로 헌신하는 '영예의 자리'인 것이다. 두 번 다시 일제의 수탈이나 전쟁 등이 일어나면 안 된다!

07
내홍(內訌)의 아픔

춘추전국시대 위(魏)나라 전자방 선생의 말씀을 다시 보자.

"…일국의 임금이 백성에게 교만히 굴면 나라를 유지하지 못하며, 대신이 수하에게 교만히 굴면 종묘를 받들지 못하오. 옛날에 초령왕은 교만히 굴다가 그 나라를 망쳤으며, 최근에 지백은 교만히 굴다가 그 권문세가의 집안을 망쳤소. 이만하면 부귀는 족히 믿을 것이 못 된다는 것을 알 수 있소…."

인간세상에서 가장 나쁜 폐습은 첫째 정치집단, 둘째 종교집단, 셋째 기생집단이다! 바로 이 집단들이 지구상에 피를 가장 많이 뿌렸다. 물론 불완전한 인간세상에서 '필요악'이라고 변명할 수도 있을 것이다. 그러나 과하면 안 된다. 특히 그자들은 자신들의 영화(榮華)를 위해 스스로 신(神)이 되어있다. 말로는 '시민을 위하여'라면서, 시민들의 생사여탈권을 쥐고 흔들고 있다

官(벼슬)은 從(순종, 살신성인)이라 했다. 궁극은 '하늘'인 국민을 위해서 종(從)해야 하고, 그리고 '땅'인 국민을 위해서 종(從)해야 한다고 했다.

오늘은 대한민국의 대통령 중에서 가장 인기(?) 있었던 두 명의 대통

나我란 없다!

령에 대해서, 그들이 얼마나 무지했고 '자신들 집단'에 빠져서 국민을 갈기갈기 찢으며 광분(?)을 했는지를 파헤쳐보고자 한다.

먼저 우리나라에게 제2의 식민지라 불릴 만큼 치욕적인 'IMF 수탈'의 원인인 '우리의 교만', '우리의 내홍'에 대해 솔직하게 살펴보자. 일본의 패전으로 우리가 식민지에서 해방될 때 미국은 일본을 아시아의 거점으로 활용하기 위하여 여지를 남겨두었다. 이것이 우리에게 가장 치명적인 악재(惡材)였다. 그렇게 그들은 우리를 아주 미개한 약소국으로 여기며, 패전국 일본을 우리보다 모든 면에서 우선시하고 있었다. 일본은 끊임없는 전쟁준비로 이미 한국을 집어삼켰고 러시아와 중국을 이긴 경력이 있었다. 또 당시 미국에게 러시아와 중국은 만만치 않은 상대였기 때문에 동북아지역의 '똘마니'도 필요하던 시기였다. 그런 것이 맞아떨어져, 코를 땅에 처박으며 납작하게 큰절을 한 일왕은 전범으로 처리되지 않았고, 패전 후 충성을 맹세한 일본은 여러 부분에서 퇴로를 확보할 수가 있었다. 그 야음을 틈타 패전 직후 퇴각까지 일본은 우리의 중앙은행을 마지막까지 악용하며 엄청나게 발권한 한국 돈으로, 국내의 각종 보물은 물론 젓가락 하나까지 다 쓸어가게 된다. 이후 한국은 대혼란과 함께 정말 힘들어졌고, 온 국민은 더욱 허덕일 수밖에 없었다. 식민지배의 수탈뿐만 아니라 결국 동족상잔의 비극까지 우리에게 안겨주는 꼴을 만들고서, 일본은 그렇게 잔인하게 떠났다.

당시 남북한 인구수의 1/5에 해당하는 약 350만 명의 사상자를 낸 6·25전쟁! 그런데 또다시 6·25 동란의 최대수혜국은 바로 옆에 있던 미국(White)의 앞잡이 일본이었다. 일본은 한국에 달라붙어 피를 빨아먹는 거머리라도 될까? 무슨 이런 악연이 있을까?

그런데 일본만을 욕할 게 아니다. 러시아에 기대고 있던 김일성과 그 패거리들, 미국에 기대고 있던 이승만 그 패거리들, 중간에서 기회를 보다 시기를 놓친 김구와 그 패거리들, 모두 개인과 집단의 영달에 더 중점을 둔 자중지란의 결과였다. 그렇게 미개하고 자기 욕심에 찬 지도자들로 인하여 우리나라는 두 동강 나고, 남북분단의 갈등 등으로 일본만 좋아지는 형국이 60년여 이어져 오고 있다. 그렇게 벌거벗은 우리는 혼돈과 절망 속에서 또다시 수십 년을 구걸하며 힘든 삶을 살고 있다. 6·25 이후의 정치지도자들도 하나도 다를 게 없었다. 우리는 참으로 근시안적이고 교만한 국민성을 지녔나 보다!

그 후 월남전에서 친미성향 한국의 잔편치 실력을 미국(white)이 인정하고부터, 자원 없는 우리가 해외를 통한 성장의 길로 접어들게 된다. 물론 어려움도 많았다. 인프라 미흡은 물론이고 몇 차례의 오일쇼크와 원자재가격 급등 그리고 여전히 한국을 식민지 패전국으로 보는 세상의 이목 등이 가장 큰 걸림돌이었다. 그럼에도 불구하고, 함께 잘 살아보자는 기치 아래 엄청난 성장을 이룩했다. 그런데 배에 기름이 좀 끼자, 매너리즘에 빠진 정치인들의 목표의식 부재와 책임감 없는 통치로 이어져 왔던 게 가장 큰 문제였다. 배운 게 도둑질이라고 정치인들이 줄곧 국가와 국민에 대한 책임감과 의무감은 없고, 오로지 '세력 불리기와 패권쟁취'만을 향하는 '조폭조직'으로 자리매김해오고 있다. 그 결과 무소불위의 권력을 가지는 '정치귀족들의 권력남용 문화'가 곳곳에 퍼지게 됐다.

박정희의 3선 개헌은 왜 성공되었을까?

박정희는 부하 장(長)들이 점점 '세력화, 패권화'하는 것을 과연 몰랐을까? 자신의 장기집권을 정당화하기 위해 그렇게 지역 차별화를 강화했을 때, 홀대를 당하는 지역에서는 호의적이었을까, 반감을 가질 수밖에 없었을까? 자신과 자신의 집단을 위해서 타 지역을 짓밟고 그 지역주민들에게 상처를 주는 것에 어느 정도 양심의 가책을 느꼈을까? 과연, 지역갈등의 골이 깊어간다는 것을 몰랐을까? 미처 몰랐다는 것이 어느 정도의 면죄부를 받을 자격이 있을까? 박정희는 그렇게 점점 책임감과 자제력과 정신력을 잃어가면서도, 마치 자신이 아니면 나라가 망하는 것처럼 장기집권에 왜 집착했을까? 결국, 반쪽 난 국가의 1/2 족장을 유지하기 위해 그렇게 발버둥을 치는 게 만족스럽다고 여겼을까? 아니면 권력으로 짓밟으면, 그런 상처마저도 없어질 거라 생각했을까? 임기가 끝난 뒤에도 '침묵하는 양들'은 두려움 속에서 계속 자기편에 현혹될 거라 생각했을까? 참으로 교만했다!

영국은 세상을 지배하던 제국이었고, 아직도 영 연방국과 앵글로 색슨족들의 지배력은 여전하다. 스웨덴 한림원 등 세상의 현혹 Net-Work를 상당히 쥐고 있다. 뿐만 아니라 그들(White)은 서로 다투다가 다른 종(種:Yellow, Black)들을 발견하면 신속히 야합도 잘한다. 특히 영국은 프리메이슨(White)의 컨트롤박스 중 하나를 소유하고 있다. 일본은 메이지유신 후 영국을 멘토로 섬기고 있고, 프리메이슨국에 가입하여 삼각동맹도 맺었다. 비록 종(種)은 다르지만, 서방국들이 일본을 이뻐하는 가장 큰 이유 중 하나이다. 항상 눈치 빠르고 별 죄책감도 없고 현실적인 일본은 그들에게 충성을 다하고 있으며, 아시아를 짓밟고 아시아에서는 유일하게 프리메이슨의 똘마니 역할을 하는 국가이다.

그러나 일본도 역시 프리메이슨의 먹이였고, 1990년 초 서방국들의 '닛케이지수 풋백옵션' 공격에 거의 모든 자산의 거품화로 일본은 다시 한번 금융패전국이 된다. 20여 년이 지난 지금도 그 충격의 여파가 크다.

7년 뒤 발생한 우리의 IMF 사건을 분석해보자. 1970~80년대 고속성장을 하던 우리는 1988년 서울 올림픽을 계기로 더욱 가속을 내게 된다. 문제는 일본의 끊임없는 견제와 서방킬러들의 펀치에 있었다. 역사 이래 한시라도 전쟁준비를 게을리한 적이 없는 호전적인 일본은 전시는 물론 평시에도 상대국들을 연구하고, 특히 한국의 내부분열 조장에 온갖 기술을 다 동원해오고 있다. '싸우지 않고 이기는 것'이 가장 큰 승리라며.

일본이 가장 겁내는 것은, 언젠가 그들이 한국을 비롯한 아시아국들에게 저질렀던 만큼 잔인한 식민지를 당할지도 모르는 불안감이고, 그 불안감이 더욱 그들을 준비하게 만들었다. 그리고 1970년대를 기점으로 세계는 서서히 공급과잉의 시대로 접어들면서 고임금의 서방 선진국들에 불리하게 된다. 프리메이슨들은 곧 '환율과 파생상품' 등의 기습공격을 일사불란하게 감행한다. 매스컴, 정치, 군사력 등으로 지원사격을 하며. 그들은 도박보다 더한 강탈을 해놓고, 아시아(Yellow)의 경제를 '거품'이라고 했다.

한국은 어떻게 그렇게도 손쉽게 'IMF사태'를 당하며 국부를 강탈당했을까? 이미 많은 나라들이 환율전쟁 등으로 엄청난 손해를 입었던 사례와 일본, 멕시코 등의 반면교사가 있었는데…. 왜 우리는 '고정환율 고수' 등으로 방어하지 못했을까? 왜 우리는 프리메이슨들이 오래전부

나我란 없다!

터 압박해오던 'OECD 가입'을 피할 수는 없었을까? OECD 가입을 안 했을 경우 무역의존도가 높은 한국은 과연 '수출'과 '외교' 등에 막대한 지장이 있었을까? OECD 가입을 하여 부득이 '변동환율'로 했을 경우를 대비하여, 왜 '대비책'을 못 만들었을까? 당시 한국은 IMF 사태가 아니더라도, 서방킬러들에게 '또 다른 공격'을 당할 수밖에 없었을까?

왜? YS와의 대통령선거에 패배 후 정계 은퇴를 선언한 DJ는 돌연 공부한다며 2년간 영국으로 갔을까? 누구의 조언이었으며, 그리고 어떻게 귀국과 동시에 '대선출마'를 선언했을까? 2년 동안 '햇볕정책' 연구와 '노벨상 수상'은 순수 자력이었을까, 영국, 일본 등의 도움이 있었을까? 영국, 일본 등의 멘토링은 과연 누굴 위한 내용이었을까? 그리고 왜, DJ는 대통령 취임 후 그렇게도 갑작스레 독도 주변수역을 '한일 공동수역'으로 지정해 줬을까? 과연 이렇게 우리의 속내를 잘 알고, 그렇게 용의주도한 내분 시나리오를 짜내고 모사꾼 노릇을 할 수 있는 국가는 누구일까? 그 모사국이 노린 것은 무엇 무엇이었을까? 또 DJ는 어느 정도까지 알고 그 멘토링을 따라 했을까? DJ가 그들의 미끼를 덥석 물게 된 원인에 '정치적 내홍'의 비율은 얼마일까? 일부 모르고 한 짓은 어느 정도 참작이 될까? 그렇게 한 햇볕정책은 북한과 서방의 꾸준한 찬사를 받고 있나?

황장엽 선생의 발표에 의하면, 북한은 '고난의 행군'으로 수백만 명의 아사자들이 생겨나고 배급이 끊어지고 곳곳에 난리가 일어나 곧 백기투항할 정도로 통일이 가장 가까웠던 당시에, 북한에 엄청난 '자금수혈'로 수포로 돌아갔다고 한 내용은 과연 거짓일까? 죽기 직전의 북한을 살려 남북 경쟁 구도가 지속되었을 때, 가장 이익을 보는 국가는 누구일까? 과연 앞으로 남한이 어느 정도의 자금을 북한에 지원해줘야, 북한은 중국 일본 등보다 남한에게 더 귀를 기울일까? 과연 북한은 그렇게 순진할까? 과연 남한은 그런 돈이 있을까? 참으로 교만했다!

이들이 우리의 '공화정 역사'에서 지역민들을 가장 잘 현혹시켰고, 가장 지역민들에게 인기 좋은 대통령들이란다. 대한민국의 대통령이란 한쪽, 한 지역만 편애하라고 뽑힌 자리가 아니다. 전체를 위한 자리이고 전체를 위해 헌신해야 하는 자리인 것이다. 왜, 이렇게 우리의 한탕귀족들은 근시안적일까? 참으로 답답한 단무지(단순 무식하고 지랄맞은 자)들이었다. 동서고금을 막론하고 도둑이나 강도, 사기꾼, 정치꾼 등 포악한 자들일수록 간땡이가 더 크다. 고집 세고 간땡이 큰 단무지들은 오히려 더 근시안적이고 '본인'이나 '제 집단'밖에 모른다. 대통령이란 자들이 이렇게 사심(私心)이 가득하면 나라꼴이 어떻게 되겠는가? 결국, 약 70년 공화국 역사 동안 그렇게 이리저리 '냉탕온탕'으로 기울다 보니, 이해와 화합은커녕 서로 고집과 반목과 질시만 늘어왔고 온 국민이 정신병(지역병, 이념병, 한탕병 등)으로 미쳐가고 있다. 정말 큰일이다!

왜, 대통령이 되면 '목표달성 했다!'고 생각할까? 대통령이 되면 제 고향에 백두산이라도 하나 솟아나나? 참으로 미개하고 근시안적인 자들이다. 백담사나 감옥소에 가는 수모를 당하면서도 되고 싶을까? 그 자리는 목숨을 비롯하여 모든 것을 내놓으면서 '살신성인'해도 부족한 자리가 아닌가? '대통령病者'들이 대통령의 위치가 다 가질 수 있는 곳, 더 많이 가질 수 있는 곳으로 착각하는 것이 가장 문제이다. 얼마나 힘들고 어렵고 괴롭고 무서운 자리인가? 많은 사랑으로 얻은 '최고의 영예'이자 엄청 '고난의 자리'임을 알고, '살신성인(殺身成仁)'의 소중한 기회

를 놓치지 마라. 그렇지 않으면, 국민을 다 죽이고 또다시 나라를 잃고
말 것이다.

　정치집단들이 '한탕 단맛'에 저질러놓은 이 엄청난 정신병은 반드시
우리 모두가 시급히 해결해야 할 최우선 과제임을 명심해야 한다. 그러
기 위해서, 제발 더 이상 정치인들에 현혹되지 말고, 항상 깨어있고, 선
거를 폐지해야 한다. 말로만 민주(국민이 주인)라 외친다고, 그게 과연 '국
민을 위한 선거'이겠는가? 선거에 이긴 놈들은 이긴 대로 지랄발광을 하
고, 진 놈들은 진 대로 지랄발광하며 다음을 노린다. 하루빨리 법과 제
도를 바꾸어야 한다. 좋은 세상을 만들 것처럼 난리를 치던 것들이 선
거날만 지나면, 국민은 안중에도 없고 모두 한탕병, 귀족병에 젖게 되
는 근시안적인 졸속분자들인 것이다.
　정말 우리 민족은 타 민족의 침략이나 지배를 받을 때만 '국민화합'이
이루어지는 미개한 민족인가? 이제 정말 우리의 지역 정신병은 식민지
나 동족상잔보다 더 무서운 국가적, 민족적 가장 큰 걱정거리가 됐다.
이제 이념 정신병도 만연하고 있다. 큰일이다. '단무지 정치인들'이 우리
민족, 우리 국민의 천추의 한(恨)이자 원수들인 것이다. 일본 놈들이 아
니다. 오로지 제 놈들의 욕심과 영달을 위해서 한 치 앞도 못 보는 단
무지들. 이미 그놈들에 의해서 국가는 몇 번이나 수탈을 당하고, 수백
만 수천만 명이 전쟁에서 피 흘리며, 국가는 반 토막에서 몇 조각까지
났다.

　일본의 국가를 들으면 '장송곡'처럼 으스스하다. 국가대표랍시고 그
일본국가를 들으며 운동장에 나선 어린 선수들의 표정을 봐라. 그들은

죽으러(殺身成仁, 가미카제) 나온 것이라는 것을 느낄 수 있다. 하물며, 대통령, 장관, 국회의원, 지자체, 교육계 장의원이란 자들이…. 이제 공공연히 정치지도자뿐만 아니라 각 조직의 지도층들도 '빨대귀족들'이 된 지 오래다. 일본은 여러 갈래 찢어진 한반도를 더욱 잘 가지고 놀고 있다. 표병자(票病者)들이 감염시킨 이 정신병은 더 이상 안 된다. 지도층들이 항상 솔선수범하고 목숨을 바치며 외유내강과 부국강병을 끊임없이 해나가도 호전적인 강대국들에 당할 판인데, 또다시 동학난이나 식민지나 동족상잔처럼 큰 피를 흘리지 않을까 걱정스럽다. 미개한 나라일수록 '정치빨대들'이 없어져야 한다!

인도의 가르침에는 '지혜스럽지 못하면 카르마(업)의 노예가 될 수 있다!'고 했다. 개인이나 집단이나 국가도…. 지금 우리의 상태가 식민지나 IMF 당시보다 과연 나을까? 지금 우리 주변의 킬러들은 식민지침탈 때나 IMF 당시보다 호의적일까? 지금 우리의 급선무는 무엇일까?

08
개헌(안)

정치 권력자들과 지도층들의 사건 사고 소식이 끊이지 않는 시대가 됐다. 각 정권의 패악질에, 각종 유착에, 책임도 안 지고, 국민이 감당하기 어렵고, 국기를 흔드는 '대형사고'가 많아졌다. 정말 국가가 위험해졌다.

"낮술에 취하면 부모도 못 알아보고, 권력에 취하면 국가와 국민도 못 알아본다!"

게다가 존경받는 사람이나 집단이 없다 보니, 권력의 구심점마저 없어진 게 가장 큰 문제이다. 권력을 제법 쥔 자들의 눈에는 이제 국가와 국민이 만만하게 보일 뿐 아니라, 안전이나 미래에는 관심도 없고 오로지 잿밥에만 집중하고 있다. 이제는 별별 집단들과 연결된 별별 놈들이 '지자체와 국회의원 등'을 향해 날뛴다. '도토리 키재기'밖에 안되는 것들이…. 그들은 오로지 '세력다툼'과 '패권쟁탈전'에만 매달리는 패거리 정치로, 국민을 정신병(지역병, 이념병, 한탕병 등)으로 분열시켜오고 있다. 우리의 역사에 이 '도토리 키재기'의 꼴값들이 나라를 여러 번 말아먹어 왔다.

역사 이래로 완벽한 인간사는 없지만, 이렇게 오랜 기간 '무질서'하고 '무책임'한 시기도 드물었던 것 같다. 이렇게 무질서한 국가나 사회는 많은 사람들의 희생을 불러일으키며 대부분 역사 속으로 사라져 갔다. 자주 인용하는 춘추전국시대의 주(周)황실의 바로 코밑 최고 요지에 위치한 정(鄭)나라는 최고의 요충지에서 안주하고 교만하여 눈치만 보다가 일찍 역사 속으로 사라졌다. 반대로 진(秦)나라는 오랑캐라 불리는 보잘것없는 변방의 나라였는데, 상앙과 한비자 등의 엄격한 '법·제도' 확립에 힘입어 결국 천하통일하게 된다.

썩은 제도를 악용하고 '권력'을 이기적으로 남용하며, 지금을 치세(治世)라고 착각하는 우리의 '권력층, 지도층들'이 가장 큰 문제이다. 정말 국가와 국민이야 어떻게 되든 패권 다툼에 여념이 없는 단무지들인 것이다. 현세는 눈에 보이지 않는 온갖 작전과 권모술수가 난무하는 춘추전국시대 그 이상의 '난세(亂世)'이다. 자주 강조해온 권력층, 지도층들부터 '죽기를 각오하는 살신성인 문화'가 최우선이다! 소수의 권력층 지도층만 잘 먹고 잘사는 구조가 되어서는 아니 된다. '국가와 국민화합'을 위하여 존재하는 법과 제도가 가장 필요한 때이다.

주둥이로만 5천년 역사를 자랑하며 자자손손을 외치는 정치인 등이 단맛에만 빠져 패권다툼, 세력다툼 등으로 또다시 나라는 누란지위(累卵之危)에 놓여있다. 정말 '하루살이' 같은 자들이다. 더욱이 "이제 한탕 정치인과 그 떨거지들이 꼴값 떠는 꼴을 보기도 싫다!" 하면서도, 침묵할 수밖에 없는 제도도 문제이다. 침묵하는 양들은 '주권'은커녕 정치인들에게 현혹되어 노예로 전락될 수밖에 없는 제도이다.

침략을 많이 당하여 배타적인 국민성에, 주변 강대국들 틈바구니에서

나我란 없다!

눈치 보는 역사에, 힘든 경제사정에, 한탕정치인들에게 피 빨리고 침묵할 수밖에 없는 양들은 이제 이 몹쓸 정신병까지 걸려서 서로 다투며 피를 흘리는 신세이다. 정말 우리들의 병이 너무 깊어졌다. 무엇이든 과하면 안 좋지만, '권력자 경계법제'만은 아무리 엄격해도 지나치지 않는다!

이에 반하여 일본인들의 '이성적인 국민성'은 너무 부럽다. '왕의 구심점' 역할일까, 지진, 쓰나미, 태풍 등에 항상 대비하는 긴장과 준비성일까, 음산한 일본의 국가(國歌)에서도 느껴지는 모두 죽을 각오(가미카제)하자는 살신성인 정신일까? 일본은 마치 하나의 '유기체'처럼 움직인다.

우리 모두는 근시안적이고 편향되어 있다. 가장 큰 문제는 국가를 통솔할 '최고 첨탑'이 없다. '국가의 수장'인 대통령이 있다고? 대통령이 한쪽의 선봉장으로서 항시 반대쪽과의 대립과 다툼만 일삼고 있다. 이제 국민의 신뢰마저 잃었다. 잘못된 제도 때문이다.

더 이상 우리 국가와 국민들을 찢지 않고 화합하고 통솔할 수 있는 '이성적이고 합리적인 제도'가 필요하다. 간단히 한 가지 제도만 바꾸면 우리나라도 천지개벽할 만큼 좋아질 것이다. 유일한 방법은, 국민과 국가를 찢어온 '미친 선거제도'를 없애야 한다. 그러면 정치인들이 없어질 것이고, 이 몹쓸 정신병이 없어질 것이고, 시시콜콜 국가와 국민을 다투게 하고 찢는 작태가 없어질 것이고, 국민과 국가가 많이 안정될 것이다. 단, 그 자리를 목숨과 가족, 재산 등 모든 것을 바치는 '국가수반회(또는 권력자 경계陣)'로 대체하면 된다. 그 외에 모든 것은 현 상태대로 지켜보면 된다.

전장에서 최고의 승리는 상대에 내분을 일으키거나 이간질을 하여,

싸우지 않고 이기는 것이라 한다. 현 상태의 우리는 이미 자중지란 수준을 넘었다. 원인은 국가와 국민을 갈기갈기 찢어온 '정치빨대들' 때문이다. 이미 그들은 철천지원수인 예전의 오랑캐들이나 왜놈들보다 더 무지막지한 괴물들이 됐다.

최근 정치인들의 이기심 가득한 '개헌'이 기정사실화되어가고 있다. 큰일이다! 주변의 여건이나 시기 등을 고려해볼 때, 이번 개헌은 너무나 '중차대'하다. 국민들에게 더 유리한 개헌일까, 아니면 현재 '권력을 장악'한 정치인들에 유리한 개헌일까?

여·야당에서 제시하고 있는 중임제나 내각제나 이원집정제 등 개헌 내용이, 제일 중요한 '국가의 주인'인 국민들은 도외시되고 '귀족세력들의 나눠먹기'를 외치고 있는 듯하다. 정말 '권력의 맛'에 미쳐서 나라 망하는 줄 모르는 한탕귀족들! 솔선수범, 살신성인은커녕 항상 제 밥그릇 챙기기에 바쁘고, 항상 세력쟁탈, 패권쟁탈전 등으로 사회를 '반목과 분열과 투쟁의 도가니'로 몰아넣은 자들의 욕심에서 나오는 참으로 '근시안적인 안(案)'들이 아닌가?

이번 개헌만은 고양이들에게 생선가게를 맡기면 안 된다. 또, 나라가 무질서와 피 흘림과 혼돈의 소용돌이 속으로 빠질 것이 불을 보듯 뻔하다. 더 이상 우리의 상태가 나빠지면 큰일이다!

이순(耳順)의 백면서생이 모든 것을 초월하여 순수하고 국가에 목숨을 바치는 마음으로, 그러나 자칫 비현실적이고 우스꽝스럽다고 역차별을 받을 수도 있는(현실 벼슬아치들이 보기에) '개헌안'을 제시하고자 한다.

국민화합과 국가발전을 위한 '반강제적(?)'인 살신성인 제도(목숨을 바치는 법)'를 만들어야 한다. 작금은 최고의 컨트롤타워 역할을 해야 하는

나我란 없다!

'대통령'이 지역병, 이념병의 선봉장이 되어, 한쪽의 대변자로 전락해 있다. 항상 국민을 편 가르게 하고 다투게 할 뿐 아니라, 항상 반대쪽의 저항과 다툼에 힘과 시간을 다 소진해야 하는 구조이다.

이제 와서 '왕'을 세울 수도 없다. 이번 기회에 만병의 근원인 '선거'와 우리들의 '썩은 이 정신병'을 없애고, 국가를 보다 강력하고 하나의 '유기체(혹은 AI체)'적'으로 올바르게 '통솔할 체계'를 세우는 것이 무엇보다 중요하다.

이를 위하여 다음의 '목숨을 바치는 법'을 제안한다.

〈개헌안(改憲案) 개요〉

개념 1) 선거제도 폐지: (국민화합의 기본)

개념 2) 목숨을 바치는 국가수반회(= 권력자 경계陣): (살신성인 문화의 기본)

개념 3) 법·제도 철저확립 및 실행: (유기체적 국가구조의 기본)

〈변경 법안 요약〉

1) 국가수반회(= 권력자 경계陣): '살신성인의 근원이자 출발점'임. '최고의 권력기관'으로 '최고의 권력'을 가지는 동시에, 언제라도 '목숨, 가족, 재산 등 모든 것'을 국가와 국민을 위해 바쳐야 함.

　이 기관이 '국가 구심점'이자 '국민화합과 권력자 경계의 중추'가 될 것.

(1) 현재의 '대통령직' 대신에 공무원인 '국가수반회(권력자 경계陣)'로 대체하며, 회원 수는 20~30명 정도로 한다.

(2) 국가수반회의 수는 '지역균형 안배'를 반드시 해야 하며, 회원 간 서열은 없다.

⑶ 국가수반회는 '종신제'이고 회원들은 '권력자'로 분류된다. 각 부의 직무전결 범위를 초과한 사안을 '전체 회원 2/3 이상' 찬성으로 결정한다. 이때 각 회원들은 서면으로 자신의 의견을 제출하고 영구 보존한다.

⑷ '3부(입법, 사법, 행정부)'를 비롯한 모든 국가기관을 감시, 감사하며, 직속에 감시, 감사기관(국방부, 감사원, 국정원, 자살특공대 등)을 둔다.

⑸ 국가수반회원은 각 국가기관장들을 포함하여 각 국가기관에서 직위, 건강, 나이, 직무능력 등을 고려(표준 심사기준표 점수에 의거)하여, 10배수의 후보자 범위에서 '자원 선발'을 원칙으로 한다.

⑹ 국가수반회를 비롯하여 모든 공무원들(모든 국가투자기관, 국가적 책임이 있는 모든 언론사, 모든 방송사, 모든 인터넷사 등의 직원들도 포함하고, 이하 '포괄 공무원'으로 칭함)은 직무능력뿐 아니라 1년마다 테스트한 '체력, 건강 점수표'에 의하여 평가되고, 기록·보관된다.

⑺ 국가수반회원들은 함께 동일 장소(예:지금의 청와대)에 거주함을 원칙으로 한다.

⑻ 국가수반회원들에 대한 감시·감사:각 국가기관은 '국가수반회 감사담당국'을 신설하여야 한다. 각 기관에서 국가수반회원의 10배수 후보자였던 자들 중 3명씩을 '국가수반회 감사담당관'으로 함. 국가수반회원들을 감시·감사하고 '매일' 진실하고 공정하게 기록하여 비밀함에 영구 보관한다. 국가수반회 감사담당관은 매월 1회 '월례회의'와 '유사시 회의'를 열어 국가수반회원들의 상황을 평가하고 유사시 '국민투표'에 부칠 수도 있다.

⑼ 국가수반회원으로 활동 중 '심각한 문제를 야기'하거나, '감시·감사 미흡평가'나, '건강악화' 등의 문제로 업무수행에 어려움이 있을 경

우, 엄중한 처벌을 받거나 '원로회 회원'으로 '별관'에서 국가와 국민을 위한 '조언 등'을 하며 여생을 보내야 한다(단, 국가에 위해를 가한 자는 사형).

(10) 국가수반회의 모든 사항은 위 감사의 경우를 제외하고, 특급비밀로 영구 보관되어야 한다(위반시 사형).

2) 사법부, 입법부, 행정부 및 소속 기관들은 '국가수반회 하부기관'으로써 직원들은 반드시 공무원이어야 하며, 공무원 외에 직능별 전문가를 영입(공무원이 됨)할 수 있다.

(1) 철저한 '삼권분립'을 원칙으로, 기존 업무와 함께 '국가수반회 및 타부'를 감시·감사하는 체제이다.

(2) 타부 감사와 국가수반회 감사팀을 제외한 기존의 모든 감시 감사기관을 국가수반회에 두는 것으로 한다.

(3) 모든 공무원들은 겸직할 수 없다.

(4) 모든 공무원들은 직무능력뿐 아니라 정기마다 테스트한 '체력 건강 점수표'와 함께 인사고과표(표준 심사 기준표)를 기록하여 영구 보관해야 한다.

(5) 현행 공무원 5급 이상 해당자들은 '지도층'으로 분류된다.

(6) 지도층을 비롯한 모든 공무원들은 '솔선수범'과 '살신성인'을 원칙으로 하고, 반드시 '계급 정년제'를 실시한다.

〈국민심판투표 제도〉

(1) 국민이 국가의 '주인'이자 '최고 심판기관'이지, 한탕 정치인 등을 뽑는 데 이용되지 않는다.

(2) 국민들이 '국가수반회원들의 문제점에 대한 심판'을 하는 투표로 '유사시 투표'는 문제 발생시에, '일반심사 투표'는 1년에 1번씩 정기 실시를 연구검토 요함.

(3) 국민심판투표 선거관리위원:대법원에서 그때그때 차출하여 '선거관리위원'으로 활동함. 해당 활동 기간 및 전후의 모든 활동을 기록·영구·보존함. 만약 私心이 있거나 관련 범죄가 발견되었을 경우 최고 사형.

(4) '유사시 투표'의 결정여부는 각 부서의 '국가수반회(권력자 경계陣) 감사자들'의 2/3 찬성으로 결정하고, 직전 선거관리위원들(대법원 소속)이 준비한다.

(5) 투표방식과 유형을 사전에 연구 검토하여 10여 개의 유형을 미리 정해놓고 그때그때마다 해당 선거관리위원들의 2/3 찬성으로 선택 및 일부를 수정할 수 있다.

** 즉, 官은 民을 감시·감사하고, 民은 官을 감시·감사하는 '상호 감시 체계'임.

〈통치지도자들의 질서〉

(1) '혼잡한 기관들'과 속칭 '혼잡한 빨대들'이 서로 엄격한 '감시·감사 제도하'에서 '국가기관' 및 '포괄 공무원'으로써 일목요연하게 정리되면, 국가의 일이 '유기체적'으로 잘 나아갈 것이다.

(2) '체계와 법과 제도'가 일목요연하게 정리되면, 국민들도 현혹되지 않을 것이며 국민들의 정신도 맑고 건강해질 것이다.

(3) '권력자들과 지도층들'은 國家를 위하여 '솔선수범'과 '살신성인'의 자세를 원칙으로 하며, '권력자 경계제도 대상'이며, '국가수반회원

들'은 무보수 명예직(가족과는 평생 이별하며, 최소한의 생활비와 유고시 공무원퇴직금 지급)으로 한다.

(4) 권력층들과 지도층들은 이미 최고의 영예(국가와 국민을 위하여 목숨을 바치는 일)를 누렸다. '국가수반회원들'은 필요한 비밀 도청 등 모든 권한을 가질 수 있으며, 반드시 비밀을 유지해야 한다(위반시 사형).

(5) 국가수반회원을 비롯한 모든 공무원들의 형벌은 차등적으로 일반 시민들의 '몇 갑절'로 강화된다(최고 사형).

〈그 외에 추가적으로 요망되는 사항들〉

(1) 포괄 공무원이 '국기를 문란'하게 하거나 '비밀을 발설'하거나 '반역(국방, 방산 비리 등)'을 하였을 경우, 관련자 모두와 함께 모든 재산을 반납하고 관련자들과 함께 사형.

(2) 권력자, 지도층, 공무원을 비롯한 모든 국민은 공경유착 공공유착 금공유착 등 부정·부패시에 관련자 모두와 함께 모든 재산을 반납하고, 관련자들과 함께 최고 사형.

(3) 모든 국민도 근거 없는 국가혼란죄(지역갈등, 이념갈등 등 내부 분열죄)에 관련할 시 관련자 모두와 함께 모든 재산 반납과 함께 최고 사형.

(4) 제품 짝퉁 제조 판매 시공(곰팡이나 상한 재료나 음식, 원칙과 내구성 맞지 않는 부품 및 기기 등)시 회사대표 및 관련자 모두 모든 재산 반납과 함께 최고 사형

(5) 다단계, 고리대금, 사기, 갈취 등을 포함한 악질 금융·세무회계·증권·경제 등의 사기(詐欺)시 관련자 모두와 함께 모든 재산반납과 최고 사형

(6) 건축을 비롯한 모든 제품의 강력한 '하자 담보 책임법' 연구 제정.

(7) 정부나 공공기관 및 권력자, 지도층, 포괄 공무원들은 어떠한 시민 단체 등에 가입·지원·연계 금지 및 위반시 최고 사형.

(8) 같은 道내 출신끼리 '금혼법'(꿈을 대로 꿈은 지역병, 이념병 유일 치유책)제정 및 위반·악용시 최고 사형.

(9) 위 사항뿐 아니라 일반 재판들에서도, 해당 판사나 검사 변호사 배심원 등 '모든 법조관련인들'이 법문이나 판례문 등을 과도하게 왜곡 해석하거나 과도하게 증거를 첨삭 주장하거나, 특히 '양심'과 '상식'을 뛰어넘는 편파적인 판결을 하는 등의 경우, 그리고 '타 기관인들'(권력자, 지도층, 포괄 공무원, 특히 로펌 등)과 연계·야합할 경우 관련인 모두 모든 재산 반납과 함께 최고 사형.

(10) 우수한 발명품, 특히 과학·국방·농수산 등의 발명품을 개발한 자들에게 상과 상금을 주고, 국가와 사회를 위해 해당 부서 팀장 또는 산하기업 팀장 등에 우선적으로 영입하여 해당 산업을 육성 발전토록 함.

〈부칙〉

(1) 기타 세부적인 사항들은 기존 헌법을 유지할 수 있고, 본 개정안과 비교 유추할 때 '본 개정안이 우선'하고 본 개정안의 '취지'로 수정되어야 한다.

(2) 모든 공무원들의 '의사표시 및 결정'은 '서면'으로 하고 '자필서명'을 반드시 해야 하고 기록물을 '영구 보관'해야 한다.

국가를 유기체처럼 잘 통솔할 수 있는 첫 번째 방법은 올바른 '법·제도 구축과 준수'이다. 그다음이 도덕선(道德善)이 충만한 지도층들의 '살

나我란 없다!

신성인(殺身成仁) 정신'이다. '권력'은 '총, 칼, 핵'보다 더 무서운 무기이다! 그런데 지도층들이나 그 집단들에게 조금이라도 사심(私心)이 들어가면 어떻게 되겠는가?

지금 우리는 정치인들이 퍼뜨린 이 몹쓸 정신병으로 이렇게 국가와 국민이 갈기갈기 찢어졌다! 반드시 권력자들을 비롯한 모든 공무원들에게는 조금의 사심(私心) 등도 용납될 수 없다. 권력자들과 포괄 공무원들에 대한 '감시·감사'는 국가수반회를 비롯한 모든 부서와 모든 국민이 긴장을 늦추면 안 될 것이다. 이런 컨트롤타워 역할을 '국가수반회'가 목숨 등 모든 것을 걸고 이끌 것이다!

반드시 이 거대하고 미친 '선거 정치판'을 없애고, '이성적인 국민화합'과 '부국강병'을 위해 우리 모두 이 '목숨을 바치는 법'을 제정하고 실행해야 한다.

인간과 집단과 사회는 '오욕칠정의 덩어리이자, 습관체'이다. 게다가 높은 자리에 올라갈수록 '나쁜 습관'에 물들어 점점 착각도 잘한다. 개개인의 특성에 따라 엄청 '간땡이가 큰 놈들'도 많다. 최소한 이 정도의 '압박과 강제와 긴장'을 '법제화'해야 한다. 그러면 국민도 사회도 자연히 '정신'이 맑아질 것이고 '살신성인의 문화'도 이룰 수 있을 것이다. 진정한 통일도 보일 것이고, 통일 후 혼동도 없을 것이고, 선진국도 보일 것이다. 반드시 '통일 전에 꼭 준비'해야 할 급선무이다.

09
도둑놈 소굴과정

1년 365일 내내 여·야당 의원들의 다툼, 아니면 각 당의 대표뽑기, 보궐선거, 총선, 대선 등의 세력다툼이다. 해방 이후 줄곧 이렇게 대놓고 편 가르기를 해오니, 국가와 국민은 갈기갈기 찢어지고 모두들 정신병(지역병, 이념병, 한탕병 등)에 걸려서 신음하고 있다.

또 지자체, 교육감 선거 등은? 여기에 온갖 언론 등의 기막힌 쌍나팔 기술은 물론, 노총·팬클럽·동아리·SNS 등의 셰퍼트들의 '양몰이'도 죽여준다. 짜증 날 뿐만 아니라, 정말 나라가 걱정이다.

그들은 국가의 안전과 국민의 안녕은커녕, 오로지 '세력 불리기'와 '패권 다툼'에 여념이 없다. "이제는 민주 '민'자도 듣기 싫다!" 하던, 시민들도 이제는 세력들과 줄타기를 하고, 삥을 받거나 삥을 뜯으며 변변찮지만 한 자리를 약속받거나 한다. 심지어 다음을 노리고, 얄궂은 회(會)를 만들어 허세의 명함을 뿌리기도 한다.

지도층들을 비롯하여 모두가 이렇게 전체를 보지 못하고 한쪽에 빠져서 화만 내면 어쩌자는 것인가? 특히 국가와 사회에서 책임 있는 집단들은 반드시 그리고 항상 전체를 봐야 하고 전체를 읽어야 하고 전체를 품어야 하지 않는가?

나我란 없다!

또, 허세인지 허영인지 외제차 명품 등으로 설치는 자들도 넘쳐나고 있다! 이 쓰레기 같은 문제는 꼭 짚고 싶었던 것으로, 지면을 좀 빌려야겠다. 언제부턴가 지도층, 기업가, 연예인, 매스컴의 유명인들 등이 명품·외제차 등으로 온 국민들 앞에 자랑하고 설쳐대더니, 이제 곳곳에 명품(?)과 외제품들이 넘쳐나고 있다. 참으로 꼴불견이다!

예를 들어 차 한 대를 만들어 5~6년 정도 사용하는 동안 그 차를 만드는 데 필요한 노동력이 5~10명이라면, 차 대수와 기간, 인원을 곱한 수만큼 우리나라의 실업률과 경제가 나빠지고 반대로 그 수출국은 근로자와 생산율과 경제력이 높아지는 게 당연하다. 그런데 외제를 좋아하는 사람일수록 '자식들의 취업걱정'을 하며 심지어 우리 경제를 폄하하며 '헬조선'이라 한단다. 어이없다! 참으로 뻔뻔스런 쓰레기들이 아닌가?

왜, 이렇게 '엽전'들은 남녀노소를 가리지 않고 '촐싹'거릴까? 이런 정신상태부터 뜯어고치지 않으면, 엽전들은 별 가망성이 없다! 게다가 우리의 무분별한 해외여행 등은? 이런 자들을 퇴출시킬 방법은 없을까? 요즘 귀신들은 뭘 하고 있는지?

그런데 일본에 가니 '한국산 車'를 거의 찾아보기가 힘들었다. 참으로 억울했다! 여기에 대해 일본은 대외적으로, '자국산 애용 습관 최고'와 '일본제품이 세계 최고이니까' 또는 '그게 일본 국민성이니까'라고 자찬한다. 그들은 외제품을 사용하는 지도층, 유명인, 공무원 등을 암암리에 퇴출시킨다는 소문이 있다. 한편으로는 그런 그들이 부럽다! 정말 그들의 '자국산 애용률'은 '세계 최고'이다. 그러니 그들은 '세계 2위 경제대국'을 굳건히 지키고 있다.

동서고금을 막론하고, 지도층이 교만해도 나라가 망했고, 국민들이 교만해도 나라가 망했다. 우리는 둘 다 문제가 많은 것 같다. 만초손 겸수익(滿招損 謙受益:교만하면 손해를, 겸손하면 이익을 부른다)이라 했다!

우리의 근본 문제인 '도둑놈 소굴과정'을 솔직하게 짚어보자. 어떻게 이러한 미개하고 무지막지한 '도둑놈 소굴제도'가 나라를 쥐락펴락할 수 있는가?

졸개들부터 시작하더니, 기초 장·의원이 되고, 손을 좀 비비니, 광역 장·의원이 되고, 손과 주둥아리를 잘 놀리니, 국회의원이 되고, 더욱 쌍나팔에 정신병이 심해지니, 장관·총리 등이 되고, 국민들을 현혹(정신병 감염) 잘 시키니, 대통령까지 되더라! 이 과정이 한 국가를 쥐고 흔드는 '도둑놈 소굴과정'으로 되어버렸다. 이제는 이 도둑놈 소굴집단들이 세력다툼, 패권 다툼을 대놓고 해대니 너무 불안하다. 이렇듯 '도둑놈 소굴제도'의 줄타기는 '한번 귀족은 영원한 귀족'을 만들어 버린다. 이러니 개나 소나, 어른이나 애들이나 이 소굴에 끼려 한다. 이미 이들에게는 이후의 막중한 '의무와 책임, 봉사, 헌신 등'은 없다. 모든 권력을 다 누리고 있으니…

결국 오로지 '표(票)'이다. '도둑놈 소굴제도'를 합리화시켜 주고 있는 그놈의 '선거'가 원흉인 것이다. 그 과정에 시민(표)들을 지역병, 이념병, 한탕병 등으로 찢어놔야, 야음을 틈타 귀족 자리를 쉽게 차지할 수 있다는 것을 잘 알고 있다. 가장 큰 문제는 이 무지막지한 제도가 너무 비참하게 국가와 국민을 정신병으로 갈기갈기 찢어서, 구한말이나 6·25 직전보다 더 위험한 풍전등화의 위기에 있다는 것을 모른 척한다는 것

나我란 없다!

이다. 얻어터지는 데 이골이 난 국민과 국가가 또 불안하다. 우리뿐만 아니라 세계적으로 정치폐해가 너무 커졌다. 그래서 더욱 위험하다!

권력은 '총, 칼, 핵'보다 무서운 것이라고 자주 표현한다. 권력은 아무리 정직하고 엄격하게 해도 무서운 것이다. 그런데 고삐 풀린 망아지보다 심한 이 '도둑놈 소굴과정'은 정말 어마무시해진 지 오래다. 오히려 영국과 일본처럼 왕이 얼굴마담 역할만 하는 제도가 완벽하지는 않지만 상당히 합리적인 면이 있다는 것을 새삼 느낀다. 패권 다툼에 여념이 없어 나라를 갈기갈기 찢는 데 비해서, 상징적인 자리이지만 구심점 역할을 톡톡히 하고, 나름 권력자들에게 권력을 겸허하고 정직하게 사용하게 하는 힘이 있다.

이런 측면에서 앞선 개헌안의 글에, 선거를 없애고 목숨, 가족, 재산 등 모든 것을 바치는 국가수반회(권력자 경계陣) 제도를 만들자고 외쳤던 것이다. 잘못된 제도를 하루빨리 개선해야 한다. 국민들이 이 모든 것을 이미 알고 있지만, 잘못된 제도하에서 입도 뻥긋할 수 없다. 그러나 더 이상 국가와 국민들은 '소리 내는 소수들(도둑놈 소굴들)의 밥'이 아니란 걸 명심해야 한다.

현세와 내세 두 마리 토끼를 잡으며 가장 가치 있게 사는 삶을 '절제와 겸허'의 삶이라고 자주 말했다. '절제와 겸허'의 삶이 단순한 것 같지만, 삶에 있어서 가장 어려운 부분이다. 쉬우면 누구나 성인이 되지 않겠나. 올바른 '절제와 겸허'는 절실한 자각과 반성한 뒤의 '절제와 겸허'이다. 그 '절제와 겸허'의 경지를 득도(得道)의 길이라 했다. 그러나 크게 어렵지는 않다.

각 계층별 '절제와 겸허'의 방법을 다시 말씀드리자면, 일반인들의 형 그리 정신, 지도층들의 솔선수범 정신, 권력층들의 살신성인 정신이다. 즉, 권력층들은 최상의 득도를 할 수 있는 좋은 기회를 얻었다. 더 무얼 바라는가? 달콤한 유혹에 빠지지 말고, 또 한 개인이나 한 소굴에 빠져있지 말고, 大를 위한 小의 희생이 아니라, '국가와 국민' 전체를 위한 살신성인(죽어야 산다!)을 해야 한다!

10
통일(1)

북한이 동의를 안 하면, 남한만이라도 '국제 자유화 지역'으로 하자는 말에 대하여, 놀라면서도 좋은 아이디어라며 구체적인 내용을 설명해달라고 했다. 북한 쪽이 '국제 자유화 지역'으로 하면 더할 나위 없이 좋은 황금분할의 비를 이룰 것 같은데…

특별히 구체적인 안은 없었다. 해외생활 때 지도를 자주 보며 한반도는 한 국가가 되기에 좀 부족한 것 같고, 국경선으로 가두는 것보다는 '개방하는 편'이 훨씬 나을 거라 느꼈다. 국제화의 시대이기도 하고, 점점 교통과 매스미디어 등의 발달로 온 세상이 개방되고 있다.

너무 요충지로써 지정학적 위치나 강대국으로 쌓여있는 형태도 그러하다는 것이다. 즉 '모두가 탐내는 너무 좋은 위치가 아닌가?'라는 것이다. 예전부터 남하정책을 펴오던 러시아에게는 최고의 온화한 땅이며, 지진과 쓰나미의 땅 일본에게는 연륙교라도 놓고 싶은 안전한 육지인 곳이고, 중국에게는 적절한 완충지대 역할과 함께 극동의 전략적 요충지 역할을 하는 기름진 땅인 것이다. 또 파워게임적으로도 미·일·중·러의 한가운데에 위치한다.

그렇게 좋은 땅이니 남을 주지 말고 잘 지켜야 한다고? 오히려 이런 '전쟁의 링' 역할을 하는 요충지는, 내 것이라 지키려 하면 빼앗기기 쉽고 모두가·함께 사용하도록 내놓으면 모두가 들어와서 하나가 된다. 내 것이라고 벽을 쌓고 지키면 지킬수록 외세의 눈독은 더 거세질 것이라 느꼈다. 그래서 항상 자질구레한 다툼과 긴장이 끊이지 않을 것이라고…

모든 국가에게 개방을 해보면 어떨까? 싱가포르나 예전의 홍콩처럼 도시의 수준을 뛰어넘어 다 오픈된 세계 유일의 국가라면, 오히려 모두가 들어오고 싶어하는 최고의 땅이 되지 않을까? 단순 중립국가를 표방하자는 것이 아니다. '세계인의 땅'으로 하자는 것이다.

또, 개방하면 '혼자 빼앗아 버리자'는 호전적인 자들의 엉큼한 심보도 없어질 것이다. 물론 그들이 무서워서 나라를 내놓자는 것은 더욱 아니다. 간단하게 엄격한 법과 제도, 튼튼한 군과 치안, 올바른 행정, 그리고 UN군의 상주 등만 있으면 되고, 나머지는 시장원리에 맡기자는 것이다. 그리고 과거처럼 침략자들에게 실컷 얻어터져 잿더미가 된 뒤에, 각국의 중지를 모아 어슬렁어슬렁 지원하러 오는 유엔군은 더 이상 안 된다. 이러면 결국 이겨도 지는 것이고, 잘 되어봐야 또 폐허 속에서 허덕이며 수십 년을 고생해야 한다. 최소한 '세계인의 땅'을 지키고 '거주하는 세계인들을 보호할' 수 있는 자체 방어력, 즉 '유엔본부'를 비무장지대에 설치하고, 적정한 '방어용 핵'도 갖추어야 할 것이다. 세계인들의 안전과 평화를 위한 기본이다!

근본취지는 원칙이나 법·제도를 최대한 간단히 하고 '시장원리'에 맡기자는 것이다!

복잡한 것은 기득권 세력을 위한 것이거나, 힘 있는 자들을 위한 것이거나, 사기꾼들을 위한 것에 지나지 않는다. 작금의 한국은 '표(票)피아 빨대'들이 너무 많다 보니 사회구조가 역피라미드형으로 되고, 점점 그 수가 늘어나 국가의 존망이 위태해진 상황이다. 이미 '표(票)피아 빨대'들은 '식민약탈자'들의 수위를 넘어서고 있다. 이렇게 '빨대귀족들'이 많으면 안 된다. 그런데 그자들은 늘 "민주"란 말로 외치면서 국가와 국민들을 자기들 멋대로 주물럭거린다. 이 '빨대귀족층'이 너무 좋은 자리이다 보니, 이제 개나 소나 오로지 '한탕정치'가 인생의 목표이고 가문의 목표이고 지역의 목표이고 세상의 목표가 됐다. 그자들에 현혹된 국민들은 정신병(지역병, 이념병, 한탕병 등)으로 갈기갈기 찢겨져 있다. 이런 상황은 우리뿐만 아니라 많은 나라가 비슷하고, 심지어 무지한 국가들은 이런 하소연조차 못 하는 상태이다.

이제 우리는 이 몹쓸 정신병이 온 나라 곳곳에 퍼져있고, 그로 인해 엄청난 폐해가 일어나고 있어도 이제 눈 하나 깜짝 않는다. '지자체 귀족'까지 생겨나면서 곳곳에 청사(廳舍) 비리, 난개발 비리, 대규모 건설비리 등이 발생해도 누구 한 놈 책임지는 놈이 없이 오히려 똥낀 놈들이 더 큰소리치고 있다. 교육계마저 한탕 귀족이 난무하니, 역사를 비롯하여 학생들의 이념까지 정신병적으로 대립하고 있다. 정말 이것은 아니다! 이제는 이 '한탕귀족'들을 모방하는 빨대들도 곳곳에 너무 많아, 민초들의 생활과 나라가 크게 위험해졌다.

이미 우리 한반도보다 훨씬 큰 주(州)들을 가진 오랜 표(票) 전통의 큰 나라에서도 투표제도의 폐해를 지적하고 있다. 서양의 꺼져가는 잘못된 票 문화가 들어와, 우리 사회는 잉크도 마르기도 전에 고기 맛을 알게 되니 법당에 파리가 남아 남지 못하는 지경이 되어버렸다.

물론 거대 자본의 외국기업들이 밀려와 주도권을 잡을 것이라고 우려를 할 것이다. 그러나 '고강도 누진세' 등을 적절히 개발하면 별문제 없을 것이다. 그리고 이제 곧 '피부색'이나 '인종'의 개념은 없어질 것이다. 게다가 평온하고 안전할 것 같으면서 지금도 제한 없이 공격을 가해오는 세계의 '상업·자본·군사 침탈자들'과 '식민약탈자들'에다, 더 교활한 국내 '빨대귀족들'과 '각종 유착' 등이 훨씬 더 위험하다. 더욱이 이제는 각 정권들의 천문학적인 패악질 비용과 시행착오 등으로 재정적자, 계층 간의 갈등과 빈부의 차가 더욱 극심해지는 것보다 나을 것이라고 생각했다.

뿐만 아니라 그렇게 하면 결국 북한도 '국제 자유화 지역'으로 넓혀질 것이다. 이제 북한주민들도 눈앞에서 엄청난 일이 벌어지는 것을 직접 보니, 북한에 인구가 살아남겠는가? 간접적이지만 돌아와서 '통일'되는 효과도 누리게 될 것이다. 그리고 어정쩡하게 위정자들에게 끌려다니는 많은 국가들도 따라 할 것이다. 점점 '국제 자유화 지역'이 넓어질 것이다. 결국 한반도는 '세계와의 통일'도 이루게 된다.

좀 급하고 짧은 개괄을 얘기하였지만 깊은 뜻이 담겨져 있다. 물론 남·북한에서 반대하는 세력은 있을 것이다. 그들은 누구일까?

좋은 것을 혼자 가지려면 자연히 빼앗으려는 자들이 많을 것이고, 모두가 같이 사용하면 모두가 모이는 곳이 될 것이다. 내 영역을 벽으로 쌓아 지키려 하다가는 늘 많은 유지비 등 어려움과 시기·질투·다툼에 시달릴 것이다. 특히 '요충지'이자 많은 자들이 탐을 내는 위치에서는. 내 것을 모두 내놓으면 모든 것도 내 것이 될 수 있는 '지자철학'의 가르침이다.

세상을 뒤집어 볼 필요도 있다, 꽉 막혀있을 때.

· 나我란 없다!

11
권력자 경계

|

언제부턴가 세상이 한탕사회로 되었지만, 역시 가장 큰 대형사고는 '권력자들의 사고(事故)'이다. 문제는 점점 더 심해진다는 것이다. 그래서 다시 한번 강조해본다. '올바른 법과 제도가 사회를 이끈다', 그 잘난 인물들이 아니라.

최근 며칠 동안 뉴스에서 불거진 사건들을 보자.

O모 업체 가습기 살균제의 독성으로 200여 명의 아기와 산모를 죽게 했다는 어이없는 사건,

대우조선의 최근 3년간 분식회계 5조4천억 원,

조선업체 등의 수십조 원 비리사태는 S은행을 비롯하여 줄줄이 엮여서 곪아있는 정치와 금융의 뿌리 깊은 결탁문제,

H모 검사장 출신의 백억 대 수임비와 비리 기업인과의 결탁,

J모 검사장의 재벌기업과의 결탁,

C모 부장검사 출신 변호사의 50억대 수임료와 연루된 수임인에 의해 구타당한 사건,

법조 브로커 L모씨의 법조계, 재계, 권력자들에 한계 없는 종횡무진 활약 사건,

*L*재벌의 정경유착과 비리와 편법으로 무차별 확장에 이은 자식들의 난장판 경영,

K&J 로펌 괴물을 비롯한 돈에 눈먼 합법적인 법조기업의 등장으로 국가와 국민마저 팔아치우려 하는 작태,

섬 여선생님을 학부모와 주민들이 관사로 쳐들어가서 윤간한 사건,

국회의원의 형제 자녀 비서관 채용 사건 등등.

조희팔은 7조 원의 다단계 사기를 치고 아직도 오리무중이란다. 다단계의 원조 암웨이는 버젓이 사업하고. 도대체 사회가 얼마나 썩었으면… 그리고 이러한 사건들이 권력의 힘이 없이 가능한 일들일까? 좀 더 파 보면 고구마 줄기처럼 줄줄이 딸려 나올 것이다.

수십조 원의 사업, 영남 신공항 사업에 세몰이하는 꼴과 해당 지역장·의원들이 눈에 불을 켜는 꼴을 봐라! 수십 년 동안 우리 사회는 잘못된 정도가 아니라, 시스템이 아예 없는 '황야의 무법자들'만 설치는 황야와 다를 바 없다. 이미 묻지마 살인사건은 소소한 일상생활이 됐다.

도대체 우리 사회에 법과 제도라는 게 있는 걸까? 더욱 문제는 권력층이 관여할수록 책임지는 자들이 없다. 항상 국민에게 의심을 낳게 하는 "국회의원들은 하는 일이 뭐지?", "국회의원은 왜 그렇게 대단해야 하지?", "국회의원들에게는 왜, 엄청난 자금이 들어갈까?", "국회의원들은 왜 그렇게 난장판을 벌여도 되지?", "변호사 수임료는 어떻게 수십억 원까지 하지?" 등. 이제는 다 표현할 수 없을 정도로 권력층, 지도층들의 문제가 많아졌다. 지도층이 정말 지도층일까? 왜, 투표를 굳이 하라고 강요하지? 투표를 안 하면 나에게 불이익이 닥칠까? 지렁이도 밟

나我란 없다!

으면 꿈틀거린다고 했는데, 이러니 시민들이라고 정직하게 살고 싶겠는가? 이러니 지나가는 사람들이 칼에 찔려 죽는 등 사회불안들이 발생하지 않을 수 있을까?

인간의 욕심을 무엇으로 채울 수 있겠는가?

이미 플라톤 선생이 '권력자들의 경계'에 대해 강조했다. "권력을 가진 자들은 국가를 좌지우지할 수 있기에, 사유재산을 가져서도 안 되며 국가보다 가족을 우선해서도 안 되기에 그들의 가족을 신탁해놔야 한다(최용철 선생의 『인간본성에 관한 10가지 철학적 성찰』)."

동양철학에서도 희기동소(喜忌同所)라는 말이 있다. 좋은 것이나, 나쁜 것이나 같은 곳에 있다는 뜻이다. 개인이나 사회나 국가나 마찬가지이다. 크게 흥하는 자들은 크게 망하기도 쉽다. 태강(太强:아주 강함), 태왕(太旺:아주 왕성함)한 자들의 문제는 흥할 때는 본인과 그 집단 위주로 흥하는데, 망할 때는 온 국민들을 물귀신 작전으로 같이 수장시켜버린다. 정작 그자들의 가족과 집단은 실컷 배불려 놓고선…. 사주학에서는 태강 혹은 태왕한 자, 태약(太弱)한 자보다, 균정(均整)한 자들이 더 낫다고 한다. 여기서 낫다고 하는 말은 자신에게만 나은 것이 아니고, 모두에게도 낫다는 것이다. 특히 태강·태왕한 자들은 세력 형성을 좋아하고, 높은 자리에도 보다 쉽게 올라간다. 잘못된 선거제도 등으로…. 그들은 습관에 젖다 보면 제사(祭祀)에는 관심도 없고 잿밥에만 관심을 가지며, 마치 자신들이 그 자리를 위해 태어난 것처럼 착각을 잘한다. '귀족들의 권력남용 문화'가 바로 그것이다! 그런데 산이 높으면 골짜기도 깊다, 추락하는 것은 날개가 없다. 대부분 태강·태왕한 자들은 뒤가 안 좋다.

자신만 안 좋은 게 아니라 대개 가족이나 사회에 똥칠하게 된다.

아무리 사주가 좋은 사람도 '철저히 자각하여 겸허하고 절제하면 잘 살고', 아무리 사주가 안 좋은 사람도 '처절히 자각하여 겸허하고 절제하면 잘 산다'고 했다. 개인이나 집단, 사회나 국가도 마찬가지이다!

세상을 지배하는 미국은 어떻게 세상을 지배할 수 있을까? 죽을 힘을 다해 긴장하고 매진하니 그런 '패권(覇權)'을 유지할 수 있다. 옛말에도, '천석꾼은 천 가지 걱정, 만석꾼은 만 가지 걱정을 한다'고 했다. 그들은 시스템(제도)부터 모든 게 체계적이고 철저할 뿐 아니라, 끊임없는 감시·감사·긴장·절제·겸허와 연구개발에 혼신의 힘을 다한다.

그에 반하여 어려움을 겪는 국가들은? 감히, 제도가 잘못되어 있을 뿐 아니라, 잘못된 제도에 편승한 기생충 같은 권력층, 지도층들 때문이라고 말한다. 우리는? 감히, 제도가 잘못되어 있을 뿐 아니라, 잘못된 제도에 편승한 기생충 같은 권력층, 지도층들 때문이라고 말한다. 게다가 사계절이 뚜렷하고 온화한 요충지에 살고 있는 우리 국민성은 머리는 영리하나, 안주(安住)를 잘하고 교만에 잘 빠지는 '근시안적이고 준비부족'인 면이 많다.

그런데 요즘 권력자들이 '개헌'을 논의한단다. 그 안(案)들이 색깔만 바꿨지, '권력자들의 탄탄대로'를 노래하고 있다. '권력자들이 죽어야, 나라가 산다!'라는 일념으로 임해야 한다. 조금이라도 사심이 개입되어서는 절대 안 된다! 부패의 온상이 된 '선거, 세력다툼 등의 정신병'을 없애는 것이 급선무이다. 그리고 목숨을 바치며 항상 변화하는 주변의 정세에 맞춰, 끊임없이 '올바른 법과 제도'를 지속적으로 개발하지 않으

나我란 없다!

면 안 된다. 이번 개헌은 우리나라의 존망이 달린 정말 중요한 시점의
개헌이다!

선거를 없애야 한다.
'권력자 경계제도'를 철저히 이행해야 한다.
'살신성인 문화'를 이룩해야 한다.
그래야 국민화합이 이루어질 수 있고, 부국강병도 바라볼 수 있다.

춘추전국시대에 오랑캐라 불리며 변방에 있던 진(秦)나라가 그 혼탁한
시대에 강한 법치주의를 택하여 부국강병해서 천하통일을 이루었듯이,
더 복잡하고 과학화된 현세에 '더 엄격한 법과 제도'로 고쳐 국민을 화
합하고 국가의 기틀을 바로 잡아야 할 때가 아닌가 여긴다.
우리 모두 전체를 볼 줄 알아야 하고, 전체를 읽어야 하고, 전체를 품
을 줄 알아야 한다!

12
부뚜막 위에 애들 올려놓은 것 같다!

'죽어야 산다(살신성인)! 문화'를 강조해오고 있다. 우선 지도층부터 이 '살신성인의 문화'가 있어야 국가의 안녕과 발전이 있다는 것이다. 우리의 정치귀족들은 '제(祭)보다 잿밥'에 빠져 각종 피 흘림, 나라 빼앗김 등으로 국민들을 다 죽여왔다. 제발 더 이상 지역병, 이념병, 한탕병 등으로 국가와 국민들을 갈기갈기 찢고 흔들지 마라.

요즘 나라 안팎이 난리다. 정치의 가장 추악한 단면을 보는 것 같다. 시체 옆을 맴도는 하이에나처럼. 침묵하는 양들은 '찬·반'의 주장에 현혹되어 잘 못 느낄 뿐이지만, 정치귀족들은 이때가 최고의 기회인 것처럼 날뛴다. 최초의 탄핵을 축하 행사하는 것처럼 '정의'를 내세우지만, 그들에게 이미 '정의'는 없었다.

인생에서 이름을 날리기 위해선 한 방향으로 정신병자처럼 뛰어나야 한다. 현혹시키는 재주가 많은 자들이 자신들만의 현혹을 위해서 정신병자 이상으로 '발광'을 하는 모양이다. '삐에로'보다 한 수 위다. 지들은 정신병자가 아닌 전문가라고 뻥으로 치켜세우기도 하고, 프리메이슨 등의 전근대적인 악랄한 수법까지 베껴가며, 별 쇼를 다 하며…. 우리는 이렇게 '정신병자들에게 현혹'되어 있다.

선거가 너무 많다. 선거 때문에 국민들이 '정신병(지역병, 이념병, 한탕병 등)'으로 갈기갈기 찢어졌고, 나라가 또 날아갈 판이다. 한 정권이 끝나면 천문학적인 금액의 패악질한 내용들이 밝혀진다. 수조, 수십조 원에 이른다고 한다. 밝혀지지 않은 것들과 그 똘마니들이 먹은 것 등을 합하면 더 엄청날 것이다. 그 모든 것을 국민들의 혈세로 메꿔야 한다. 말도 못하는 국민들은 억장이 무너진다. 침묵하는 양들은 제도상 어찌할 방도가 없다.

그런데 문제가 발생하면, 또 '선거'로 문제를 해결하겠단다. '빨대귀족들의 잘못'을 벌할 수 있는 게 고작 이것이다. 침묵하는 국민들은 '개·돼지'와 같으니까. 이미 국민들은 영원한 '봉'이자 '노예'로 전락했다. '선거의 폐해'는 극에 달했다. 현혹된 시민들이 지역병, 이념병, 한탕병 등을 앓고 서로 다투고 피 흘리고 신음하고 있다. 이제 시민들끼리 서로 반목, 질시, 다툼 등으로 조용한 날이 없다. 그런데 정치귀족들은 '이대로!'를 외치며, 꿈쩍도 안 한다. 선거의 노예들끼리 갈기갈기 싸움을 붙여놔야 딴 곳에 한눈팔 생각을 하지 못하지. 선거를 이용하는 정치귀족들은 또 국가를 말아먹을 지경이다. 정말 국가가 위태위태하다.

이렇게 극도로 국가와 국민이 불안한 상태에, 급변하는 주변 정세에, 강대국으로 둘러쌓인 지정학적 위치에, 민족까지 갈라져 으르렁거리는 상태에, 정치인들과 현혹된 자들은 마치 죽을 줄도 모르고 불로 뛰어드는 불나방들처럼 미쳐 날뛰고 있다. 마치 지가 대통령이 되면 통일도 시키고, 강대국으로 우뚝 설 것같이 현혹시킨다. 그 똘마니들도 덩달아 국회의원, 지자체장의원이 되면 시민들에게 달도 별도 따줄 듯이 현혹시킨다. 한쪽에서는 '알량한 무기' 몇 개 만들었다고 강대국들을 상대로 으름장을 놓는데…. 그들은 오로지 그 한 길로만 왔으니, 이미 죽기 아니면 까무러치기 식이다. 같은 핏줄인 남한에는 어떨까? 설마가 사람을 잡을 수도 있다는 것을 그자들은 이미 수차례 시범을 보여왔다. 원래 서로를 많이 아는 피붙이가 제일 무섭다. 요즘 우리 사회는 정말 '부뚜막 위에 애들을 올려놓은 것' 같다!

이 난리에 패거리들이 서로 대통령 자리를 노리고, 줄타기하며 지랄발광을 하는 꼴을 봐라. 기가 찬다! 이렇게 까불 때가 아니다. 윗님들부터 죽어야 산다! 이 사회는 한번 분탕질하고 가는 '일회용'이 아니다. 수천만의 목숨과 미래가 달려있다. 반드시 세상 무서운 줄을 알아야 하고, '절제와 겸허의 이성적인 지혜'로 준비를 철저히 해야 한다.

미국의 석학 조지 프리드먼이 『10년 후(The Next Decade)』의 후속작 『100년 후(Next 100 years)』에서 일본이 아시아 최대 파워로 재부상한다고 했다. 그 원동력을 '이성적이고 무서운 단결력'이라 했다.

우리는 이미 남북에 동서로 8도로 갈라졌는데, 여기에 '각 지자체의 독립'을 또 주장하고 나온다. 나라를 갈기갈기 찢고 말아먹은 정치인들의 '정치만능병(病)'이 또 도졌다. 주둥아리만으로 호의호식하는 그자들에게는 만능이겠지만, 빨리는 민초들에게는 지옥보다 더한 '죽을 지경'이다. 상당히 계산되고 의도된 주장이라는 느낌이 든다. 정치귀족들을 위한 밥그릇은 늘어나겠지만, 민초들의 허덕임과 주위의 호전적인 나라들을 어떻게 상대할지? 미국이나 중국이나 일본이나 러시아 등, 강대국들의 안중에는 '한국'은 이미 없다. 오히려 인도, 이란, 아세안, 호주 등이 있을 것이다. 한국은 '코끼리에 비스켓'밖에 안 되는데, 왜 자꾸 찢으려 할까? 참으로 '거지발싸개' 같은 생각이다. 여차하면 분리해서 옆 나

나我란 없다!

라에 빌붙기라도 하려고? 참으로 가련하다!

이미 그 잘난 개개인이나 패거리 집단의 승패로 사회나 국가를 이끄는 미개한 시절은 지나갔다. '법·제도'로 이끌어야 한다. 모두 '절제와 겸허'하며. 그렇게 지도층부터 '살신성인'을 해야 살아남을 수가 있다. 잘 안되면, '살신성인'을 하도록 '법제화'해야 한다. '살신성인'이 바로 현세와 내세 모두를 충족시켜주는 최고의 경지, '득도(得道)의 경지'라고 했다.

우리 사회에는 잘난 놈들보다 헌신하는 자들이 더 절실히 필요하다. 윗선에서부터 '살신성인의 문화'가 온 국민까지 퍼져야 한다. 그래야 더 이상 국민이 엄청난 피를 흘리고 나라를 빼앗기는 일이 확연히 줄어들 것이다. 꼭 일본이나 중국, 러시아 등과 경쟁하자는 것이 아니다. 감정이 아닌 이성적인 시각으로 그냥 일본은 일본이고 중국은 중국이고 러시아는 러시아이다. 단지 세계 최고의 강점을 지닌 그들의 '이성적인 정신과 단결력과 힘'을 하루빨리 배워야 한다. 그래야 우리나라가 역사 속으로 사라지지 않을 희망이라도 있을 것이다. 나(我)나 집단만을 바라보는 근시안적인 시야가 아니라, 전체를 봐야 하고 전체를 읽어야 하고 전체를 품을 수 있어야 한다!

13
정치가 죽어야 나라가 산다!

부끄러운 얘기지만, 몇 년 전에 대통령 후보로 나가려 했던 적이 있다. 아래 내용의 피켓을 들고 곳곳을 돌아다니며…

〈정치가 죽어야 나라가 삽니다!

제가 대통령이 되면, '정치인 없애는 법'을 만들고, 아주 기쁘게 바로 이 세상을 하직하겠습니다!

여러분, 우리나라가 너무 위험해졌습니다!

또다시 국민들이 많은 피를 흘리거나, 외세의 침탈을 당하지 않을까 조마조마합니다. 예로부터 싸움에서 지면 장수는 죽음을 택했습니다!

그런데 정치귀족들은 수많은 패악질과 실패에도 불구하고 눈 하나 깜짝이지 않습니다.

'패거리 정치집단'들의 패권쟁탈전으로,

1. 냉탕 온탕하며 '원칙과 정의'가 무너졌습니다.

2. 각 정권마다 졸속 공약 등의 '패악질 금액'도 천문학적입니다.

나我란 없다!

3. 귀족, 호족들의 '특권남용 문화'도 너무 심해졌습니다.

4. 공무원, 법조인, 기업인, 금융, 세무회계 등의 '부정부패'도 너무 심해졌습니다.

5. 국민들도 지역병, 이념병, 한탕병 등의 정신병으로 '사회정의'도 무너졌습니다.

6. 경제 등의 '어려움'으로 각 기관, 기업, 국민들이 아우성입니다.

정치인들 때문에 나라가 너무 위험해져 있습니다!

정치가 죽어야 나라가 삽니다!〉

14
세력다툼에 날 새는 줄 모르는…

인간은 왜 교만할까? 아니, 한국의 인간들은 왜 교만할까? 나라를 몇 번 빼앗겼고, 수많은 전쟁으로 온 국민들이 엄청난 피를 흘렸다. 처참하고 잔혹하고 부끄럽고 치욕스러워서 더 표현하기도 민망하다.

그런데 왜 자꾸 국민들의 감정을 뒤흔들며 들뜨게 만들까? 우리의 짧은 공화국역사에서 그 잘난 개인이나 세력집단 중, 국가에 좋은 영향을 미친 자들이 많았을까, 악영향을 미친 자들이 많았을까? 자그마한 한국에서 어떤 집단이 가장 영향력이 크고, 크게 사고도 쳤을까? 정치집단, 정치집단과 연계된 법조계집단, 정치집단과 연계된 학자집단, 정치집단과 연계된 언론방송집단, 정치집단과 연계된 경제·금융집단, 정치집단과 연계된 종교집단, 정치집단과 연계된 노조집단 등등. 조그만 나라 안에서 '도토리 키재기'밖에 안 되는 것들이 세력 키우기와 세력다툼으로 하루라도 잠잠한 날이 없을 정도이다.

큰일이다!

여태껏 그자들이 한 일이라곤 자신들의 영달을 위해 국민들을 서로 반목과 질시와 다툼으로 몰아가다, 외세 침탈자들에게 한입에 나라와 백성을 가져다 바치는 것이 전부였다. 게다가 각종 기득권에, 억지에,

　　　　　　　　　　　　　　　　　　나我란 없다!

떼법에, 내로남불 등이 투표(投票)와 묘하게 얽혀져, 법(法)마저 이현령 비현령(耳懸鈴 鼻懸鈴:코에 걸면 코걸이 귀에 걸면 귀걸이)이다 보니, 항상 우리 사회는 법도 원칙도 없는 전쟁통 같다.

말로만 1인당 국민소득 3만 불의 선진국을 외치며 김칫국을 마실 게 아니다. '1인당 국민소득 3만 불의 선진국'이 뭐가 그리 중요하나? 속은 텅 비어있는데. 어차피 상위 0.1%의 빨대귀족들이 다 쥐고 흔드는데. 강대국들의 기침 한 방이면 뿌리부터 흔들리는데.

왜, 자중하지 못하고 무리한 한탕을 하려고 난리를 칠까, 조금 이름이라도 떴다면? 한탕에 성공하면 지는 만수무강할 수 있나, 가족 친지들은 만수무강할 수 있나? 어찌 눈앞의 사탕만 보이고, 풍전등화의 나라와 국민들 그리고 자손들이 또다시 피를 흘리거나 노예로 전락할 수 있다는 것은 모를까? 우리의 가장 급선무는 '국민화합'이다. 국민화합이 있어야 '국가안정'도 있고 '부국강병'도 있다. 화합이 안 되어 종이 한 장을 뚫을 수도 없는 이합집산의 상황에서, 일본이 어떻고 중국이 어떻고 미국이 어떻고 북한이 어떻고 하면 뭐하나? 그런데 요즘 '표'에 미친 자들은 지랄발광하듯, 또 한탕병, 이념병, 지역병, 학연병, 계층병 등에 불을 붙이고 있다. 마치 미친년 널뛰기 하듯이. 내세우는 방안도 신통찮은데 밀리면 안 되니까. 일단 이 과도기에 세력을 놓치면 안 되니까. 일단 개·돼지 같은 국민들에게 눈도장이라도 찍어놔야, 다음에 최소 국회의원이라도 한 번 더 해먹지.

왜, 미국, 중국, 러시아, 일본 등과 시시콜콜 비교할까, 그것도 맞짱 뜨듯이. 전혀 공부도 없이, 전혀 국민의 화합도 없이, 전혀 준비도 없이.

정말 우리나라가 그 강대국들과 대등한 위치에서 비교할만한 수준이 되나? 정말 한국의 모든 수치가 그들과 비교 대상이 될까? 특히 난세의 소용돌이 속에서 기본이 되어야 하는 자주 국방력, 무기 준비력, 과학 경쟁력 등에서는?

또 국토면적, 인구수, 자립 경제력 등에서는…? 왜, 한류 등 모든 면에서 작은 우리가 세계의 중심에 서야 한다고 생각할까? 오히려 그러한 행동이나 마음가짐이 다른 나라의 국민들에게 위화감을 조성하지 않을까? 동북아의 이 조그만 나라를 잘 알지도 못하는데, 무슨 특별한 전략이라도 있는 걸까? 법에, 제도에, 미친년 널뛰기 하듯이 경쟁 경쟁 밖으로 밖으로 하라고 되어있을까? 겸허하게 조용히 좀 지는 듯이 내실을 다지며 살아가면 안 될까?

왜, 정치귀족들은 '독버섯'처럼 번지고 있을까? 그들의 골 깊은 '집단 세력화'와 '패권 쟁탈전'이 온 국민과 나라를 갈기갈기 찢어놨는데도…. 매번 정권이 바뀔 때마다, 냉탕·온탕하며 패악질해온 돈이 이미 국가 몇 개를 세워도 될 만한 천문학적인 돈이다. 그게 다 국민들 등골을 후벼 파서 나온 세금인데, 정말 식민 압제하던 놈들보다 더 악랄하고 무자비한 놈들인 것이다. 세계정세가 점점 예민하고 위험한 상황으로 빨려가고 있다, 특히 우리 주변에서. 한반도는 수백 년 동안 '전쟁의 링' 역할을 하며 수없이 피를 흘려 왔다. 이게 국가냐? 법이 그러니 그럴 수밖에 없다고? 제도가 그러니 그럴 수밖에 없다고? 그걸 알면 진작 안 그렇게 만들어야 하지 않았나? 제사보다 잿밥이 더 탐이 나고 손쉽다고?

이 썩어죽을 놈들!

항시 모든 지도층들은 '지도층의 명예=살신성인(殺身成仁)'의 실천덕목을 온 시민들에게 몸소 보여줘야 한다. 또 법을 집행하는 자들을 비롯한 지도층에게는 민초보다 몇 배나 무거운 '신상필벌의 원칙'을 엄격히 적용해야 한다. 줄곧 침략에 지배를 당하며 피 흘리고 허덕이다가, 잠시 배에 기름기가 낀 틈을 탄 우리 지도층들의 노략질이 오히려 침략자들 그 이상이다. "절대, 개구리가 올챙이 적 시절을 잊어서는 안 된다!" 역적과 지도자 차이는 한 뼘이고, 지도자와 영웅의 차이도 한 뼘이다. 죽기를 각오하면 안 될 일이 없다!

다시 한번 강조한다. 정 어려우면, 식민약탈자들보다 더 악랄한 정치귀족들을 없애고, 한반도를 '완전 국제 자유화 지역'으로 하자. 한반도 전체가 안 되면, 남한만이라도 해야 한다. 그러면 한반도를 중심으로 세계가 통합될 것이다. 앞으로는 더욱, 작금의 아프리카처럼, 무식 악랄한 정치귀족들과 잘못된 제도를 피해 엑소더스하는 국가들이 많이 생겨날 것이다. 미래의, 아니 곧, 세계는 니 땅, 내 땅의 구분보다, '완전 자유화된 지역'이 더 각광을 받을 게 뻔하다. 가장 간단하고 기본적인 법·제도만 있으면 된다. 더 이상 뱀파이어 같은 귀족들에게 국가와 국민을 맡겨서는 안 된다!

15
자동 자정작용

A: 　도대체, 어떤 세상이 좋을까요?

B: 　인간 세상에 완벽한 세상이 있을 수 있을까요?

A: 　완벽하지는 않더라도 그나마 '최상의 세상'은 어떤 것일까요?

B: 　인구가 이렇게 늘어나지 않았더라면 '공산주의'가 그나마 괜찮았을 것 같은데요.

A: 　어떤 측면에서 그렇습니까?

B: 　자본주의는 '인구의 팽창'을 근간으로 하고, 끊임없는 경쟁에 의한 '계급세계'를 만들고 있어요. 그에 반해 '적정인구 이하'에서의 공산주의는 최상의 제도를 유지할 수 있습니다. 좀 부족하다 싶은 정도의 인구가 있을 때, 모두들 '협동심'을 많이 필요로 하기 때문이기도 하죠. 자본주의는 너무 '나(我)'에게 집착하도록 합니다. 아마 이 현실세상의 최고의 착각은 '나'라는 것이 아닐까요?

A: 　왜, 노자나 공자 선생은 왕을 성인(聖人)이라 표현했을까요?

B: 　나도 처음에 그것이 궁금했습니다. 적어도 왕은 도·덕·선(道·德·善)이 충만되어야 한다는 뜻이겠죠. 밑에 장수나 장교들은 지·덕·체

　　　　　　　　　　　　　　　　　나我란 없다!

(智·德·體) 정도가 충만되어도 되겠지만. 사실 지금도 마찬가지라 생각합니다. 최고의 長은 道·德·善이 충만되지 않고선 불가능하다고 생각합니다. 현세의 '난 사람'들의 궁극적 목표달성은 '형이상학(形而上學)'이자 '득도(得道)'를 이룩할 수 있는 '도덕선' 즉, '살신성인(殺身成仁)'을 완성해야 합니다.

A: 예, 정말 가슴에 와 닿는 말씀입니다. 지난번에 도가(道家)나 유가(儒家)보다 현실세상에서는 '법가(法家)'를 근간으로 한 엄격한 법치제도(法治制度)가 낫다고 하셨습니다.

B: '한탕귀족'이 모든 시민들의 목표가 되어 혼돈 속에서 패싸움을 일삼아서는 안 된다는 뜻입니다. 인간의 욕심은 끝이 없습니다. 인간을 '오욕칠정의 덩어리'라고 합니다. 특히 요즘처럼 '인구 과포화 상태'에서는 더욱 경쟁과 다툼이 심해집니다. 인간 개체수가 적정하지 못하면 인간가치는 떨어질 수밖에 없습니다.

A: 역설적으로 인구 과포화 상태에서는 자본주의도 대안이 될 수 있지 않을까요?

B: 단, 자연발생적인 자본주의로 반드시 '지도층들부터 엄격한 법·제도 준수'와 '살신성인의 문화'가 뒷받침될 때, 겨우 가능할 것입니다. 무위자연의 道家는 인구 과포화 상태에서는 아예 맞지 않을 뿐 아니라, 儒家의 각종 가르침도 적용할만한 틈이 없게 됩니다.

A: 말씀대로 작금의 인간 개체 수 2/3 이상이 잉여인간들로 취급받는 게 당연할 수밖에 없다는 뜻이군요.

B: 불행한 시대에 살고 있죠. 그러나 이상적인 적정인구수 추구는 전세계가 같이 동참해야 합니다. 자칫 이상에 빠져 한 국가가 섣불리

시작하다가는, 이 냉혹하고 팽창의 자본주의하에서 그 국가는 사라지기 쉬울 것입니다.

A: 예, 이상과 현실을 잘 직시해야겠죠. 그리고 또 일전에 현세에서 야경국가 제도가 낫다고 하셨잖아요?

B: 그건 우리나라처럼 인구 과포화 상태에서 야음을 틈탄 한탕귀족들의 '권력남용문화'와 '패권쟁탈전'을 비난하다 보니…. 정신병적으로 국가와 국민을 갈기갈기 찢으며 내홍에 휩싸여 있는데, 또다시 외세의 침략 등으로 많은 국민들이 피를 흘리거나 나라를 뺏기지 않을까 불안 불안하지 않습니까?

A: 그렇습니다. 빨대귀족들이 너무 많아졌고 횡포도 심해졌습니다. 최상의 제도를 찾기도 어렵고…

B: 역사상 최상의 국가를 이끈 지도자들을 보면, 항상 목숨을 건 엄격함이 있었습니다. 우리는 그들을 '폭군', '살인마', '악마' 등으로 표현할 수도 있지만, 그들은 '살신(殺身)'의 정신만으로 잔인할 정도로 주변 정리를 잘했고 항상 준비에 철저했습니다. '殺身成仁'까지 이룬 지도자도 간혹 있지만, '殺身'의 정신만으로도 역사에 본보기가 되고 있습니다. 그만큼 '권력주변'을 다루기가 힘들다는 것을 말하는 것이겠죠. 자동으로 자정될 수 있는 법·제도를 만들면 최고인데…

A: 예, 동감입니다. 지난번 이와 비슷한, 목숨과 가족 등을 바쳐야 하는 '국가수반회(권력자 경계陣)' 말씀이 있었습니다. 국가수반회와 각부와 언론 방송 등과 국민들이 '서로 감시·감사하는' 법·제도를 구

나我란 없다!

축해야 한다고.

B: 그렇습니다. 인간 세상에 완벽한 것은 없습니다. 항시 국가의 법·제도를 자동 자정될 수 있도록 긴장하며 체제를 구축해야 합니다. 지도층들이 거들먹거리며 '내가 최고다! 이 정도면 되겠지?' 하는 순간부터는 사회의 혼란과 다툼, 내리막길, 피 흘림, 또 식민지 전락 등이 나타나게 됩니다. 道德善을 바탕으로 殺身成仁의 굳은 각오가 되어있지 않은 자(者)들은 리더나 정치집단, 종교집단, 그 기생집단에 발을 들여놔서는 안 됩니다. 그래서 대안으로 지도층들의 '목숨을 바치는 법'을 구축하자는 거죠. 그것마저 안 되면, 한반도를 '국제자유화 지역'으로 하자고 했던 것입니다!

16
얘들아 미안하다!

아, 참으로 비통하다!

지척에 많은 섬들이 있었는데, 어떻게 이렇게 될 수 있단 말인가?

너무 가슴이 아파 모든 것이 눈에 들어오지 않고 일이 손에 잡히지도 않는다.

국민들 모두가 슬픔에 잠겨있다.

어떤 말로도 어떤 변명이나 위안도 다 필요 없다.

하늘도 필요 없고, 땅도 필요 없고, 바다도 필요 없고, 인간도 필요 없고, 삶도 필요 없다.

아직도 길거리를 걸어 다닐 때 보이는 사람들과 나 자신이 살아있는지 허무하다.

얘들아, 정말 미안하다!

바닷물 속에서 얼마나 추웠니!

공기가 부족하여 얼마나 숨이 막혔니!

더구나 칠흑 속에서 얼마나 두려웠니!

얘들아 정말 미안하다!

나我란 없다!

말로만 어른들이지 제대로 해준 게 없어 미안하다!

항상 잘되라고 하면서 다그치기만 한 것이 아쉽구나!

항상 남들과 비교하면서 재촉만 한 것 같아 미안하다!

얘들아, 어른들이 돈에 정신이 팔려서 미안하다!

얘들아, 어른들이 권력에 정신이 팔려서 미안하다!

얘들아, 어른들이 명예에 정신이 팔려서 미안하다!

얘들아, 어른들이 술 등의 향락에 정신과 육체가 빠져서 미안하다!

얘들아, 어른들이 이 모든 것을 한방에 거머쥘 수 있는 '票'에 미쳐서
미안하다!

온통 표(票)에 빠져 票 외의 사회 안전 등에서는 흐릿한 정신 상태로
판단하게 되어 미안하다!

교육마저 票에 정신이 팔리다 보니 제대로 된 학과교육을 못 해줘서
미안하다!

어떻게 체육시간에 그 중요한 수영 등을 안 가르칠 수가 있었니, 우리
가 정신이 나가 있었던 모양이다, 정말 미안하다!

세상에 땅보다 더 넓은 게 바다와 강인데, 수영을 1시간도 가르치지
못했구나, 정말 미안하다!

진학 때마다 체력도 잘 자랐는지 검증했어야 하는데, 공부보다 생명
의 안전이 우선인데, 정말 미안하다!

돈벌이를 위해 배를 개조해서 미안하다!

돈벌이를 위해 낡은 여객선을 무리하게 출항시켜 미안하다!

돈벌이를 위해 제대로 구명의와 구명정 등을 준비 못 해 미안하다!

돈벌이를 위해 안개비가 내리는 날씨 속에 무리하게 출항을 시켜 미안하다!

돈벌이를 위해 비상구조 훈련을 한 번도 못 해서 미안하다!

어찌 1번부터 끝번까지 문제투성이일 수밖에 없던 배를 선택하게 되었는지, 그 잘못된 안목과 흐릿한 정신 상태에 화가 나고 미안하다!

빨리 대피하라고 했어야 하는데, 오히려 움직이지 말고 가만히 있으라고 해서 정말 미안하다!

그리고 후속 조치도 없이 우리만 먼저 탈출해서 정말 잘못했다!

어른이 어른답지 못해 정말 미안하다!

어른들이 제정신이 아니었고 건강하지도 못해, 판단이 잘못됐음을 뒤늦게 깨달아서 미안하다!

'절제와 겸허'를 솔선수범하는 자들보다 '주둥아리'가 온통 판을 치는 세상으로 만들어 미안하다!

조상님들께서 세력에 미쳐 사색당파 등으로 나라를 몇 번 잃었고 내전에 휘말렸다고 비난했는데, 이제 우리가 똑 같이 票에 빠져 너희를 잃을 위기에 처했구나. 정말 미안하다!

마약보다 더한 이 票를 없애지 못해 미안하구나!

그놈의 票가 뭔지, 온통 票에 미쳐서 사회불안을 가중시켜 미안하다!

票를 얻으려 국민을 갈기갈기 찢으며 유혹하고 현혹하여 사회를 혼란에 빠트려 너희를 이 지경으로 만들어 미안하다!

정말 票를 쫓아 서로 다투고 집단으로 편 가르고 달콤한 것만을 서로

나我란 없다!

가지려 난리를 치다 보니, 이번 일들을 등한시했구나, 미안하다!

그런데 票를 얻으면 입만 가지고 부와 권력과 명예가 줄줄 따라오니…

앗, 미안하구나, 잠시 또 잘못된 습관에 빠지게 되는 것 같아서…

너희들의 희생이 이 세상의 잘못된 관습을 고쳐주길 바란다.

혼미한 정신상태의 나이 든 우리만 (빠져나와) 살게 되어 이러한 변명만을 하니 정말 미안하다!

(학생들 위주로 썼으나 탑승승객 모두를 위한 글입니다.)

17

환향녀, 위안부, 탈북녀

머칠 전 헌책방에서 책을 하나 구입했다. 『한국역사를 뒤흔들었던 여성들』의 저자 이문호 선생께서는 화냥년(환향녀), 위안부, (탈북녀)라는 단어는 지금 우리가 생각하는 것처럼 더러운 이름도, 경멸과 멸시의 이름도 아니라고 했다. 그 이름은 나라의 권세를 휘어잡았던 지도층들이 힘있는 나라를 만들기보다, 사리사욕을 위해 자기 명예와 부를 축적한 희생 위에 핀 이름없는 꽃이라 했다.

권력층들의 패악질을 보자. 꼭 천재지변이 아니더라도, 정말 부득하게 어쩔 수 없는 지출이라면 괜찮다. 개인이나 집단의 성공이나 영달을 위해 그 알량한 권력을 남용하고 잔꾀를 부려서 별짓을 다 하여 온 백성과 국가에 낭패를 안겨주고 있다. 앞도, 뒤도, 계획도 없이. 그 엄청난 금액을 지들 손으로 벌어보라고 하면 0.0001%도 못 벌 놈들이, 눈먼 세금이라고 그 엄청난 돈들을. 국민들의 등골을 후벼 파서 나온 돈인데.

늘 그렇듯이 12월 국회 마감시간에 몰리는 척하며 국회의원들의 지역구 예산배정 등으로 막판 뒤집기를 하고 있다. 마치 돈에 눈먼 자들처럼…. 내년 4월이 총선이란다. 그들은 이렇게 1년 내내 내년 총선후보 지명권 등을 놓고 파워게임을 해오고 있다. 오로지 '승차표_(공천권)'를 위해서. 그자들의 눈에는 사람이 사람이 아니라 '票'로 보인다. 오로지 '票'를 위해서, 별별 수단을 가리지 않는다! 그러다 보니 똥 누러 갈 때와 달리, 똥 누고 난 뒤에는 잘 잊는다. 선거 다음 날부터, 그자들 눈에는 사람들이 '날짜 지난 (표)쓰레기'로 보이기 때문이다.

'정치인'을 없애야 한다!

게다가 현 제도는 떡(票) 줄 놈들은 꿈쩍도 않는데, 지들이 알아서 票를 뒤져가는 꼴로 되어있다. 이 잘못된 '票 제도' 아래에서는 백성들이 입 한번 뻥긋하지 못하게 되어있다. 잘못된 제도를 하나 고치려 해도 그자들의 힘을 거쳐야 가능하도록 되어 있다. 이 잘못된 제도에 힘입어 그들은 바로 '한탕귀족'에서 '영원한 귀족'으로 등극해버린다. 이 잘못된 票 제도는 나라가 두 동강 나기 직전부터 약 70년이 됐다. 이제는 선거하는 날을 제외하고는 국민들은 '침묵하는 양'으로 전락했다. 왜, 이렇게 잘못되고 모순된 제도가 판을 치고 있을까?

더욱이 그자들에게 현혹되어 우리 사회가 점점 '고집 대 고집', '감정대 감정', '정신병 대 정신병'으로 위험해지고 있다. 이 한탕귀족들의 비도덕적이고, 무책임한 행태가 사회 곳곳에 퍼져, 지역병, 이념병, 한탕병 등 국가적으로 엄청난 피해를 안겨주고 있다. 과연 이 정신병적인 '한탕주의'를 계속 보고만 있어야 하는 걸까? 가장 큰 죄를 지은 도둑들이 오히려 온 국민들이 부러워하는 '귀족 나으리'가 되는 이 괴상한 제도는 계속 이어져야 할까?

환향녀, 위안부, 탈북녀 등의 이름없는 꽃이 더 이상 생기지 않게, 이제 솔직하게 양심선언을 하고 '국가와 국민을 위한 제도개선'을 해야 한다!

우리 사회를 위해 한때 그렸던 희망사항 중에는 남에게 지지 않는 무기개발 등으로 남의 침략을 이겨내는 것과, 정 자신이 없으면 핵 보유 등 안전장치를 한 뒤 한반도를 '국제 자유화 지역'으로 하는 것 등이 있었다. 이제 '솔직하고 확실하며 희망찬 제도개선'이 정말 필요한 때가 아닌가 생각한다.

나我란 없다!

18
우리 사회에 소대장들이 사라졌다!

세월호 참사의 아픔이 벌써 1년이 지났다. 너무 큰 충격이었고, 너무 어처구니없는 사건이었고, 너무 가슴 아픈 사건이었다. 우리 사회가 왜 이럴까? 너무 슬펐고 화가 났고 부끄러웠고 아무런 말도 못했다. 우리 모두의 책임이기에 말을 꺼내기가 부끄럽고, 어른으로서 죄스럽다.

그런데 '옥시' 사건이 불거졌다. 가습기 살균제 사건. 이 정도까지 큰 사건인 줄 몰랐다. 또 화가 나고 슬프고 부끄럽고 죄스럽다. 특히, 우리의 무지와 협잡과 부패 등에. 도대체 우리 사회가 왜 이럴까?

언제부턴가 우리 사회에서 우리들이 '견장'의 단맛만을 즐기기를 좋아하면서, 진정 그 '견장'의 막중한 책임을 잊고 있어 너무 안타깝다. 성인(聖人) 반열의 도덕선(道德善)까지 바라지 않는다. 적어도 '양심과 책임감'은 있어야 한다. 높이 올라갈수록, 일은 쥐꼬리만큼 하고, 어깨에 힘은 주고 싶고, 사고를 쳐도 책임은 지지 않으려 하고, 미리 책임질 일은 건드리지도 않고 빼질거린다. 이러한 풍토가 정치인, 공직자들뿐만 아니라 이제 사회 전반에 걸쳐 만연되어있다는 것이 큰 문제이다. '변사또'가 한 명이면 죄라도 물을 텐데, 이제 '변사또'가 여기저기 너무 많아졌다. 게다가 더 나쁜 아전들에, 더 나쁜 암행어사들까지. 그런데 이 자들이 아삼륙으로 논다. 여기에 옥시의 '이완용이들'까지 설쳐대니…

큰일이다!

어디부터 어느 누구에게 죄를 물어야 할지, 어떤 방식으로 죄를 물어야 할지, 갈피를 못 잡는 상황이다. 다들 '견장'깨나 차고 있거나 '더 큰 견장'과 연결되고 또 서로 암묵적으로 연계되고, 꼬불쳐놓은 돈과 빽도 있으니…

이제 우리 사회에는 책임을 지는 자들이 없고, 책임을 묻는 자들도 없고, 양심도 없어졌다. 아무리 큰 사건이 터져도 "에휴, 죽일 놈들!" 하면서도, 그놈들이 치외법권(?)의 위치에 있는 놈들인지 아닌지를 시민들이 벌써 눈대중으로 이미 알아채고, 눈도 감고 귀도 닫아버리는 사회가 됐다.

임진왜란 직전에 귀족들이 군포(軍布)로 자녀를 징집 면제시키는 풍토가 결국 나라를 잃는 슬픔으로 이어졌고, 많은 '귀족과 호족'들의 추악함(쥐어짬과 나눠먹음)이 '동학농민운동 등 민란'으로 이어져 내란과 나라를 잃게 했듯이, 매번 이렇게 악순환이 되고 있음을 잊었는가?

지도층들부터 살신성인(죽어야 산다!)의 자세로 임해야 국가와 국민이 살아갈 희망이 있다. 무한경쟁의 세계에서는 '잡으려는 사자가 먹히는 토끼보다 항상 더 긴장하고 있다'는 것을 알아야 한다. 우리는 주변 강대국들에 비하면 '토끼'도 안 된다.

이미 약 2500년 전에 노자, 공자, 플라톤 등은 권력자들의 위험성을 강조했고, 권력자들의 도덕선을 강조했다. 우리는 수백 년 전 수천 년 전 시민들보다 더 똑똑하고 지혜롭다고 착각을 하고 있다. 그러나 원시

나我란 없다!

나 과거보다 '현대 시민들의 눈과 귀'는 더 잘 닫히고 현혹도 더 잘 당한다는 것을 알아야 한다. 시민들의 눈과 귀를 닫으면, 결국 권력자들의 귀와 눈도 닫히게 된다.

지도층들부터 죽을 각오를 해야 나라가 산다. 그래야 우리 사회에 '살신성인 문화'가 퍼져 국가와 국민에게 희망과 미래가 있을 것이다. 세월호 사건도 이런 문화가 있었으면 일어나지도 않았을 것이고, 불가피한 침몰의 순간에도 살신성인의 문화에 젖은 '베테랑 소대장'들만 있었더라도 그렇게 처참하지는 않았을 것이다!

먼저 우리 사회의 '견장제도'가 바뀌지 않으면 안 된다. 학생들의 공부하는 목표가 '시민들의 등골을 빼먹는 견장'이 되어서야 하겠는가? 우선 '견장'이 귀족이 아니라, '책임과 헌신의 자리'임을 우리 모두에게 각인되어야 한다. '양심과 책임'이 없는 자들은 견장을 차면 안 된다. 그리고 전혀 도움이 안 되고 많은 혈세를 낭비하는 '회전의자'를 축소하고, 팀원과 분대장, 소대장급의 견장을 적재적소에 늘려야 한다.

늙을수록, 及基老也 血氣旣衰 戒之在得(늙어서 기가 약해지면 욕심을 경계하라)라고 이미 2500년 전 공자 선생께서 강조하셨다. 올바른 문화 속의 소대장들은 젊고 책임감이 강하고 전문가들이고 판단과 행동이 빠르고 과감히 목숨을 던지며 '솔선수범'할 줄 안다. 우리의 늙은 견장들은 욕심만 많고 폼만 많이 재고 있는 것은 아닐지…

도덕선은 물론 책임감과 양심도 없는 자들을, 왜 귀족 회전의자에 앉혔을까? 그리고 '지덕체(智德體)'의 전문가 소대장'들이 귀족들보다 인원수가 훨씬 많아야 하고 더 많은 보수를 받아야 할 것이다. 특히, 소방, 군, 경 등 사회 안전을 위한 자리와 공항, 항만 등의 국경, 검역, 청소,

방역 등과 사회 환경, 보건, 경계 등을 위한 자리에도 '지덕체를 갖춘 소대장'을 더 많이 늘여야 할 것이다. 예를 들어 우리 사회의 대표귀족인 국회의원 1명을 줄이면, 적어도 수천 수만 명의 전문 소대장들을 늘일 수 있지 않을까?

다시 한번 강조한다, 죽어가는 우리나라를 살리는 길은, 우리 모두가 '죽어야 산다 문화(살신성인 문화)'를 하루빨리 이룩해야 한다고.

나我란 없다!

19
세상에 공짜는 없다!

요즘은 사람이 무섭다! 불과 며칠 사이에,

학교 시험문제 유출사건이 비단 S여고 뿐만이 아니라 하고,

인천의 K목사가 10대 여신도들 수십 명을 그루밍 성폭행을 저질렀다 하고,

강서 PC방 살인사건!

부산에서 연인과 이별 뒤 연인과 부모와 할머니까지 4명을 살해!

거제에서 쓰레기를 줍던 50대 여성을 30여 분간 폭행 살인한 20대!

여자친구를 살해하고 시신을 훼손한 20대!

등촌동에서 전 부인을 흉기로 살해!

한국미래기술회장 양씨가 교수를 비롯한 직원들에게 무차별 폭행

도대체 이게 뭐냐? 우리 사회가 왜 이럴까? 인구가 너무 많아서 통제 부족인가? '인구 절벽'이라며? 인간은 불완전한 동물이다. 오욕칠정을 바탕으로 모두 자신이 최고이고 자기 잘난 맛에 살겠지만, 인간의 그 '오욕칠정'이 무섭다. 그중 권력을 쥔 자들의 '무소불위의 욕심과 감정'이 제일 문제이고, 그 여파도 제일 크다. 어떻게 하면 우리의 사회가 나아질 수 있을까?

인간을 사회적 동물이라 한다. 그런데 그 '사회적 구조'가 좋은 방향으로 쓰이지 않고, 사회구조가 마치 약육강식의 사다리가 된 것 같다. 서로 돕고, 서로 배려하는 것이 진정한 사회의 목적이자 목표일 것인데….
그런데 당초 목표와는 달리 권력을 쥐면 누구나 그것을 발판으로 더 많은 욕심을 취하려 한다. 게다가 패권을 잡으면 神을 능가한다. 당초의 '사회의 목적'과는 딴판이다. 민초들은 이 잘못된 사회를 벗어나고 싶은데, 벗어날 수도 없다.

지옥이다!

뿐만 아니다. '권력'과 '표'의 묘한 관계가 사회를 더욱 지옥으로 악순환시킨다. 항상 패거리 집단들의 '표 모으기', '표 다툼', '표 관리', '패권 쟁탈' 등으로 조용할 날이 없다. 그들이 패권을 잡은 뒤가 더 문제다. 이제 여러 계층에서 터져나오는 욕구불만도 해결하지 못하고 있다. 수십 년 동안 정치인들의 오로지 '표'를 위한 꼬드김이 민중들의 입맛을 너무 교만하게 만든 결과이다. 이제 어느 누구도 민중들의 입맛을 맞춰줄 수 없을 뿐만 아니라, 민중들의 욕구분출도 막을 수 없는 지경에 이르렀다.

큰일이다!

이미 2500년 전 노자 선생도 "민중이 교만해지면 나라가 망한다!"고 했다. 결국 권력자나 지도층이 교만해도 나라가 망하고, 민중들이 교만해도 나라가 망한다. 개인과 집단, 각 계층, 각 분야에서 감정보다 '이성'으로 욕심보다 '절제와 겸허'로 서로를 돌아보는 배려가 필요하다.

나我란 없다!

자주 강조하는 '절제와 겸허의 문화'를 다시 한번 분류해 보면,

권력자들의 '살신성인 정신'이고,

지도층들의 '솔선수범 정신'이고,

민중들의 '헝그리 정신'이다!

민중들마저 이렇게 혼탁해지고 혼동하면 안 된다. '절제와 겸허'의 문화 수준에 따라 그 사회의 수준도 결정된다. '개인'이나 '집단'이나 '사회'는 모두 '습관체'이다. 세상은 독식될 수가 없다. 그래서 올바른 이성적인 문화를 이룩해야 한다. 이러한 문화가 도저히 불가능하면, 반강제적으로도 '법과 제도'부터 구축하여 그런 문화를 이룩하자는 것이다. 서로 손해도 감수할 수 있을 때, 그 개인이나 사회가 화합도 되고 발전할 수 있을 것이다.

세상에 공짜는 없다!

20
학교를 폐지하자!

교육감도 인기투표로 되는 사회가 됐다. 요즘 '지역병, 이념병, 한탕병 정신질환'이 가장 심화되어 있는 곳 중 하나가 학교이다. 선생님들과 학생들이 이제 정치에 휘둘리고 지역병, 이념병, 한탕병에 감염되고, 심지어 이적 행위를 한다고 했다. 선생님들과 학생들이 '홧김에 서방질'까지?

우리의 새싹인 학생들의 미래이자 우리 사회의 미래가 달려있다. 정말 큰일이다!

학교 폭력은 없어지지 않는 학교생활의 일부로 자리 잡았다. 폭력에 시달려 자살 등으로 죽는 학생들이 너무 많아졌다. 게다가 선생님들이 학생들에게 얻어터지는 세상이 됐다. 그래도 사회는 별로 꿈쩍도 안 한다. 인기나 세력만 있으면 장땡인 세상이니까. 폭력을 당한 학생의 부모들이 심부름센터 등을 통해 가해자들에게 복수한다고 한다. "무슨 이런 경우가?" 한동안 멍했다. 그러나 한편으로 그 부모의 입장에서 생각하면 이해가 되기도 한다.

또 서로 편을 가르며, 역사를 이리 바꾸고 저리 바꾸기도 한다. 심지어 학과, 교재 교체 등으로 더 혼란스러워졌다. 그리고 그들 간의 갈등과 다툼 등이 심각해졌다. 학생들의 공부하는 목적이 양극으로 갈라지

나我란 없다!

고 한쪽의 선봉장이나 한쪽의 귀족이 되어야 하겠는가? 그러면서 아무 죄책감도 없이 국민의 등골을 빼먹는 자리를 목표로 공부하면 되겠는가? 교육계에 들어가는 엄청난 '재정문제'는 이제 저 뒤로 밀려있다. 왜 목적도 없이 굳이 '학교의 틀' 속에서 공부해야 할까?

예로부터 우리는, 무신(武臣)정권의 일본과 달리, 문신(文臣) 위주의 당파정치로 국민성이 논리적이고 시비(是非)를 족집게처럼 파헤치면서 정작 포용하는 데는 아주 서툴다. 거기에는 '과거제도'와 '음서제도'가 큰 몫을 했다. 그런데 지금도 사시, 행시 등 모든 등용문은 문과(文科) 위주이다. 따라서 우리나라에는 말과 글을 잘하는 사람이 너무 넘쳐난다. 정치를 비롯하여 사회 곳곳에 시비도 끊이질 않는다. 항간에 떠도는 말처럼 "주둥아리들이 탈"이라는 것이다. 그 결과 국민들의 화합력이 점점 부족해지고, '나 잘났다'고 주장, 억지, 분열만 일삼고, 특히 우리 청소년들의 성향이 소극적이며 靜的(정적)이고 반목과 질시 등만 가득하다.

학교를 폐지해야 한다!

중요한 것은 공부를 위한 공부가 아니라, 필요에 의한 공부를 해야 한다는 것이다! 학교의 틀에 가두어 교육시키는 게 아니라, 현재와 미래에 펼쳐질 산업, 과학, 인문 등의 분야별 적성과 연계된 교육이 이루어져야 한다. 교육이 무슨 붕어빵 찍어내는 공장도 아니고. 더구나 공부가 한쪽으로 치우쳐서 국민 등골 빼먹는 자리를 위한 공부가 되어서야 하겠는가? 하루빨리 잘못되고 이상한 이 '붕어빵 찍어내는 학교를 폐지'해야 한다.

현장의 '산학협력방식의 공부'가 최선이 아닌가 한다. 나이 등을 떠나 '적성과 수준'에 맞게, 학과정 운영을 '해당 산업별, 분야별로 연계'함을 원칙으로 하면 어떨까? 학교와 교실을 해당 공장이나 산업기관으로 하면서.

예를 들어, **기학협력**(기계와 학과정), **예학협력**(예술문학과 학과정), **과학협력**(과학과 학과정), **농학협력**(농업과 학과정), **수학협력**(수산업과 학과정), **임학협력**(임업과 학과정), **무학협력**(무기와 학과정), **군학협력**(군사와 학과정), **통학협력**(통신과 학과정), **의학협력**(의료와 학과정), **체학협력**(체육과 학과정), **소프트학협력**(소프트웨어와 학과정), **하드학협력**(하드웨어와 학과정), **넷학협력**(인터넷과 학과정), **격학협력**(격투기와 학과정) 등등.

어릴 때 일반 기본교육과정 3~5년 정도를 마친 뒤, 위 '산학협력과정'을 기초단계, 중간단계, 고급단계(최고 전문가 과정)를 이수하도록 한다. '엄격한 통과제도'를 원칙으로 하며, 일반 기본교육과정을 제외한 각 단계마다 해당 산학협력기관에서 '기숙사 생활'을 원칙으로 한다. 고급단계는 현재의 석·박사과정 정도여야 함이 좋을 것이다. 그들이 진정한 박사가 아닐까? 교육, 교육과정이라는 것이 기존 선생이나 교수, 이사진, 낡은 제도 등을 위해 존재해서는 더욱 안 된다. 학생들을 위하고 미래를 위해야 한다.

무엇보다도 빨리 일반 기본교육을 마치는 것이 좋겠다. '일반 기본교육과정'을 마치면, 바로 부모들이 한 살이라도 젊을 때 독립시킬 수 있도록. 그다음 자신의 적성에 맞춰 '산학협력과정'을 밟아 기숙사 체제로 나가면 학생들에게도 좋고 부모들에게도 좋을 것이다. 통과한 뒤 관련 회사나 관련업에 종사할 수 있고, 관련 창업도 가능할 것이다. 지식뿐만 아니라 청소년들의 체력도 중요하다. 그래서 체력자격시험도 등급별 점수제로 하여, 위 과정의 단계별 또는 연차별 통과시에 반드시 단계별 연차에 맞는 체력자격 등급도 통과 획득하게 한다.

나我란 없다!

물론 더 연구 개발해야겠지만, 이러한 개념으로 만들자는 것이다. 자발적, 창의적, 실질적인 진정한 공부가 될 것이다. 한 살이라도 더 어리고, 창의성과 추진력도 넘쳐날 때, 엄청난 아이디어나 개발물들이 나올 수 있다. 재능의 종류는 다양하다! 왜, 추진력과 창의력, 눈썰미, 손기술, 습득력 등을 가두고 썩히려 하는가! 그리고 '나이에 상관없이' 공부를 더 할 수 있고, '진로 변경'도 마음껏 할 수도 있다. 붕어빵 학교 틀의 공부는 공부가 아니다, 더 다양하고 중요하고 훌륭한 것들이 많다. 세상의 모든 것들이 공부이다!

그리고 우리의 '필수언어'는 한국어를 비롯하여 영어, 중국어, 일본어, 러시아어, 아랍어 등으로 서서히 늘려나가야 한다. 향후는 언어가 발달한 나라가 선진국일 것이다. 그리고 언어를 비롯한 배움은 어릴 때 최고의 습득이 가능하고, 언어 기술 등의 배움은 현장생활에서 최고의 습득이 가능하다.

모든 동물들 중에서 인간의 발육이 제일 느리다. 왜 그럴까? '잘못된 학교제도'가 큰 몫을 하고 있기 때문이다. 기존의 학교제도를 폐지하게 되면, 30살이 다되도록 미취업 상태인 자녀들을 끼고 사는 것보다 아주 일찍 자녀들을 독립시키게 될 것이다. 재능과 지식 측면뿐만 아니라, 청소년과 그 부모들을 비롯한 온 국민들의 건강과 체력도 많이 향상될 것이다. 자녀 출산율도 많이 향상될 것이다. 국가가 부강해질 것이다. 국가의 막대한 재정도 절감될 것이다. 학교 폭력이나, 학교 간 차별 등도 사라질 것이다. 진정한 사제지간도 형성될 것이다. 더 이상 치졸한 밥그릇 싸움을 하면 안 된다. 공부를 위한 공부가 아니라, 필요에 의한 공부를 해야 한다!

21

어설픈(?) 질문

최근 불안한 우리 주변의 변화를 보며 몇 가지 질문을 던져본다.

질문1) '센카쿠 열도(다오위다오) 분쟁'에 미국은 우방을 내세워 일본과 함께 지켜나갈 것을 확약했다. 그런데 누가 봐도 당연히 한국 땅인 독도를 일본이 깔짝거리는 것을, 미국은 우리의 혈맹이라면서 독도에 대해서는 침묵을 했다. 미국의 속내는 뭘까?

질문2) 헤이글 미국 국방장관이 '호전적인 일본의 집단 자위권행사 결정'에 공식적인 환영을 했다. 그러면서 혈맹국가라 해놓고 전쟁 최대 피해국인 한국의 미사일 사정거리를 몇km 증가시키는 것에는 엄격한 규제를 해오고 있다. 한국은 혈맹인가, 보이지 않는 국가인가? 왜 호전적인 일본만을 부추기려 할까?

질문3) 이미 몇십 년 전, 세계 지배국들은 호전적인 일본이 프랑스로부터 '수십 톤의 플루토늄을 수입'하도록 묵인해줬을 뿐만 아니라, 일본의 인공위성 개발이라는 명목 아래 '무한정 거리의 미사일개발'을 묵인해주고 있다. 결과 일본은 수백 발의 핵 탑재 가능한 초정밀

나我란 없다!

ICBM 잠정 보유국이 됐다. 그런데 북한의 걸음마 수준인 핵 개발에는 왜 그렇게 호들갑일까?

질문4) 6·25전쟁 직후 미국은 남한을 보호한다는 명분으로 UN(미국)군을 주둔시키며, 한국의 핵개발 불가는 물론 미사일 개발마저도 사정거리 몇백Km 이내로 한정하는 등 '무장해제' 시켜오고 있다. 그런데 이제 와서 매년 1조 원씩 미군 주둔 비용까지 받아간다. 그 돈이면 핵과 미사일개발을 하고도 남는다. 일찍 '자주 군사력'을 키우게 놔두었어야지! 세계최대 위험지역이고 혈맹이라면서 왜 우리의 '자주 군사력'을 빼앗고 무장 해제시키면서, 이제 돈까지 뺏어가나? 과연 우리는 미국의 '혈맹'일까, '밥'일까?

질문5) 만일 한반도에서 또 전쟁이 나면, 미군을 비롯한 UN군이 즉시 즉시 올 수 있을까? 6·25 때처럼 UN군의 파병결의에 수 일이 걸릴 것이다. 그동안 발생하는 인명피해와 파괴는? 원래 그걸 바라고 있고, 그렇게 되는 게 정확한 수순이라고? 또다시 그들의 '군사적·경제적 노예국'으로 전락하는 수순? 향후는 그런 일이 발생하기 전에, 두 번 다시 그런 일이 발생하지 못하도록 어느 쪽으로든 먼저 백기투항을 하는 것이 낫지 않을까? 그런데 남북한의 멍청이들이 이러한 사실을 자각하며 지혜롭게 풀어갈 수 있을까?

질문6) 이미 지배국 프리메이슨들은 극동의 방어라인을 일본으로 해놓은 것인가? 그렇다면 한반도는 중국과 러시아와 함께하는 것이 더 좋은 게 아닌가? 아니면 세계 유일의 완충지대로 한반도를 '국제 자유화 지역'으로 만들든지?

질문7) 독일군은 하급 장교까지 전범으로 지구 끝까지 쫓아가 잡고 있다. 1945년 8월 15일 일본이 패전을 선언한 뒤, 왜 그토록 호전적인 일본의 '왕'은 전범처리가 안 되었을까?

질문8) 도대체 호전적인 일본은 어떻게 지배자들 앞에서 알랑방귀를 잘 뀌기에 그렇게 이쁨 받을 수 있을까? 아니면 일본도 이용당하고 있을까? 지배국들은 자신들의 나라에서는 멀리 떨어진 아시아에, 똘마니 일본을 앞세워 '지역별 대리냉전'을 부추겨서 동북아시아에 무기장사 및 통제를 계속할 심보일까?

질문9) 고기도 먹어본 놈이 고기 맛을 안다. 프리메이슨 지배국에 가장 위험한 국가는 호전적인 일본이다. 일본이 엄청난 비용을 들여가면서 야금야금 기술을 빼오고 있다. 중국, 러시아보다 오히려 지배국들에 카운터펀치를 먹일 나라는 '일본'일 수 있다. 뿐만 아니라, 급격한 이해관계 등의 변화로 일본이 중국과 러시아 등과 갑자기 손을 잡고 지배국들에게 펀치를 날릴 가능성은 몇%일까?

질문10) 최근의 여러 상황들을 종합해 볼 때, 과연 미국은 '세계 경찰국가'로서 자격이 있는 것일까? 춘추전국시대의 교훈에서도 패권국이 정도(正道)를 걷지 못하면 그 권위를 잃게 마련인데… 왜 서방 국가의 국민들은 그렇게 잘 살아가고, 아프리카, 동남아, 중남미 국가 국민들은 거지처럼 살아가야 하나? 노력과 의지를 강조할지 모르나 개인의 노력과 의지는 조금 가능할 수 있어도, 국가별로 위에서 아래까지 다 훑어 가버렸고 제도와 구조를 다 막아놨는데 어찌 가능하겠는가? 그런데도 제일 많이 '세계평화'를 외치는 자들은 누구일까? 점점 힘겨워하는 패권국도 얄팍한 술수의 지배국들과 함께하는 것일까?

질문11) 미국은 기축통화국으로 수년간 몇 조 달러에 이르는 돈을 찍어냈다. 그 천문학적인 자금은 도대체 어디로 흘러가는가? 과연 세계적인 인플레는 누구의 탓일까?

질문12) 세계의 기축통화를 '금, 은, 동 태환제도'로 할 수는 없을까?

22
어떻게 하나?

일본이 집단 자위권을 행사한단다. 다시 전쟁할 수 있는 나라가 됐다고 일본 지배층들은 자부심이 대단하다. 그런데 일본국민은 또 다시 많은 피를 흘릴지 모른다면서 불안감 등으로 반대하고 있다.

세상 지배자들, 프리메이슨들은 일부 환영을 하면서 표정관리에 들어갔다. 여태껏 실험한 일본의 충성도 합격점과 함께 일본의 급소를 쥐고 있기에? 역시 러시아, 중국, 인도 등 맹수들이 들끓는 아시아에 똘마니 하나 잘 심어놓은 것 같다? 거리상 안전하고, 다양한 충돌 테스트도 가능하고, 무기판매도 증가할 거고? 과연 일본이 그렇게 만만하며 충성도가 높을까?

프리메이슨의 세상 지배 방법 중 하나가 각 나라를 자중지란에 빠트려 한쪽을 도와주는 척하며 나라를 반으로 분단시켜(병신으로 만들어) 즐기는 것이거나, 싸움을 붙여서 한쪽을 지원해주는 척하며 이긴 놈의 것들을 다 뺏어간다. 그러면 분단된 국가들은 영원한 그들의 경제적, 군사적 노예가 된다.

남북한이 그랬고, 동남아도 그랬고, 아프리카가 그랬고, 중남미가 그런 식이었고, 동유럽도 그랬고, 심지어 그렇게 잘나가던 독일도 그랬는

나我란 없다!

데, 반세기 이상 겉으로 들키지 않게 철저하게 용서를 싹싹 빌고 서약을 하고 풀려났다. 약삭빠른 일본도 눈치를 보고 쓸개를 다 줘가면서 '군사 대국화'를 이뤄내고 있다. 프리메이슨들은 호전적인 일본이 아시아에서 다시 한번 중국과 러시아를 상대로 한바탕 하기를 바라고 있을까, 그냥 방패막이 역할만 잘 해주기를 바라고 있을까?

세상이 1일 생활권으로 발달하자, 프리메이슨도 '군사력, 기축통화 등'만으로 눈 감고 아웅하기가 많이 힘들어졌을 것이다. 게다가 일본 등 경제 강국들이 많이 생겨나고 있다. 그들은 이미 군사력과 기축통화만으로 세상을 지배하기가 쉽지 않다는 것을 알고 있다. 그래서 어렵게 개발한 기술(?)을 이용하여 한동안 非프리메이슨 국가 중에서 신규 OECD 가입국들을 털어왔다.

IMF를 비롯한 세계 유수 금융기관들과 신용평가사들과 매스컴 등을 이용하여 대한민국도 털었다. 한 가족도 그렇게 일사불란하게 움직이기 힘든데, 세계의 유수 기관들이 어떻게 그렇게 일사불란하게 움직일 수 있었는지 대단히 놀랐다. 프리메이슨의 진가를 직접 보는 영광을 누린 적이 있었다. 그런데 그 결과 이제 서서히 그들의 기술을 눈치채는 자들이 많아졌다. 그렇다고 기축통화의 '양적 완화 정책'도 무한정으로 할 수도 없고. 또, 해커들의 실력도 늘다 보니 완벽하게 빠져나갈 기술을 개발하기란 쉽지가 않은 모양이다.

이렇게 세상의 흐름이 안 좋다. 감정들이 요동을 친다. 패권국도 여유가 없어졌고, 패권국 주변의 지배국들도 여유가 없어졌고, 도전하는 국가들과 빨리는 국가들은 더 말할 필요도 없을 정도로 모두가 더욱 어려워지고 있다. 그렇게 되면 이기든 지든 다툼은 계속되고 모두에게 '극심한 피해'를 초래할 수도 있다.

주의환기 차, 가끔 세계 지배자의 매스컴들이 행복지수를 논한다. 한때는 방글라데시가 최고 행복지수 국가라고 한 적도 있고, 부탄을 최고 행복지수 국가라고 한 적도 있다. 그럴 수도 있다. 꼭 돈만이 행복지수의 척도가 아닐 수도 있다. 그러나 돈에 물들어 돈으로 행복을 누렸던 자들이 세상 시민들의 눈을 잠시 다른 데로 돌리기 위한 제스처란 걸 이미 알고 있다.

다각도로 기술을 늘리려는 세상 지배자들은 시시한 환율, 무역, 파생상품 등이 아닌 굵직한 한방이 필요할 것이다. 여태껏 아랍에서 좀 놀았는데, 너무 자주 써먹기도 그렇고 이제는 소재도 좀 딸리고, 제발 연타석 K.O.를 당하지 않게 한국 등이 조심해야 할 때가 아닌가 싶다.

어떻게 프리메이슨의 앞잡이 국가들까지 끌어들일까? 백인의 앞잡이 일본을 이용한 국지전을 벌이면 꽤 짭짤한 장사가 될 것이리라. 한국, 일본, 북한을 이용하여 중국, 러시아 등까지 판을 키우면 그들에게는 금상첨화이다. 일본은 중국이나 러시아와 일전도 가능하겠지만, 프리메이슨의 지원 없이는 눈치 빠른 일본은 발을 뺄 것이다. 그렇다고 이익만 짭짤하게 노리는 프리메이슨은 쉽게 발을 담그지 않을 것이다. 그러면 역시 항상 '링' 역할을 해오던 한반도이다. 그런데 막가파 북한은 나름 핵무장이 되어있어, 때맞춰 자폭할 가능성도 있다. 역시 몰랑몰랑한 곳은 남한이다.

어떻게 하나?

나我란 없다!

23
아무도 몰라주는 애국분신!

e : 며칠 전 국회 앞에서 60대 남성이 "촛불연대와 태극기 부대는 반목
하기보다는 애국의 길을 모색하고, 적폐국회를 바로 세워야 한다!"
는 호소문을 뿌리고, 분신을 시도했다고 합니다.

s : 저도 그 뉴스를 봤습니다. 그런데 그분의 분신내용이 이틀 만에 뉴
스에서 사라졌습니다. 과연 우리 사회에 '정의'나 '가치'가 있기는 할
까요?

e : 사실 그분은 어떤 독립투사나 애국자보다도 더 훌륭한 분이라고 생
각됩니다. 그런데 가해자인 국회의원이나 정치인들은 한 사람도 나
서지 않고 말 한마디도 없어요!

s : 돈이 되거나 광고효과가 있는 데는 우루루 몰려가 사진 찍느라 난
리를 치는 자들이.

r : 지금도 우리나라는 정치와 경제를 비롯하여 각 분야에서 상당한 위
기를 느끼고 있습니다. 그런데도 정치인들은 60대의 분신 시민보다
도 책임감이 없습니다.

e : 맞습니다! 지금의 정치 수준이 예전 고려, 조선시대에 잦은 침탈을

당하던 시절보다 못하지 않을까요? 어떻게 하면 우리나라가 부국강
병의 길로 나아갈 수 있습니까?

s : 일단 저는 '사회의 안정'이 근본이라 생각합니다!

e : 사회의 안정이라면 너무 광범위한 것 같은데…

r : 지난번 강조하셨던 '국민화합'을 말씀하시는 건가요?

s : 예나 지금이나 '국가의 범주'가 가장 중요합니다. 따라서 국가라는
사회의 안정이 가장 중요하죠. 국가사회의 안정을 위해서는 국민화
합을 해야 하고, 그걸 위해서 정신병적인 '사회갈등 해소와 질서'가
중요합니다.

e : 자주 일본의 이성적인 사회를 강조하신 내용처럼 말씀이죠? 일본의
이성사회는 '일왕의 구심점 역할'과 잦은 자연재해에 '항시 대비하는
겸허의 습관'과 누구나 '가미카제 할 수 있는 각오' 등이 바탕이라고.

s : 그렇습니다. 수백 년 동안 습관화되어온 '그들의 정신자세'가 곧 그
들의 엄청난 '강점이자 무기'가 되었습니다. 인간과 집단과 사회는
'습관체'입니다.

r : 우리는 왜 서로 헐뜯고 내분이 잘 일어날까요?

s : 우선 지정학적인 문제도 큽니다. 그리고 서로 피해의식도 큽니다. 그
러나 무엇보다 가장 큰 문제는 '정치귀족들의 잘못된 제도와 습관'
때문입니다.

e : 어떻게 하면 그런 것을 고쳐나갈 수가 있을까요?

s : 참 어렵겠지만, '위에서부터 체계적으로 솔선수범'하는 '법 제도로
뜯어고쳐 습관화'해야 합니다!

나我란 없다!

r : 현 상태로는 거의 불가능하군요!

s : 엄청난 작업이지만 차근차근 고쳐나가면 가능합니다.

r : 정말 가능할지, 또 시간은 얼마나 걸릴지?

e : 그 어려운 길보다, 가까운 미래에 '국가의 틀'이 먼저 깨어지지 않을까요?

s : 전쟁 등 엄청난 피를 흘린 후에 변형은 있었지만, 국가의 범주는 수천 년을 이어온 역사입니다.

r : 그렇죠, 준비도 안 되고 힘도 약한 약소국이 섣불리 시도할 것은 절대 아니라고 생각합니다.

s : 우선 '죽어야 산다!'는 '살신성인의 정신'을 위에서부터 실천해야 합니다!

r : 그 윗분들이 쉽게 동조할까요?

s : 정 안 되면, 강제적인 법·제도를 만들어서 해야 합니다. 그래서 국가사회의 '습관'을 들여야 합니다.

e : 일본 등의 사례에서 벤치마킹을 할 수 없을까요?

s : 일본인들은 아까 말했던 자연재해에 대한 겸허한 준비 정신과 무사도 정신, 가미카제 정신들보다 더욱 중요한 정신이 또 하나 있습니다.

r : 그게 뭐죠?

s : 일본의 정치인들은 국내의 세력다툼에 있어서 '절대 국기를 흔들거나 해(害)하는 언행을 하지 않습니다'. 즉 국내의 세력다툼에 있어서는 절대 어느 선을 넘지 않는다는 거죠. 마치 어떤 컨트롤박스가 조종하는 것처럼, 또는 '굳은 약속'이 있는 것처럼 말입니다. 오히려 그

들은 그들의 세력구축을 위해, 주로 주변의 약소국들을 건드리거나 객관적인 업적을 만들어서 명성을 얻으려 합니다. 그들은 우리처럼 세력 간의 이익을 위해 '정신병적'으로 안으로 지지고 볶으며, 국가와 국민마저 갈기갈기 찢는 짓은 절대 하지 않습니다.

e : 그렇군요! 인구 약 1억3천만, 국토면적이 약 380,000㎢의 일본은 '거대한 하나의 유기체'처럼 느껴질 때가 많습니다.

r : 인구수나 면적에 있어서 우리 남북한을 합한 것의 약 2배 크기의 나라인데, 참 부럽습니다. 어떻게 우리도 재정비해야 하지 않습니까?

s : 한꺼번에 모든 것을 정화시킬 수는 없지만, 반드시 우선적으로 '선거제도'를 폐지해야 합니다. 그리고 보완책으로 좀 더 엄격하고 질서 있게 국가를 통솔할 수 있는 '국가수반회(또는 권력자 경계陣)'로 지금의 정치인들을 대신해야 한다는 것입니다.

e : 맞습니다! 국회의원을 통하여 대통령으로 이어지는 '도둑놈 소굴 과정'이 나라를 갈기갈기 찢고, 온 국민들을 '지역 이념 정신병' 속으로 처넣었습니다. 바로 그 '도둑놈 소굴 과정'이 '각종 부정부패의 온상'입니다. 여기에 이제는 '지자체 선거', '교육계 선거'에다 '사조직의 조직원들'까지 미쳐서 날뛴다고 합니다.

r : 큰일입니다! 국회의원을 지역에서 선거로 뽑다 보니, 당초부터 지역의 일꾼인데 늘 중앙에 가서 떠들고 있고, 중앙에서의 전문성은 많이 부족하여 우왕좌왕하고 있고. 게다가 약 10명의 보좌관에다, 지원사격 부대에다, 줄 서는 떨거지들에다, 5분 대기조들에다, 선거 때마다 날품팔이 등에다, 들어가는 돈도 만만치 않고, 어깨에 힘은 주

나我란 없다!

고 싶고, 썩을 수밖에 없는 구조입니다.

s : 그래요. 왜, '이 도둑놈 소굴 제도'를 놔둬야 합니까? 옥상옥 피라미드를 만들어야 그놈들이 더욱더 탄탄한 귀족들이 되고 위계질서(다단계층)도 잡을 수 있다고 착각하는 거죠? 나라야 또 식민수탈을 당하든지 엄청난 피를 흘리든지, 그건 나중의 일이고.

r : 이름이 잘 알려지지 않은 한 국회의원이 "똑똑한 사람도 국회에 들어오면 바보가 된다!"라고 하소연했습니다.

e : 올바른 정신으로 정치하는 자들은 이름을 못 얻게 되어있는 문화이니까요. 사기를 잘 치거나, 패악질을 잘하는 놈들을 '정치 9단, 10단'으로 추켜세우며 나대고 있습니다. 그걸 보면 언론 방송도 '그 나물에 그 밥'이에요.

s : 그자들에게 보고 배울 거라고는 '허세에 의한 사기, 도둑질'밖에 없다는 것을 국민들도 알고 있어요, 그런데 워낙 매스컴 등에서 쌍나팔로 떠들어 대니 따라갈 수밖에…

e : 그러니 늘 울고불고, 피 흘리고, 나라를 뺏기고, 주변국들의 전쟁터 역할에다, 모두 다 죽이고 난 뒤에야 '아―'식이고, 참으로 불쌍한 민족입니다.

r : 제도개선에 대해 좀더 구체적인 설명을 해주세요.

s : 지난번 '개헌안'에서 말씀드린 대로입니다. 우선 '한탕귀족을 뽑는 선거를 폐지'해야 합니다. 그리고 '국가수반회를 통한 '목숨을 건 감시 및 감사제도를 구축'하는 것입니다. 동서고금을 막론하고 '권력자 경계'는 아무리 강조해도 지나치지 않습니다.

e : 그렇죠. 현재의 '한탕귀족 선거제도'는 '감성적이고 교만한 우리 국민
  성'에 전혀 맞지 않는 제도입니다. 그동안 그자들의 횡포와 부정부
  패와 책임도 지지 않고 죄책감도 전혀 없는 '패거리 한탕귀족들'만
  생산해왔죠. 오로지 票에만 정신 팔린 '한탕귀족 선거제도'가 바로
  나라를 갈기갈기 찢는 원흉이었습니다.

r : 맞아요. 이미 그자들의 '세력투쟁으로 인한 내분현상'은 온 국민을
  갈래갈래 지역병, 이념병으로 찢어놨을 정도로 '정신병적'입니다. 결
  국 '또다시 나라를 말아먹을 지경'에 이르렀습니다.

s : 지금과 같이 입법, 행정, 사법의 3권분립은 유지해야 합니다. 최고의
  권한을 '국가수반회'에 두고, '대통령'이나 '국회의원' 등 정치인들을
  없앤다는 것이죠. 아직 심사숙고를 좀 더 해야 하는 부분이 있는데,
  헌법재판소 등의 역할을 '국가수반회'에서 맡고 모든 감시·감사기관
  을 비롯한 국군통수권 및 국방부는 '국가수반회'에 두는 것이 좋다
  고 생각합니다.

r, e : ….

s : 그리고 이미 각부의 공무원들이 있습니다. 잘못되고 부정부패
  의 온상이 된 '선거제도'보다, 평생을 몸담을 각오로 국가에서 주
  관하는 '시험을 통과한 공무원들'이 훨씬 지혜스럽고 도덕적이
  고 애국적입니다. 그들이 진정한 '국가의 공인'이고 '국민의 대
  표'입니다. 말씀하신 대로 지금의 국회의원 뽑는 제도는 간땡이
  만 큰 '4년짜리 임시직인 패거리 조직폭력단'을 뽑는 제도입니다.
  그리고 '국가수반회'는 각 부를 중심으로 하여 20~30명 정도로, '경
  륜과 건강과 심성'을 중점적으로, '지역균등', '각 부 균등', 그리고 '산
  업별 균등' 등을 원칙으로 하여 '후보자들 중 지원자를 원칙'으로 뽑

나我란 없다!

는다는 것입니다.

r, e : ······.

s : 우선 '국가수반회'와 '각 부의 지도층'과 '국가의 녹을 먹는 자
들'에 대한 최우선 감시, 감사사항은, 첫째, 파벌화 엄벌, 둘
째, 반국가·반사회적 행위 엄벌, 셋째, 부정부패 엄벌 등입니다.
여기에 국가수반회원들은 막강한 권력을 가지는 동시에 반드시 '가
족, 친척, 재산 등 모든 것을 버리고', '목숨마저 국가에 바치는' 엄격
하고 아주 힘든 자리입니다.

r : 이미 가족과 재산과 목숨마저 국가에 바치고 업무에 임하는 '국가수
반회'라! 가슴이 벅차오릅니다!

e : 그렇습니다! '권력'이란 총. 칼. 핵무기보다 더 위험합니다. '권력자 경
계'는 아무리 엄격하게 해도 지나치지 않습니다. 중국은 지난 몇 년
간 'AI를 이용한 감시시스템'으로 비리공무원 약 9천 명을 적발했다
고 합니다.

s : 새로운 제도하에서도 자동으로 철저하고 엄격하게 감시체계가 이루
어지도록 더 연구하고 노력해야겠죠.

e : '생선가게의 고양이들인 한탕귀족들'에게 'AI감시시스템 권한'을 주면
더 큰일입니다. 새로운 제도하에서도 이미 목숨 등을 바친 '국가수
반회'에만 AI감시시스템이 운영되도록 해야 합니다.

s : 그런 시스템은 국가수반회가 맡아야겠죠. 국가수반회는 입법, 사법,
행정부 등의 '직무 범위를 초과하는 부분'을 결정하고, '각 부를 비롯
한 국가를 감시·감사하는 기관'입니다.

e : 그런데 너무 '경찰국가' 냄새가 나지 않나요?

s : 중국 역사상 최고의 태평성대라 했던 '강건지치'의 토대를 이룩한 '옹정제'는 대신들을 비롯한 중앙귀족들과 지방호족들까지 철저히 관리·감독을 한 것으로 유명합니다. 심지어 전국에서 올라오는 수많은 상소문을 직접 읽고 검토하면서도 3~5일을 넘기는 경우가 없었다는 것으로도 너무 유명합니다. 인간의 오욕칠정을 다스리는 방법은 2가지라고 생각합니다. '법·제도에 의하는 방법'과 또 하나는 '살신성인, 즉 절제·겸허의 문화'입니다. 작금의 한국은 권력자를 포함한 지도층이나 민중들이 너무 감성적이고 교만하고 고집과 아집에 빠져있습니다.

r : 맞습니다, 옹정제는 과도한 업무로 57~8세쯤에 승하했다지요. 정말 '살신성인'의 표본입니다!

e : 민중들의 입맛을 교만하게 길들인 자들이 바로 선거 때마다 미쳐 날뛰는 한탕귀족들입니다. 이제는 민중들의 분출되는 욕심에 그자들마저 쩔쩔매고 있습니다. 이게 나라입니까?

s : 모두가 '죽어야 산다(살신성인)'는 각오로 임해야 합니다!

나我란 없다!

24
우물 안 개구리들의 패권쟁탈전!

민초들의 생활이 심상치 않다. 요즘 너무 암울한 뉴스만 나오며, 나라 안팎이 불안 불안하다.

최근 뉴스에, '투자지표가 20년 만에 가장 긴 감소세를 나타내고 있다', '작년 9월보다 수출이 8.2% 감소했는데, 추석 연휴가 끼인 게 원인이다. 그러나 그 내용을 자세히 들여다보니 소규모 3개 종목 외에 조선업 자동차 등 굵직한 업종들은 수십 퍼센트씩 감소했다.' '내수부진에 이어 우리나라의 유일한 강점 부분인 수출에서도 먹구름이 드리워졌고 한은을 비롯한 각 기관에서 내년도 경제성장률 전망치도 하향조정했다.' '명품 소비량이 세계 4위국이다' 등등. 그러나 언제나 그랬듯이, 한 탕귀족들은 서로 "니 탓이다!"를 외치고 있다.

왜, 외제에 목을 맬까? 쥐뿔도 없는 나라에서 허황된 외제차, 허황된 명품, 허황된 외제가구 등을 왜 우리가 가장 많이 사줘야 하나? 겨우 인구 5천만인데. 더구나 전월세, 임대주택에 살면서 외제차 등을 가지고 있단다. 웃긴다! 그런 폭리의 외제품을 사게 되면, 그 업체들과 그 나라의 경제와 고용률이 높아지고 발전하는 반면에, 우리의 경제와 고용률 등은 낮아지게 되어있다.

특히, 요즘 그 외제품들은 본국의 장인들이 만드는 것은 거의 없고, 대부분 동남아 등의 지역별 거점공장에서 생산되거나 조립되는 것들이라고 한다. 그런데도 외제품이라면 '혹'하고, 그 영향으로 국내 경제 및 취업난에는 불평하고 '헬조선'하며 폄하한다. 조금만 잘못되도 "으쌰 으쌰"를 하고 남 탓을 잘하는 국민성인데, 지들이 사용하는 외제에는 관대하다. 작금의 우리 사회는 이렇게 염치도 없고, 반성과 자각이 없는 사회이다 보니, 모두 "네 탓이다!"를 외치기만 한다. 왜, 허파에 바람만 잔뜩 들어가서 누워서 침을 뱉을까? 참으로 근시안적이고 허영이 가득한 국민성이다.

옆나라 일본을 보자. 그들은 '절제와 겸허'를 하는 이성이 있다. 그들은 자국산 애용률이 세계 최고이다. 그러니 그들은 세계 2위의 경제대국이 된다. 일본에서 며칠 여행하는 동안 한국차를 딱 1대 봤다. 정말 기분이 씁쓸했다! '자국산품 애용'이 결국 나 자신을 살리고, 우리 자식들을 살리고, 우리를 살리는 원동력이란 걸 정말 모를까?

뿐만 아니다, 며칠 전 "햐! 일본은 세계최초로 소행성에 탐사 로버 착륙을 성공시켰다. 일본의 기술이 저 정도면 아마도 탄도미사일 정확도와 거리 등에 있어 세계최고이고, 미국 등 어느 나라보다 뛰어날 것이다!"라 했더니, 옆에서 처(妻)가 "일본은 소리 없이 저렇게 군사력을 키우고 있는데, 우리는 오히려 평화무드에 자기 도취되어 스스로 무장해제를 하고 있으니, 쯧쯧." 했다. 또다시 이성적인 일본 국민성에 패배감을 느꼈다.

명품? '명품'이 어디 있나? 자기 수준과 계획 하에 잘 구입하고 잘 사

나我란 없다!

용하고 잘 관리하면 '명품'이지. 그런데도 '빨대들'과 '유명인들'이 앞다투어 명품과 외제품을 사고, 세계의 1, 2위 국가들만이 즐기기도 힘든 호화스러운 것들에 빠져있고, 이제는 모든 시민들에게까지 전염시키고 있다. 귀족이니까? 쥐뿔, 귀족 '귀' 자도 모르는 것들이!

지도층들의 정신상태가 이 정도이니 나라를 빼앗기고 피를 흘리지 않겠는가? 결국 쥐뿔도 없는 나라를 근시안적인 한탕 귀족들과 중개사 이완용들이 다 빨아먹고 있다. 이제 뼈도 남아있지 않을 지경이다. 막무가내로 외제를 금지하자는 말은 아니다. 이성적인 구매를 하라는 것이다. 한탕귀족들은 선거 때마다 달도 별도 다 따주겠다고 하고, 매국 중개사들은 돈 몇 푼 번다고 외제품 팔이에 침을 튀겨가며 세 치 혀를 놀리고 있다. 결과는 누워서 침 뱉기다. 인간은 '절제와 겸허'를 하지 않으면, 왕후장상마저도 패가망신한다고 했다. 쥐뿔도 없는 우리는 이제 정말로 '겸허하고 절제'해야 한다.

이런 상황에도 빨대들은 "이대로!"를 외치고 있다. 오래된 중앙귀족, 지방호족들은 혈세 등으로 너무 게걸스럽고 기름진 생활을 해오고 있다. 여기에 초년병 귀족, 호족들의 준비 안 된 실습비 삽질금액도 천문학적이다. 더욱이 천문학적인 각 정권들의 냉탕온탕 패악질 등은 말할 것도 없고, 지자체장·의원이 생기자마자 너나없이 수백 수천억씩 들여서 지은 국내에 수백 개의 시·도·군·구청 청사를 봐라. 게다가 수백억을 들여 한 번도 사용 못 한 월미도 모로레일, 00공항, 00기념관, 00연구소, 00레이싱코스, 수천억 원을 낭비하고 무용지물이 된 틸팅열차, 해무열차, 삽질 외유 등등.

잘못된 '정치제도의 폐해'는 어제오늘의 일이 아니다. 우리는 식민수탈을 벗어난 지 불과 74년밖에 안 됐다. 6·25전쟁의 잔혹함을 겪은 지는 66년밖에 안 됐다. 3·15를 비롯한 부정선거는 선거 때마다 난리를 치고, 이제 그들의 권모술수가 너무 진화하여 나라 기둥뿌리를 뽑을 정도를 이미 넘었다.

그들의 '우물 안 개구리식의 패권쟁탈전'이 가져온 IMF 사태! 연평도 포격사건과 천안함 폭침 사건 등을 야기시킨 섣부른 불장난. 더욱이 조폭보다 추잡한 한탕귀족들의 '패거리 갑질 악습'과 '패권쟁탈' 문화로, 국민을 '지역병, 이념병, 한탕병 정신질환'과 '내홍'에 빠지게 한 것이 가장 큰 문제이고 거의 치유 불가능에 이르렀다. 우리는 왜 이렇게 우물 안에서 서로 싸우다, 외세에 한입에 갖다 바치거나 엄청난 피를 흘릴까?

국가를 위해서 헌신은커녕 자기들의 영화에만 눈먼 한탕귀족들, 그렇다고 인적자원이나 제도가 타 국가들에 비해 좋나? 왜, 국정 감사자를 국회의원으로 국한시켜야 하고, 감사 기간도 1년 내내 해도 부족할 판에 찔끔하는 척일까? 그러니 각 정권의 삽질 금액은 천문학적으로 국민의 등골을 후벼 파고 있지 않나? 왜, 이러한 잘못된 제도가 있어야 하나? 한탕귀족들의 예우를 위하여?

가장 문제는 우물 안 개구리 식으로 사람들을 모으고 줄 세우기에 혈안이 된 '패거리 정치제도' 때문이다! 가장 문제는 나라를 빼앗기고 수백 차례 국민의 피를 흘리게 한 우물 안 개구리식의 '패권쟁탈전' 때문이다! 왜, 우리네 귀족, 호족들은 세계를 무대로 패권쟁탈전을 하지 못할까? 아니, 왜 꿈도 못 꿀까?

뭐 눈에는 뭐밖에 안 보인다더니, 고기 맛을 본 한탕귀족들과 고기 맛을 보려고 엄청나게 줄을 서고 있는 떨거지들을 봐라! 게다가 어지러

206
나我란 없다!

운 제도와 생활형편으로 점점 말라가며 침묵할 수밖에 없는 양들도, 이제는 갈래갈래 줄을 타며 제법 술수를 사용하는 지경에 이르고 있다.

한편으로는 "오죽하면…" 하면서도, "참으로 미개하고 현혹 잘되고 시기와 질투를 잘하는 근시안적인 국민성이 아닌가?"라며 한탄하지 않을 수 없다. 이제 한탕귀족들과 똑같이 대다수의 시민도 불나방이 되고 있다. 여기에 점점 세계 경제가 더 어려워지니, 무역의존도가 높은 우리 경제는 더욱 급격히 어려워지고 있다.

솔직히 생각해보자. 현 제도 아래에서 누가 어느 패거리가 패권을 잡아야, 이 국가와 국민을 살릴 수 있을까? 없다면, '한국'으로 살아남는 게 좋을까, 강대국에 팔아 넘겨지는 게 좋을까? 이러한 '세력다툼'과 '패권쟁탈전'과 '내분의 정치'를 결코 용서하면 안 된다. 계속 이런 식으로 '분열과 다툼'으로서만 끝나면 절대 안 된다. 엄격한 '제도'와 함께 '국민성'을 뜯어고치지 않으면 희망이 없다. 그 첫째가 정치인을 없애야 한다. 그리고 국가의 대사를 결정하고 리드할 '탑 브레인(가칭 국가수반회 또는 권력자 경계진)'이 반드시 있어야 한다. 감정과 욕심 찬 패거리 세력다툼의 정치는 이제 더 발붙이면 안 된다.

우리나라는 큰 나라의 일개 주(州)에도 못 미치는 조그만 나라이다. 우리는 충분히 할 수 있다!

25
Thunderstorm beam(번개벼락 폭탄)

이번에 미국 오바마 대통령이 아시아 순방길에 한국을 방문했다. 개인적으로 오바마 대통령을 좋아한다. 선한 언행과 외모에 현자의 풍모를 지녔다. 그리고 그는 분명히 '슬픔과 아픔'을 아는 세계 최고의 리더이다. 누차 말하지만, 현실 팽창의 세상에서는 독하고 잔인할수록 높은 지위에 오를 수 있지 않은가.

그런데 좀 아쉬움이 남는 대목이 있다. 동맹국 조항까지 들춰내며 센카쿠(다오위다오)섬을 지켜낼 것을 약속한 것에 반해, 우리의 독도에 대하여는 '침묵'으로 지냈기 때문이다. 약소국의 서러움을 또 한 번 느꼈다. 중국은 발끈했다. "포클랜드 섬은 아르헨티나의 것"이라며, 중국과 일본과의 분쟁문제에 세계의 경찰 미국이 일본 손을 들어주는 게 화가 날 것이다.

그런데 우리의 독도는? '동맹'이라면서… 꼬우면 강대국이 되라고! 지금부터 감정이 실린 상상을 해보겠다.

크림반도를 두고 러시아, 우크라이나, 미국을 비롯한 서방세계가 첨예하게 대립하고 있다. 만약 중국이 러시아와 군사동맹을 맺는다면 누구도 부연할 수 없는 신 냉전(新 冷戰) 시대로 돌입하게 되는 것이리라. 거기에 무슬림 국가들도 있다. 물론 러시아가 뒤로 미국의 혜택을 받으며 아프가니스탄, 이란 등에 등을 돌린 적이 있기에, 중국과 달리 러시아는 무슬림 국가들에게서 많이 신뢰가 떨어진 것은 사실이다. 그러나 아직 많은 무슬림 국가들이 러시아와의 관계를 희망하고 있기도 한 실정이다. 어쨌든 중국, 러시아, 무슬림 국가들이 군사동맹을 맺는다면, 비록 지배자 프리메이슨의 우위를 앞지를 수는 없을 것이지만, 그 위력은 상당할 것이다.

또 우선 먹는 곶감이 달다고, 지배자들은 아시아에서 그들의 앞잡이 행세를 하는 일본을 예뻐하고 있지만, 일본처럼 줄곧 불안을 느끼며 끊임없이 '전쟁준비'를 하고 '기습습격'을 좋아하는 '호전적인 국가'는, 언제 어떻게 제2의 진주만 습격과 같이 믿는 도끼에 발등을 찍을 수도 있다는 것을 그들도 알고 있을 것이다.

한편으로 노스트라다무스의 예언만이 아니라 일본은 내심 자신들이 '세상 최고'라 생각을 하며, '신(神)들이 보호'할 것이라 착각도 심하게 하고 있다. 이러한 상상들은 실현 가능성도 희박할 뿐더러 위험한 발상일 수도 있다. 그러나 누구나 이런 생각은 할 수도 있고, 나름 준비도 하고 있을 것이다. 우리처럼 '자중지란'에 빠져 그러한 기본마저 안된 나라들이 문제인 것이다.

여기에 질문이 있다. 그래도 기존 질서를 유지해오던 미국 등의 프리메이슨들이 세상을 계속 통솔하는 것이 나을까? 아니면, 새로운 미·중·소 냉전의 시대가 더 좋을까?

물이 고이면 썩는다고 한다. 그래서 이제 더 이상 '일방통행'은 지겹고 좀 더 견제도 있는 것이 낫다고 생각할 수도 있다. 반면에 '고기도 먹어

본 놈이 고기 맛을 안다.'고 때로는 불합리가 있지만, 줄곧 명예를 존중해온 '이성적인 미국의 통제'가 낫다고 생각할 수도 있다. 자칫 늑대가 무서워 피하다 보니 범을 끌어들일 수도 있다는 말이다. 그러나 미·영이든 중·소든 별로 우리에게는 관심도 없을 것이며, 우리도 누구에게든 절대로 과하면 안 되고 '부국강병'의 준비를 철저히 해야 한다. 이미 많은 국가들과 시민들도 이제 세상의 흐름을 이해하기 시작했으며, 과한 냉전이나 과한 통제에도 불만이 많이 쌓여가고 있다. 이제 세상은 많은 곳들에서 상당히 민감해졌다.

미국의 통제를 벗어나 항시 불합리가 상존하는 독도의 문제는? 오바마 대통령의 조언대로 외교로써 풀어라? 외교로 풀어질 문제가 아닌 것 같다. 이미 일본은 학생들에게도 독도를 자기네 땅이라 세뇌하기 시작했다. 그 얼마 되지 않는 독도가 문제가 아니라, 어린애들까지 정신질환 교육을 주입시키고 있다는 것이 문제이다.

네루 수상께서 일찍이 말씀하신 대로, 호전적인 일본은 기습습격을 잘하고, 또 '미래의 침략'에 대비하여 항상 꼬투리 될 만한 것들은 끝까지 물고 늘어지기 때문이다. 더욱이 자자손손 싸움의 빌미를 만든다는 데에 문제가 있다는 것이다. 과거의 잘못을 시인하고 사과하기는커녕, 일본은 끊임없이 먹잇감의 허점을 노리며 '전쟁준비'를 잘하는 '정신질환'을 갖고 있다. 항상 불안을 안겨주는 천재지변 등으로 그런 질환에 걸릴 수도 있다. 정말 누군가 얘기했듯이 독하고 잔인한 개코원숭이를 닮았다. 우리를 40여 년간 식민지화하고 더욱이 내전을 유발시켜 민족을 갈기갈기 찢어놓은 일본! 일본은 위안부 문제를 승자의 권리로써 미국의 그것과 동일시하고 있지만, 분명히 다르다는 것을 그들은 알아야

한다. 기습 침탈에 이은 계획적이고 상습적인 위안부 설치와 성노예화
는, 연합군 지원국으로서 일부 미군들의 일탈행위와는 근본적으로 다
르다.

해결책은 없을까? 신(神)? 神은 이미 죽었다! 제 팔은 제가 흔들어야
한다. UN, 미국 등을 너무 믿어서는 안 된다. 미국은 우리와 혈맹관
계라고 하지만, 일본과는 더 친한 관계인 것이 자주 드러난다. 그리고
6·25전쟁 때나 지금의 중동, 아프리카처럼 실컷 얻어터지고 잿더미가
되고 나서, UN 등이 구하러 오면 뭣하나? 흘릴 피 다 흘리고 잿더미 된
후에 올 거 같으면, 오히려 싸우기 전에 상대방에게 모든 것을 내주는
편이 훨씬 더 낫다. 폐허에 주검과 피가 산과 강을 이루고, 또 전후(戰
後)에 서로 갈라져서 두고두고 으르렁거리고, 주변 강대국들이 수십 년
동안 양쪽을 이간질시키며 이용해먹는 것보다는 오히려 '무혈헌납'이 훨
씬 더 나을 것이라는 뜻이다.

세상을 둘러보고 역사를 살펴보자. 늘 독하지 못한 마음씨에 준비성
도 없고 교만하고 게으르고 국민화합이 안 되는 국민들은 '자중지란'에
다 줄곧 엄청난 피해를 입고 있다. 우리나라, 중남미국들, 동남아국들.
특히 아프리카국들은 이루 말할 수도 없다. 엄청난 죽음으로 혈육이 끊
어지고 정말 허덕이고 있다. 더 큰 문제는 이 어려운 상황을 오히려 즐
기고 이용하며, 피해국들의 자중지란을 일으키게 하며 등골을 빼먹는
'강대국'들이다. 가장 큰 문제는 한 치 앞도 모르는 국내의 '표병자(票病
者)'들이지만.

神이 죽었으니, 원숭이를 잡아먹는 '침팬지'를 개발하면 어떨까? 역사
이래로 무기가 한발이라도 앞서고 문화가 뛰어난 국가들이 세상을 지배

해왔다. 그렇다. 우월한 무기가 바로 침팬지가 될 것이다. 그러면 나약한 국민들도 '우물 안 개구리'보다는 '능동적이고 진취적인 기운'이 되살아날 것이다.

핵우산과 미사일 사정거리 제한 등을 뛰어넘는 가공할 '*Thunderstorm beam*(번개벼락 폭탄)'을 자유자재로 이용할 수 있는 기술을 만들면 된다.

또는 초경량 고성능 배터리를 이용한 모기만 한 드론을 만들면 된다.

또는 컴퓨터 바이러스를 백업 오프라인까지 침투하는 *SW*를 개발하면 된다.

또는 지각의 변동을 마음대로 움직이게 할 수 있는 지각변형 로봇을 만들면 된다.

또는 구름의 이동을 용이하게 하여 인공 폭우를 만들면 된다.

또는 일제강점기 우리 선조들이 당했던 생체실험 731부대보다 더 강력한 *AIDS*, *AI*(조류 인플루엔자), 메르스, 돼지 콜레라 등의 균을 만들면 된다.

또는 강물이나 연해안 수 *km* 내에 *0.1kg* 정도만 떨어뜨려도 수십만 명을 살상할 수 있는 독약을 만들면 된다.

화생방은 국제법상 금지되어 있다고? 그렇다고 과연 호시탐탐 노리는 호전적인 국가들은 개발하지 않을까? 순진한 척한다고, 어느 놈들이 우리를 지켜주겠는가? 우리는 지배국들처럼 기축통화의 힘과 금융, 군사력, 매스미디어, 정보, 경제 등을 이용하여 각 나라의 '자중지란'을 일으킬 능력은 요원하지 않는가.

그게 무리이면, 좀더 현실 가능한 것들을 개발해볼까? 다양한 '첨단 로봇'을 만들면 된다. '초전도체' 같은 획기적인 기초재료를 만들면 된다.

나我란 없다!

'에너지 재생산업' 등에 획기적인 시스템을 만들면 된다. 이제 세상의 전쟁은 양상이 달라졌다. 이제는 전시, 평시가 따로 있는 게 아니고, 평시가 전시보다 더 잔인할 수 있다. 21세기는 눈에 안 보이는 국가 간의 경쟁이 극에 달한 시기이다. 항시 정신 바짝 차려야 한다!

26
미인열전

세상에는 잘난 자들이 너무 많다. 세상사의 표본이라 할 수 있는 중국 주나라 전후 약 3천여 년 동안의 이름난 미인(악녀)들을 간략하게 보기로 하자.

진(陳)나라를 망하게 한 하희

원래 하희는 음탕한 풍속의 鄭나라 정목공의 딸로 陳나라 대부 하어숙(株林의 태수)의 아내였다. 하희는 절세미인이었을 뿐 아니라 요염하고 음탕한 여자였다고 한다. 하희는 교정할 때마다 남자의 양기를 충분히 흡수해서 그걸로 자신의 음(陰)을 보충했고, 그래서 하희는 늙어갈수록 도리어 젊어졌다고 한다. 하희의 성교비법은 '소녀채전지술(素女採戰之術)'이라 했다. 하희가 아직 출가하지 않고 鄭나라에 있을 때 정령공의 서형(庶兄)인 공자 만(蠻)과 깊은 관계를 맺고 있었다. 공자 만은 여동생뻘 되는 하희와 상간(相姦)해온 지 3년 만에 기운을 잃고 요사(夭死)했다.

하희와 하어숙과의 사이에서 난 아들이 하징서였다. 하징서가 열두 살 되던 해에 하어숙도 기운이 빠져서 죽었다. 과부가 된 후에도 하희는 가끔 서방질을 했다. 대부 공녕과 의행부도 예전 하어숙과 같이 벼슬을 하며 친했었다. 그래서 공녕과 의행부는 여러 번 하어숙의 집에서

나我란 없다!

하희의 아름다운 자색을 본 적이 있었다. 하어숙이 죽은 뒤, 마침내 공녕과 의행부는 서로 하희와 교정을 통했고, 급기야 뒤에는 체통도 예의도 없던 임금 진령공과도 하희는 놀아나게 된다. 진령공은 이를 눈치챈 하희의 아들 하징서에게 사마(司馬:그 나라 兵權을 잡는 직책)의 벼슬을 준다. 이에 눈치를 챈 대부 설야를, 같이 놀아나던 공녕과 의행부가 함께 죽인다. 정직한 대부 설야의 바른말이 싫었기 때문이다. 결국 보다 못한 사마 하징서가 진령공을 죽이고, 이때를 틈타 초(楚)장왕은 陳나라를 공격하여 하징서도 죽이고 陳나라를 빼앗아 버린다.

은왕조(殷王朝) 주왕(紂王) 때 달기

은왕조 마지막 황제 폭군 주왕을 더욱 부채질하며 더욱 잔학하게 세금 등으로 가렴주구(苛斂誅求)하며 백성들의 목숨을 가벼이 하여 결국 은왕조(殷王朝)도 막을 내리게 만들었던 미녀 달기.

唐 太宗(李世民)의 셋째아들 당 고종의 측천무후(側天無后)

당 고종의 정처 왕황후의 질투가 불러일으켜 잔인하고 오로지 권력욕밖에 몰랐던 무광(측천무후)을 궁에 들여옴으로써 피바람이 일어난다. 황제의 신임을 얻기 위하여 자신이 나은 아이까지 죽이는 무광. 잔인하게 폐황후 왕씨도 죽이고, 왕황후가 질투했던 소숙비도 잔인하게 죽인다. 자신이 낳은 황태자도 독살하고 뒤이은 황태자도 죽인다. 심지어 자신의 7번째 아들 철이 황제가 되었는데 2개월도 못되어 황제가 멀리 쫓겨난다. 그리고 자신을 신성황제(神聖皇帝)라 하고 여덟 번째 아들 단을 황제(예종)에 올리며 성을 李씨에서 武씨로 바꾸며, 당나라를 周나라로 바꾼다. 女帝 집권 16년 82세에 죽는다. 측천무후가 죽은 뒤에도 여인천하는 계속되는데, 당 중종의 정처 위씨와 측천무후의 딸 안락공주가 합세하여 중종을 독살하는 등 어지러웠다.

중국왕조를 멸망시킨 서태후

만주족 출신 서태후는 미인이라기보다는 욕심의 화신이었다. 운 좋게 함풍제의 후궁으로 들어가서 목소리로 함풍제의 눈길을 끈 여자. 거기에 만족하지 않고 권력욕을 채우기 위해서 주변인들과 황태자들과 자식도 서슴지 않고 죽여나가는 '잔악한 악마의 화신'이었다.

결국 자신의 즐거움과 사치와 욕심을 추구하다 나라를 엉망으로 만들고 서방의 침략과 아편전쟁을 불러일으켜 나라를 혼란에 빠트리고 청왕조뿐만 아니라 중국왕조까지 막을 내리게 한다.

이외에도 한고조 유방의 처 여태후, 여불위의 애첩 조희, 수문제의 애첩 선화부인, 오나라를 멸망시킨 미인 서시, 서진을 멸망시킨 가남풍, 초선, 포사, 양귀비 등등 많았다. 역사는 말한다. '권력'이란 누가 쥐어도 무서운 것이다(김정은처럼 어린 20대가 권력을 쥐어도 3천만 인구와 주변국들이 벌벌 떨게 된다)! 가녀린 여인네의 손에 권력이 쥐어져도 이렇게 피바다가 되고 세상이 벌벌 떨었던 사실을 기억하자. 특히 여성은 미모 그 자체가 권력이 될 수 있다. 올바른 자가 권력을 쥐면 사회가 안정되고 평화롭지만, 부정하거나 욕심 많은 자가 쥐면 엄청난 사람들이 피를 흘리며 사회와 국가가 패망한다. 권력은 '총, 칼, 핵'보다 더 무서운 것이다!

(김구용 선생의 『동주 열국지』, 고우영 선생의 『십팔사략』, 에드워드 베어와 이희구 선생의 『마지막 황제』 참고)

27
통일(2)

현실은 참으로 어렵고 부조리한 세상이다. 특히 강대국으로 둘러 쌓여있는 한반도는 더욱 그러하다. 우리 주변의 강대국들은 분단된 한반도를 어떻게 생각할까? 그들의 생각과 시야는 우리와 동일할까? 어떻게 해야 많은 국민들이 또다시 헛되고 억울한 피를 안 흘릴 수 있을까? 설마 또다시 나라를 빼앗기지 않겠지…? 남북통일은 할 수 있을까? 남북통일은 하는 것이 좋을까? 한반도는 꼭 한 국가로 존재해야 했을까? 전후 남·북한의 체제는 과연 안전했을까? 더 나은 체제는 없을까?

한반도는 춘추전국시대의 '정(鄭)나라'처럼 지정학적으로 너무 위치 좋은 곳에 있어, 줄곧 주변 강대국들에게 시달릴 수밖에 없는 상황에 있다. 이런 위치에서 굳이 한 국가로 지키려는 것이 국민들의 피를 덜 흘리게 만들까, 아니면 더 나은 체제로 가는 것이 피를 덜 흘리게 될까? 한 국가로 유지할 경우 '위정자들을 비롯한 지도층'들이 재미있을까, '하위 계층들의 시민'들이 재미있을까? 위정자들을 비롯한 지도층들은 치세(治世)든 난세(亂世)든 '한반도 같은 국가는 얼마나 위험한가?'를 항상 염려하며 유비무환 할까, 아니면 우물 안의 개구리식으로 '인생에 좋은 자리' 한번 차지해본 것에 만족하며 살까?

누군가 말했다. 한반도는 역사상 구백몇십 번을 침략을 당하고 한 번도 침략을 한 적이 없는 나라라고 했다. 그러한 피해의식이 많아서 그런지 몰라도, 우리는 주변을 정확히 파악하지 못하고 대등한 국가로서 '자존심'만 세우려다 더 많은 침략과 위기를 맞고 더 많은 피를 흘렸다.

누구를 위한 피 흘림이고, 무엇을 위한 피 흘림일까? 사심(私心)이 가득하고 철없는 위정자들과 지도층들만의 문제가 아니다. 이제 사심(私心)이 가득하고 철모르는 '으쌰으쌰'들마저 난립하여 한탕을 노릴 뿐 아니라, 가장 문제는 온 국민들이 그들에게 현혹되어 '정신병(지역병, 이념병, 한탕병 등)'이 매우 심해졌다는 것이다. 그 결과 좁은 땅덩이의 나라가 남북만이 아니라, '남북에 동서에 사방팔방'으로 갈기갈기 찢어지고 있다. 이렇게 되면 단순히 피를 흘리는 차원이 아니라, 모두가 또다시 '노예생활의 식민지'를 당하거나, 아예 나라를 잃을 수밖에 없을 것이다.

특히 한반도 같은 지역에서 국가 체제는 과연 최선일까? 한반도를 '세계인의 땅'으로 공개하면 어떨까? 작금은 세계의 인구포화상태가 정점을 찍었고, 교통 통신 등의 발달로 세상이 가까워졌고 많이 오픈되었다. 이제는 힘 있던 英·美 등 한두 나라의 경찰력도 많이 퇴색되었다. 게다가 현세의 부조리함에 대하여 곳곳에서 저항하고, 형평성을 요구하며 욕구를 분출하는 곳들이 점점 늘어나고 있다.

물론 또다시 경찰국가를 담당할 능력 있는 국가들이 나타날 수도 있다. 그러나 세상은 서서히 가진 자들이 지탄받게 되고, 이긴 자들이 오히려 지게 되는 풍토로 변해가고 있다. 그러나 '세계인의 땅'으로 내놓으면, '선망의 지역'으로 모든 세상 인들의 제2의 고향이 될 것이고, 평화의 땅이 될 것이다.

나我란 없다!

이렇게 하면 어떨까? 다시 한번 강조하건대, 몇 년 전 제안한 것처럼 세상 최초로 한반도를 특정 이념이나 위정자들의 국가가 아닌 온 세상 사람들이 마음껏 드나들 수 있는 '국제 자유화 지역', 아니 '세계인의 땅'으로 개방하면 어떨까? 한 도시의 수준을 넘어 한 국가를 '세계인의 땅'으로 내놓자는 것이다. 피부색, 이념, 종교, 철학 등 모든 것을 포용하는 '새로운 장(場)'을 우리가 먼저 열자는 것이다. 단, 여러 세계시민들이 또다시 억울하고 헛된 피를 흘리지 않도록 '불가침 및 방위력'은 보장되어야 한다. 모든 것은 자유와 시장원리에 맡기되, 침략이나 독식을 막을 '국방, 치안 및 세제' 등은 철저해야 할 것이다. '온 세계인의 땅'을 지향하는 곳에서 원칙과 법은 간단명료해야 하고 철저해야 한다.

무슨 '귀신 씨나락 까먹는 소리'냐고 반문할 수도 있다. 그러나 '요충지 한반도'를 독식하려면 체한다. 사실 니 땅 내 땅이 어디 있나? 좋은 것을 혼자 가지려 하면 항상 다툼이 생기게 마련이다. 입으로는 '천부인권설'과 '만인의 평등설'을 외치면서… 요충지 한반도나 이 세상은 '나'를 위해서, '우리'를 위해서 생겨난 땅이 아니다. 세상민 모두를 위해서 생겨난 땅인 것이다. 5천 년 역사 동안 아니, 약 8천 년의 세계사를 통하여 배우고 얻은 고귀한 가르침이다.

현재 세계 갈등의 골은 너무나 깊고 힘든 시기에 있다. 먼저 솔선수범하여 한반도를 시작으로 '온 세계인의 땅'으로 만인에게 개방하고 포용하자는 것이다. 우리 속담에도 '내놓으면 반드시 들어온다'고 했다. 덕(德)을 쌓으면 복(福)이 들어오는 것이다. 남북통일의 시발점이 아니라 세상통일의 시발점이 될 것이다.

'찢어진 한반도'는 절대 주변의 강대국들과 비교의 대상이 되지 못할 것이다. 어설픈 통일도 많은 고통과 후유증 등을 수반할 것이다. 한반도 전체의 크기나 상태도 절대 주변의 강대국들과 비교의 대상이 되지 못한다는 사실을 명심해야 하고, 항시 모두 '절제와 겸허의 이성적인 자세'로 살아가야 한다. 원래 나란 어디 있고, 내 것이란 게 어디 있나?

고양이(정치인)들에게 손바닥만 한 땅(어물전)을 맡겨서 지옥 같은 혼돈과 엄청난 피 흘림과 나라 잃는 수모를 또 당하는 것보다 낫지 않을까?

나我란 없다!

28
마지막 황제의 유언

죄송합니다!

국민 여러분께 큰 혼란을 안겨드리고 혼란을 제대로 통제하지도 못해서 죄송합니다!

능력도 없고 지혜도 없이 아버지의 후광으로 대통령 자리에 올랐는데, 그런 줄을 모르고 오로지 저는 특별한 사람이라고 착각한 것 같습니다. 솔직히 저는 제 어머니 아버지께서 흉탄에 쓰러지셔서, 저의 인생이 가장 불행하고 충격적이고 기이하다고 생각했습니다. 그 반면에 주위에 항상 조력자들이 있었고 대충 노력을 하면, 또 어둠 속에서 광명도 찾아오고 항상 해피엔딩으로 되는 줄 알았습니다.

이번 사건도 처음에는 제 잘못인 줄도 모르고, 평소처럼 남 탓인 줄 알았고 남 탓을 대기 시작했습니다. 하나둘씩 저의 치부가 드러나기 시작하면서 또 뭔가 부끄러움을 느끼기 시작했고, 통제마저 제대로 하지 못했습니다.

저는 이렇게 둔한가 봅니다.

한편으로 저의 고집과 변명 그리고 주변의 두둔 등으로, 요동치는 감정

속에서 그럴 수도 있지 않는가라는 안일함도 자리를 잡고 있었습니다.

저는 이렇게 고집도 센가 봅니다.

많은 시민들까지 가담한 시위를, 마치 시민들이 아직 저에게 격려와 용기를 주시기 위한 제스처로 착각도 했습니다.

저는 이렇게 미련한가 봅니다.

그런데 추운 날씨에도 불구하고 계속되는 대규모 시위와 국내외의 여론 등을 보며, '나'를 위하여 우주가 돌아가고 있지 않다는 것도 느끼기 시작했습니다. '나'를 위하여 국가와 국민이 존재하지 않는다는 것을 느끼기 시작했습니다. '나'라는 자체가 원래 없고, 보잘 것도 없다는 것도 깨닫기 시작했습니다.

저는 이렇게 교만하고 통솔력도 부족했던가 봅니다.

지도층들이 높은 자리에 오를수록 '욕심과 교만'에 차면, 그만큼 국민들의 고통도 더 커진다는 것을 뒤늦게 깨닫기 시작했습니다. 이제 우리나라와 주변 세상이 너무 위태로워졌습니다. 우리나라는 잘 사는 나라가 아닙니다. 우리나라는 그렇게 안전하지도 않습니다. 우리 국민들의 성향마저 이성적이지도 못합니다. 이에 반해 우리의 법과 제도에는 허점이 너무 많고, 저를 비롯한 지도층들의 욕심과 교만이 점점 커지고 '세력다툼'도 심해졌습니다.

이번 혼란도 한마디로 세력다툼이 원인이라 하겠습니다. 이미 국민 여러분들께서 눈치를 채셨겠지만, 이 기득권층들의 세력다툼은 골이 너무 깊고 너무 넓게 퍼져있어 국가와 국민들이 상당히 위험한 지경에 이

나我란 없다!

르렀습니다.

 상당히 위험합니다!

 사실 이런 '국가악습'에 대하여 많은 사람이 이미 알고 계시고 얘기들도 하고 계십니다. 항간에 떠도는 한 시민의 '개헌안'은 이번 일의 반성과 함께 많은 가르침을 가져다주었습니다. 이렇게 시민들이 저희 위정자들보다 오히려 생각과 염려와 애국심이 더 깊을 수 있다는 것을 깨달았습니다. 이번 사건을 계기로 저도 많은 것을 깨닫게 되었습니다. 그러나 시민들은 개헌이 아니라 어떠한 정치적 참여도 거의 불가능한 상황입니다.

 국회의원들도 과반수가 안 되면 개헌 발의가 불가능합니다. 그리고 그들은 자신들과 그 세력들의 욕심에 빠져있습니다. 부덕한 대통령이지만, 저는 아직 대통령이기에 가능하다는 생각이 갑자기 떠올랐습니다. 그 순간 저는 이번 기회가 수백 년 동안 잘못되어온 '국가악습을 폐지'할 수 있는 '최고의 기회'이며, 동시에 제가 '속죄할 수 있는 유일한 기회'라는 것을 느꼈습니다. 이번 기회를 놓치면 앞으로 영원히 불가능할 뿐 아니라, 점점 더 우리 국가와 국민이 혼란에 빠질 것도 느꼈습니다. 그 순간 저는 다시 한 번 '대오각성과 각오'를 다지게 되었고, 이런 기회를 갖게 해주신 데 대해 무한한 책임감과 함께 '감사함'을 느끼게 되었습니다.

 지금 저는 이 백해무익한 속칭 '빨대귀족 공화국'의 '세력다툼'의 악순환을 끊고자, 제 목숨과 함께 '이 개헌안'을 감히 내놓습니다.

> 첫째, 국민분열을 조장하는 '귀족, 호족을 뽑는 선거'를 반드시 폐지한다.
>
> 둘째, 국가기관(투자기관 포함)을 철저히 정비해서 유기체적으로 국가관리를 할 수 있도록 해야 한다.
>
> 셋째, 국가의 녹을 먹는 자들은 반드시 의무와 책임을 다할 수 있도록 '감시·감사체계'를 철저히 구축하고, 일반인들의 몇 배 이상 책임지는 법·제도를 만들어야 한다.
>
> 넷째, 국민투표는 이 모든 것을 심판할 때만 사용될 수 있도록 해야 한다.

제발 앞으로 저 같은 '대통령과 권력층'이 없어지도록, 이 개헌이 꼭 관철되길 기원합니다!

여러분의 건강과 행복이 항상 가득하시길 바랍니다!

셋

추억세상 편

01
쓰레기 제로화 운동

개, 고양이를 비롯한 동물들은 한평생을 오로지 먹는 것을 쫓으며 사는 것 같다. 심지어 그놈들은 배고플 때 그놈들이 싸놓은 것을 바로 먹기도 한다. 인간들은 어떠한가?

음식 중에서 근본이 물이라 했다. 물은 또한 생명의 근원이라고 했다. 우리 물의 원천인 강물을 보자. 혹시 우리는 우리가 싸놓은 똥, 오줌을 바로 먹고 있지는 않을까?

몇 년 전, 1985년도(?)의 리더스 다이제스트에서 미국의 식수문제가 크게 다루어진 적이 있었다. 강물을 식수로 사용하는 우리와는 달리 미국은 많은 지역에서 지하수를 식수로 사용하는 나라였다. 그런데 당시 미국의 몇몇 주에서 늪지대를 쓰레기 매립장으로 사용했는데 이것이 원인이 되어 지하수로 오물이 흘러들어 많은 사람이 피부병, 악성 농양 등에 감염되었고 큰 사회문제가 되었다. 급기야 해당 주들은 모두 지하수 사용금지령을 내렸고, 인근 주에까지 오물이 흘러들어 주들 사이에 분쟁이 발생하는 등 사태가 이만저만이 아니었다고 했다.

당시 우리는 우리나라가 경제적으로 좀 뒤처져있지만, 복 받은 나라라고 생각했다. 전 국토의 70% 이상이 산악지대로 산림에서 나오는 약

나我란 없다!

수와도 같은 물이 강으로 흘러들어 우리들의 무궁무진한 식수원이 되고 있다고 생각했다. 1970년대, 기름 한 방울 나지 않는 우리나라에 원유를 수출하고 있던 사우디를 비롯한 중동국가에서는 물 한 병값이 기름 한 병값의 두세 배에 이른다고 했다. 당시 우리는 우리의 청정수와 그들의 기름과 맞바꾸어 외화소득에 보탬을 주자고 했다.

그런데 불과 20~30년이 지난 우리의 상황이 어떠한가? 우리의 식수원인 강물은 전국의 어디를 막론하고 엄청난 오염으로 골치를 앓은 지 오래다. 그리고 이제는 우리나라의 거의 모든 가정에서 정수기를 설치하거나 생수를 사 먹고 있는 실정이다.

물론 상당히 오염된 물도 몇 번 거르고 독한 약품으로 소독하게 되면 어느 정도 사람이 먹을 수 있게 되어 사람이 당장 죽는다든지, 구토, 설사, 중병 등의 이상이 생기지는 않을 수도 있다. 그러나 정상적인 삶보다 수명이 짧을 것만은 확실하다. 국민의 건강도 분명 나쁠 것이다. 물론 이것도 운명이라고 한다면 어쩔 수 없는 일이지만.

찬찬히 우리 주변을 둘러보자. 이제는 우리가 싼 오물을 우리가 뒤집어쓰고, 먹고 마시고 있는 지경에 이르렀다. 작년에 우연히 어느 TV에서 방영된 자연 다큐멘터리 드라마를 보게 되었다. 대구 인근의 어느 산의 쓰레기 매립장 문제였던 것으로 기억한다. 이 산은 그렇게 높지는 않았지만, 주변 논밭에 둘러싸여 제법 우뚝 솟은 일단의 산들이었다. 나는 풍수를 그다지 믿지 않지만, 풍수를 하는 사람들은 누구나 천하의 명당자리라 할만한 자리였다. 그런데 급기야 이 산이 둥그렇게 능선으로 둘러싸고 있는 움푹한 곳에는 십수 년 전부터 쓰레기를 매립해 왔다고 했다. 또 남쪽(?) 방향으로 이어지는 산자락 부분이 도로개발로 끊어져 버려 그 일단의 산들만 남겨져 있었고, 그곳이 쓰레기 매립장으로 되면서 그 산들이 주민들로부터 외면당하고 있다고 했다.

방송국 직원들이 3개월여 그 산에서 숙식하며 촬영한 다큐멘터리는 '자연환경의 오염'을 잘 보여주고 있었다. 쓰레기가 매립된 부분 아래쪽 낮은 지역에는 쓰레기에서 나온 폐수와 빗물 등으로 야트막한 연못이 생겨났으며 그 결과 악취가 이루 말할 수 없다고 했다. 그 산에는 고양이, 오소리, 고라니 등의 동물들도 많이 살고 있음이 방송되었는데, 그곳 쓰레기와 물을 먹고 자란 동물들의 체내 중금속 함유량이 다른 곳의 동물들보다 5~10배 정도 많았고 그 동물들의 복부가 기형적으로 튀어나왔으며 수명 또한 같은 종류의 동물들보다 절반 정도 짧다고 하였다. 또 고라니의 경우는 한 마리가 살기 위해 상당한 크기의 산이 필요하다 했는데, 생존 투쟁에 밀린 동물들이 다른 곳을 가기 위해 도로를 건너려다 로드킬 당한 모습도 비쳤다. 그런데 가장 쇼킹한 부분은 그곳 쓰레기 매립장 연못 주변의 식물들도 실험결과 다른 곳의 식물들보다 수은, 중금속 등의 함유량이 7~10배 많다는 사실이었다. 새삼 우리의 먹거리와 건강이 어떻게 될지 걱정스러웠다.

이제 사람들의 건강과 수명이 의학의 발달에 달려 있다기보다 오히려 '환경의 오염'에 달려 있다고 해야 옳다. 이미 오래전부터 '쓰레기와의 전쟁'은 시작되었으며, 우리는 이 싸움에서 지고 있었다. 방관과 게으름과 공무원 등의 부패와 남의 탓 등으로…, 마치 암환자의 암세포가 말기 증세로 퍼지고 있듯이…, 환경오염의 주범은 남이 아닌 우리였다. 이제 우리들은 우리가 싼 오물들을 채 거르지도 못한 채 마셔대고 있는 것을 현실로 받아들이고 있는 경지에 이르렀다.

나我란 없다!

아파트 단지는 좀 나은 편이지만, 주택가 주변의 쓰레기 처리문제는 정말로 문제이다. 이웃 간에 인상을 찌푸리거나 다툼은 고사하고, 쥐, 고양이, 비둘기, 까치들이 얇은 종량제 봉투를 찢어서 음식물 찌꺼기들을 파헤쳐 놓아 악취는 물론 전염병의 문제가 새롭게 대두되고 있다. 특히 여름 장마철의 상황은 글로 표현할 수도 없다. 돈을 들여 간헐적으로 방역 소독차량을 돌려봐야 무슨 효과인가? 모두 자신들의 집안만 깨끗하고 간단한 소독을 하면 그만이라는 식이다. 인구가 늘어날수록 우리의 이기심과 무지에 환경과 건강이 속수무책이 됐다.

이제 균들도 각종 세제 등을 통하여 많은 내성이 길러졌음은 자명하다. 모기, 파리 등은 이제 한겨울에도 양지바른 곳에 몇 마리씩 눈에 띈다. 결핵, 말라리아, 콜레라 등 WHO(세계 보건 기구)가 십수 년 전에 없어졌다고 하여 해제된 법정 전염병을 몇 년 전부터 우리는 다시 법정 전염병으로 지정하지 않았는가. 아무리 인구가 많아졌다고 한들, 또 아무리 상업주의가 팽배해졌다고 한들, 과연 이렇게까지 될 수 있을까 한탄이 나온다.

한참 우리가 어려웠던 60년대에 못 입고, 못 먹고, 굶주리고, 그 열악한 환경에서 콧물을 줄줄 흘리며 시커먼 손과 발을 잘 씻지도 못하고, 주변에서 죽어가는 자들의 모습도 자주 보던 시절에도 이렇게까지 무질서하지는 않았던 것 같다. 자세히 보면 우리 환경오염의 문제는 1번부터 끝번까지 모든 것이 낙제점이다. 솔선수범하고 리드를 해야 할 지도층은 '환경청을 환경부로 승격만 하면 그만이고, 환경부는 지자체에 일임하면 되고, 지자체는 각 파트별로 세분화시키면 되고, 또 종량제 봉투를 만들면 되고, 문제가 불거지면 새로운 아이디어 공모를 하면 되고,

때가 되면 전 국민에게 환경문제 의식을 고취시키는 방송 등을 하면 되고, 공무원들은 법보다 돈이 우선이어서 눈 감고 아웅하면 되고, 시민들은 우리집만 깨끗하면 되고…'식이다. 아무도 준비나 책임을 지지 않는 사회구조로 변해있었다.

그뿐만 아니다. 각종 상업주의에 물든 인간들은 자신들의 공장이나 축사 등에서 나오는 오·폐수들의 폐해에 대해서는 아랑곳없다. 'IMF 시기에, 고용된 직원들 월급 주기에도, 세금 내기에도 힘든 판에, 또 부도 나게 생겼는데…'식으로 밀어붙이면 되었고, 관리·감독하는 공무원들은 어떤 이유에선지 무엇이 중요하고 무엇이 우선인지, 대·소, 경·중이나 급선무나 책임을 따질 줄도 모르고 있었다. 앞뒤를 가리지 않는 상업주의자들의 목청 높은 소리에 아량이 넓은 盜(도)선생의 꼴이 되어버린 것이다. 아니, 관리들에게 환경에 대해 한 번이라도 걱정을 해봤는지 묻고 싶을 정도이다. 부정, 부패가 끼어들어 있지는 않은지 하는 의심도 가져본다.

이미 정치인들의 정치자금 등을 위해서 그린벨트의 위치가 야금야금 올라가고 있다는 것은 삼척동자도 다 아는 사실이다. 이제 우리의 산림은 '개발'이라는 국가대업(?)과 각종 세분화된 규정의 미로같은 해석으로 파헤쳐질 때로 파헤쳐져 왔고, 모든 강의 상류, 중류, 하류는 관과 기업과 주민들의 몰지각한 행동 아래 무차별하게 오·폐수로 넘쳐나고 있다. '허가했으면 그만이지…' 또는 '저 공장에서, 저 전원주택 단지에서, 저 취락지구에서, 저 위락지구에서…'라는 식의 핑퐁 게임과 변명에만 모두들 길들여져 있는 것 같다. 자신의 관리, 감독에 대한 책임을 지는 것을 자신들이 비웃을 정도가 됐고, 요즘은 목소리 크고 줄 좋은 자만이 살아남는 시대가 되어 버렸다. 직접 허가, 관리, 감독을 담당하는 자들이 이럴진대 시민들의 의식은 두말하여 무슨 필요가 있겠는가?

제도와 원칙은 간단할수록 좋고, 반드시 책임져야 한다. 열대 우림의 파괴와 화석연료 등의 오염이 엘니뇨, 라니냐 등의 이상 기후를 불러일으키고, 지역별로 사막들이 커지는 등 땅이 척박해지고 있다. 사실 엘니뇨의 원인으로 알고 있는 해수면 온도변화는 여과 없이 바다로 쏟아져 들어가는 똥·오줌을 비롯한 폐·오수에 있다고 할 것이다. 바다도 이제 그 자체의 자정작용의 한계를 넘어선 지 오래이다.

우주선들이 가져온 사진이나 광물들을 조사한 바에 의하면 달, 화성에서도 오래전에 물이 있었다는 증명이 여러 정황별로 입증되고 있다고 한다. 과연 지구도 인간을 비롯한 생물들이 살기에 적합한 행성으로 계속 남아있을지 걱정스럽다. 수백 수천 년 후의 일을 그렇게 걱정하느냐, 낙천적으로 살자고 반박을 할 수도 있다. 그러나 순간이 있어야 영원이 있고, 또 찰나 속에 영원이 있다고 했듯이 과거와 현재 또 미래가 다르지 않다. 우리의 환경을 우리만 잘 쓰면 그만이지 그 뒤까지 어떻게 일일이 신경을 쓰고 챙기며 살 수 있냐고? 그러면서도 우리는 우리의 자식들과 손주들을 귀여워하고 예뻐할 것이다. 지구 환경은 우리만 쓰고 가는 일회용이 아니지 않는가? 진정 풍수에서 말하는 혈(血)과 기(氣)란 '물의 맑음'이 그 근원이라 했다. 그래야 지기(地氣)가 세어지고, 후세들의 기(氣)도 강해진다고 했다. 물은 생명과 건강의 근원이다!

너무 과하게 서설을 늘어놓은 것 같지만 이것은 한두 가지의 예에 지나지 않으며 오히려 더 많이 강조하고 싶은 심정이다. 그러나 위기 속에서 기회를 찾으라고 했듯이 감정만 앞세울 것이 아니라, 이제 좋은 방책을 생각해야 할 때다.

'모두가 동참'할 수 있는 몇 가지 제안하고자 한다. 환경에 대한 정책이 아무리 좋다고 한들, 국민이 동참하지 않고 실생활과 연결되어있지 않으면 전혀 효과가 없다는 것이다. '소비자가 곧 생산자'가 되어야 한다!

'쓰레기를 에너지'로 바꾸자(쓰레기가 바로 돈이다!)

모든 쓰레기가 버릴 게 없이 자원으로 재활용되도록 하자! 그렇게 하기 위해서는 온 국민이 동참하고 일상 생활화할 수 있는 법·제도의 확립이 급선무이다. 쓰레기를 에너지로 바꾸기 위해서는 반드시 '재생산(쓰레기 제로베이스)'에 모든 시스템을 맞춰야 한다. 또 악취가 심하고 더럽다고 여기는 쓰레기를 제일 좋은 곳, 가장 '요충지'로 환부(?)를 드러내야 한다. 이 일을 맡아야 할 '전문 직종'도 필요하고 '혜택'도 필요하다.

'쓰활소(쓰레기 재활 처리소)'

- '쓰활소(쓰레기 재활용 처리소)'는 모든 쓰레기를 에너지로 바꾸는 Hub임.

- 재활용 에너지의 보고가 됨.

- '쓰활소'를 '제일 위치 좋고', '제일 교통 좋은 자리'에 위치시켜야 한다. 더러운 것일수록 노출을 시키자는 원칙임.

- 각 동네(약 150가구 또는 좌우 50∼70m 간격)마다 1개의 '쓰활소'를 둔다. 그리고 '쓰활소'에 돈을 받고 쓰레기를 판다. '쓰레기'가 돈이라는 인식 고취(단, 분류가 잘못된 가구에 대해서는 돈을 주기보다 오히려 해당 벌금을 받는 식으로 연구).

- 각 '쓰활소'는 각 바이오디젤공장, 가축사료공장, 비료공장, 화학품공장, 재생 압축나무공장, 재생 세라믹공장, 재생 종이공장, 재생 철공장, 각

나我란 없다!

종 재생 비철공장 등의 재활용처리 공장에 돈을 받고 판다.

– 환경부 직영 '쓰활소'와 개인 경영 '쓰활소'를 병행할 수 있다. 많은 자영업 창출 및 고용창출이 일어날 뿐 아니라, 환경부 직영소와 자영업체 간의 업무효율 등 비교할 수도 있음.

'쓰활소' 이용방법 등 상세설명

(1) 각 가정에서 '쓰활소'로 보내는 과정

– 음식물쓰레기의 경우, 반드시 각 가정에서 염분·물기를 짠 뒤 쓰활소에 매각 의뢰해야 함(스캔 등으로 발각될 시 벌금부과).

– 봉투를 스캔할 때 '염분', '수분', '해당물의 불순물' 등이 자동 인식되는 전자센스기계사용(연구 개발 요함).

– 분류된 쓰레기를 주민들로부터 받고, 돈을 줄 때 해당 가구별 '카드적립식 및 고유봉투식' 또는 '고유번호식 및 고유봉투식' 등을 이용할 수 있다(연구 개발 요함).

– 또 봉투에 표시된 '고유번호'로 향후 쓰레기 잘못 분류가 발각되면 벌금 등 고려.

– 쓰레기 종류의 구분 및 처분방법 등의 변경시에는 재활용베이스에 맞춰 그때마다 바뀐 규정을 통보한다.

(2) '쓰활소'에서 재활용처리 공장으로 보내는 과정

– 반드시 '재생산 공장'의 그때그때 실정에 맞추어 '가정'과 '쓰활소'에서 쓰레기 구분을 해야 한다.

– '양념 되지 않은 음식물쓰레기(과일껍질, 생선 동물 내장, 폐사한 물고기, 해파리, 불가사리 등)'를 해당 재활용 처리공장으로 보내 '바이오 디젤'이나 '사료'로 재생산한다.

- 염분 제거를 한 음식물 쓰레기를 해당 재활용 처리공장으로 보내 '바이오 디젤'이나 '가축사료, 비료, 화학품' 등으로 재생산한다.
- 각 재생산 공장에서는 '수거차량'을 정기적으로 보내고, '쓰활소'에 금액을 정산하고 해당 쓰레기를 수거한다.
- '기타 재활용 쓰레기'는 각각 구분하여 해당 재활용 처리공장으로 보내 재생한다.
- '일반 쓰레기'는 태울 수 있는 것과 태울 수 없는 것으로 구분하여 해당 재활용 처리공장으로 보내 재생산 또는 사용한다.
- 병원 적출물이나 산업 폐기물 등의 경우는 '특별법'을 따르도록 한다.

모든 산하에 치산치수를 하도록 하자

어릴 때 동네 계곡에 큰 정수장(거의 3층짜리 건물 크기)을 만들어, 마을 일대 약 200가구의 식수 및 생활용수로 사용했었다.

- 모든 산은 입산금지가 원칙이고, 등산허가 회원제이고, 등산로만 이용토록 한다.
- 그린벨트 강화(고도 및 경사도에 따라 각각 해발 ***m 이상의 위치는 모두 '그린벨트'로 재지정하여 개발을 금지함. 이미 그린벨트 안에 개발된 지역에도 적용해야 한다. 단, 지역과 지형에 따라 조정 가능함. 그린벨트 안에 이미 건축된 부분은 모두 '假 건축물'로 간주하며, 환경부의 명령이 있을 경우 하시라도 철거해야 한다.)
- 계곡을 개발하여 물을 다목적(하나의 산에 기존 여러 개의 계곡을 정비하여 정수탱크를 설치하고, 물레방아나 풍력을 이용한 스프링클러 등

연구하여, 식수·생활용수·소방수 등으로 활용해야 함)으로 이용하여야 한다.

- 모든 임야에는 어떠한 형질변경도 할 수 없다(어떠한 건축이나 절토 등도 불가함이 원칙임. '개발 직전 그린벨트'였던 골프장은 폐장되어야 하고 산림으로 원상 복구되어야 함).

- 골프장은 강변 둔치지구나 해안의 연결된 바지선상에 대체 설치 가능함(Floating ball이나 원반형 사용 등).

- 상수원 보호구역선 이상 중·상류의 강변은 강 가장자리로부터 약○○○m 이내를 '강변 자연지역'으로 규정하며, 어떠한 건축물도 들어설 수 없다.

(단, 도로의 경우 ○○○m 이후부터 가능하다. 폐수관의 경우 ○○○m 이후부터 가능하다. 기존 건축물들은 철거를 원칙으로 한다. 어떠한 농작물도 금지한다. 단, 공공 수목 등은 연구 요함.)

법·제도 구축과 책임지는 사회를 만들자

똥물로 넘쳐났던 싱가포르가 이관유 수상이 '강제질서 정책'을 실시하여 불과 30여 년 만에 최고의 '청정관광국'으로 변했다. 담배꽁초, 껌, 휴지 등을 버리면 당시 벌금이 싱$500이었다. 또 프랑스 등에서는 지하철역 등의 공중화장실에서 사용료 지불을 체험했을 것이다. 질서를 위해서 어느 정도의 강제가 있어야 한다.

모든 환경자원의 유료화 및 벌금제도

환경자원회원제

- 바다, 강, 호수 등 낚시 회원권 ***원(단, 회원 1인당 1일 5마리 이내, 00cm 이하 방생 원칙)

- 국립공원 및 산에도 등산회원권 ***원(단, 등산로만 이용할 것, 특별히 허가받은 자는 제외)

환경 벌금제

- 위 '환경자원 회원제'에 위반될 경우 ***원 벌금

- 비닐봉투를 가지고 있는 자에게 ***원 벌금

- '쓰레기 재활 처리소' 이용 안 하는 자에게 ***원 벌금

- 애완동물 오물 등 관리 소홀자 ***원 벌금

- 병원 적출물, 산업 폐기물 처리제도 위반시 ***원 벌금 및 관련 책임자 및 처리자 중형죄

유료 이용제

- 지하철, 공원 등 공공장소의 모든 화장실 이용시 ***원 이용료

*(환경 관련 모든 민·관의 허가 담당자는 담당자부터 결재자 모두 해당 '결재서류'의 영구보관 및 무한책임을 지도록 한다.)

이제 '쓰레기'가 골칫덩어리가 아닌 '자원(돈)'이라는 것을 온 국민이 알며 실천하는 체제가 운영될 것이다. 물이 맑아지면 국민들이 건강해질 것이며 쓰레기 제로화로 병균의 창궐을 효율적으로 막을 수 있다.

나我란 없다!

또한 모든 쓰레기의 자원화로 엄청난 비용절감과 생산증대가 가능하다. 환경 관련 예산도 절감하며, 새로운 양질의 고용창출 및 창업증대도 이룩된다. 반드시 이 '쓰레기 제로화 시스템'을 세계 최고로 구축 발전시켜서 전 세계에 수출 및 교화시켜야 한다.

여태껏 우리는 미로 같은 법규와 힘 있고 줄 좋은 자들의 해석으로 자연환경과 사회구조의 틀이 이상하게 변모해왔다는 것을 느낄 수 있다. 예를 들어 임야도나 지적도상 그린벨트선을 0.5cm만 올리면 수십, 수백억 원대의 불로소득이 생기기에, 목숨을 걸고 '장·의원선거'에 매달리는 것을 자주 봐왔다. 그래서 언제부턴가 엄청난 산림을 파헤쳐 난개발했는데도 우리 사회에서 허가권자나 개발자들이 책임지는 일이 거의 없었다. 전원주택이란 명목 아래 산 좋고 물 좋은 강 상류 계곡 등지에 어떻게 그렇게 많은 개발을 해놓았는지, 그리고 한 술 더 떠서 강 상류에 모텔, 음식점, 주점 등의 위락시설 허가가 어떻게 가능했는지? 왜 당시 취급자나 허가권자를 모른다는 말인가? 어떻게 모를 수도 있단 말인가? 소규모 사업장에도 직급별 담당 인감록이나 싸인, 그때그때의 담당업무표, 기록부 등이 있다. 도대체 요즘 감독자들 수준을 의심해야 하는지, 야합의 협동심(?)을 의심해야 하는지를 모르겠다.

환경은 아니다. 철저히 가려내어야 한다. 책임을 묻는 것에는 시한도 없어야 한다. 환경은 수천 수만 년 大 계획이므로…

02
자비량 목회

오랜만에 좋은 만남이 있었다.

지하에 작은 가게를 얻어 '우리밀 칼국수'를 운영하시는 분이다.
그분은 목사님이셨다.
몇 번의 방문에 단 둘만의 기회가 주어져 얘기로 알게 되었다.

직접 자신의 운영수익금으로 목회를 해나간다고 했다.
66세인데.
너무 신선했다.
그리고 우리는 통하는 게 많았다.
그간 답답했던 마음을 "뻥" 뚫어주는 청량제가 분명했다.

정말로 66세가 믿어지지 않는 젊음을 유지하고 있었다.
"속도 없는 놈이 되어서요."
"저 말입니까. 저도 제 나이로 보지 않던데요." 하며 둘은 속없이 웃었다.

나我란 없다!

'헌금'은 문제가 많다고 했다.

거기서 금·권력이 파생되며, 또 종파 계파 집단으로 나뉘어지는 단초라 했다.

'교회란 자신의 마음속에 있는 것'이라고 강조했다.

"그러니 이단이 어디 있나? 나 자신이 이단이지."라 했다.

이단이라 외치는 자들은 자신이 벌써 이단이기 때문에 그렇게 외친다고 했다.

"원래는 하나인데 이단이 어디 있고 타 종교가 어디 있냐?" 고 맞장구쳤다.

너무 시원했다.

우리 둘은 도중에 하이파이브를 몇 번이나 했다.

집단이 없어져야 하고 벽이 없어져야 한다.

누구나 언제나 들어오고 나갈 수 있는 만남의 장을 만들자고 했다.

스님이든, 무신론자든…

목사라는 직함 등에 갇혀있으면 더욱 안 된다고 했다.

그는 마음도 열려있었고 또 실천하는 목사님이셨다.

요즘 보기 드문…

03
나무를 질서 있게 가꾸자!

지난달에 처음으로 일본을 방문했다. 그동안 고집적으로 일본에 대한 나의 편견이 자리했었던 것 같다. 한 나라의 문화를 일부 또는 다른 나라가 쉽게 매도해버릴 수 없다는 것을 다시 한번 깨달았다.

여기서는 다른 부분을 제쳐두고, 일본은 나무를 너무 잘 가꾸어 놓았다는 점을 강조하고자 한다. 세계 어느 나라에서도 보지 못한 산림(山林)이었다. 미처 가보지 못한 캐나다나 스칸디나비아 국가들의 사진에서 보던 원시림들과 어깨를 같이할 정도였다. 멀리서 봐도 산을 마치 여러 색의 솜사탕으로 덮어놓은 것 같은 모양이었다. 물론 일본 전국을 다 뒤지며 돌아다닌 것은 아니지만…. 그러나 3개의 도시(都市)를 방문한 결과, 분명 일본은 나무 가꾸기에 귀감이 되고도 남음이 있는 나라였다.

20여 년 전부터 '클락션 소리가 없는 나라, 인사성이 밝은 나라, 질서를 잘 지키는 나라…' 라는 것쯤은 들어서 알고 있는 터였다.

대부분 나무들의 높이는 족히 30m 이상씩 되었고, 나무 간의 간격도 거의 일정했으며, 철저히 입산금지(入山禁止)와 통제(統制)가 지켜지고 있었다. 다시 한번 '일본인들의 준법정신'에 감탄했다. 또 간격을 맞추기 위해서, 고사(枯死)하고 있는 나무들을 잘라 살아있는 나무들 간격 사이로 눕혀놓은 나무토막들을 누구 하나 손댐이 없었다. 오히려 누가 시키는지 아니면 자발적인지 수목들의 넓은 간격과 여백(餘白)이 생긴 곳에 4~5년생의 어린 수목들이 여기저기 심어져 있었다. '봉납(奉納)ㅇㅇㅇ'라는 명찰(名札)을 붙인 채. 적어도 온 국민이 산림 가꾸기에 상당한 경지(?)에 달해있거나, 항상 산림에 대해 긴장하고 있지 않으면 불가능하다고 느꼈다. 그래서인지 내가 있던 일주일 동안 비가 오지 않았는데도 산속의 땅은 대부분 항상 물기를 머금은 채 신발이 젖을 정도로 촉촉히 젖어있었다. 물맛도 좋았다, 공기는 물론.

누가 일본열도가 가라앉는다고 했는가? 천만에 말씀인 듯하다. 어떤 풍화작용에도 끄떡도 없을 찰진 황토는 세계 최고를 자랑할만했다. 아니 지구의 허파가 모두 잘려나가는 이때, 새로운 대체 허파의 가능성을 열어주고 있었다. 만약 내가 우주를 관장하는 하느님이나 부처님이라도 일본열도를 가라앉힐 수는 없을 것이리라 확신했다.

우리도 늦었지만, 1960~70년대에 상당한 혜안을 가진 지도자의 영도와 조림사업으로 이제는 울창한 산림국가라는 평을 듣는다. 감사할 일이고, 진정 감사하고 있다. 그러나 서울 근교를 제외한 지방, 특히 사람의 손을 많이 타지만 관리는 소홀한 지리산 등은 아직 부족한 부분이 많다고 할 수 있다. 또, 수목의 높이나 크기에 있어 일본의 수목은 우리 수목의 2배는 족히 됨직했다. 대단했다!

동남아, 오세아니아, 유럽 등지를 다녀보았지만 감히 비교가 안 되었다. 나무만 봐도 일본은 이미 부자(富者) 나라였다. 너무 부러웠다! 우리도 지금 나무 가꾸기를 다시 시작할 때라는 생각이 번쩍 스쳤다. 퐁물로 뒤덮인 도시국가 싱가포르를 리관유 수상(首相)의 질서(秩序) 강제방

식으로 불과 약 30년 만에 세계 최고의 도시국가로 바꾸어 놓았듯이. 우리 자신들에게 감히 외치고자 한다. "질서 있게 나무를 가꾸자!"고. 잘 살펴보면 실천방법은 그리 어렵지 않은 것 같다.

'준법정신'을 키우고 등산 등의 입산에 대해 '허가 및 회원제'로 하자. 모든 官과 民이 협조하여 기후와 지형에 맞는 나무 가꾸기 '연구'를 항시 해야 하고, 서로 항상 '긴장감'을 갖자. 기존 골프장들을 '강 둔치' 등을 이용하게 하거나, '원반 골프장'으로 대체하자. 여기에다 산 중턱마다 계곡과 연결된 물탱크, 물레방아 등을 이용한 '스프링클러 설치' 등으로 산불예방을 하자!

04
자녀들(새로운 세대)에게 쓴 글(1)

잔소리쟁이가 한마디 할게.

어느새 너희들도 성인이 되고 살벌한 현실 인생의 직접경험을 시작하고 있구나. 항상 '조신하고 겸허'하게 생활하길 바란다.

"도전(It's my challenge)!" 하면서 젊음을 불태우기도 하겠지만, 한편으로는 시쳇말로 "내 맘 같지 않네!", "죽을 맛이네!" 하며, 여러 감정이 교차할 것이다. "인생은 자기관리(自己管理)다!"라고 자주 말했지. 내적으로 규칙적인 생활로 '건강과 마음'을 관리하며, 외적으로 '목표와 사회생활'을 관리해야 한다고.

오늘은 인생선배로서 세상을 보는 시야를 하나 제시해볼게. 정확히 말하면 20세기와 21세기 초를 살면서 바라보는 세상이랄까. 이 시기는 인간의 욕심들이 최고조에 달하고 자본주의의 극(極)을 달리는 시기다.

'차별화·계층화'를 좋아하는 사람들과 반대로 차별화 계층화에 시달리는 사람들 모두를 위해 도해를 그려봤다.

⟨세상의 계층별 도해⟩

영혼세상 영역	공간
	무 = 유
	무
현실세상 영역	공동의 善
	道
	德
	善
	화합
	약속
	절제와 겸허(이성)
	신앙심
	神
	세상에 완벽한 것은 없다
	사회(법과 질서)
	體
	智
	양심
	투쟁
	집단
	오욕칠정

현세 인간의 근본문제인 '오욕(五欲)과 칠정(七情)'을 시작으로 했다. 물론 사람들마다 시각차는 있을 것이다.

왜, 신(神)의 위치가 신앙심보다 낮은 계층이며 현실세상의 영역에 속하냐고 질문할 수 있을 것이다.

나我란 없다!

당연하다고 생각한다. 神은 인위적인 것이고, 신앙심은 자연발생적인 것이기 때문이다. 지금까지 神이 한 일이라곤 전혀 없다. 우리가 다 변명해주고, 소설도 써준다. 인간이 神을 만들었다.

또, 전반적으로 무슨 말씀이냐고 반문할 수도 있다. "돈이면 시체도 일으킨다!"라며. '승자독식'의 사회에서 '공동의 선'을 주창하다가는 '침묵하는 양'이나 '노예'로 전락할 수밖에 없을 거라고. '눈 뜨고 코 베이는 극한 자본주의의 시대'를 살아가는 한 가지 보편적인 방법은 영향력 있는 집단에 가입하거나, 썩은 동아줄이라도 잡아야 한다며. '사기, 도둑, 부정, 뇌물, 협잡, 폭력 등'을 하더라도 빠져나갈 수 있고 살아남을 수 있는 백그라운드가 제일 아니냐며. 또 내가 神을 믿던, 神을 믿는 척하는 집단에 속하던, 그 神을 믿는 집단이 큼지막한 힘 있는 집단이면 제일이라며. "먹고 죽은 귀신이 때깔도 좋더라!"며. 잘 모르는 영혼세상과 도덕·철학의 세상보다는 살아있을 때 한 획을 긋고 사는 게 장땡이라며.

그래 즐거움을 쫓는 것이 태양(현실세상) 아래의 모든 동·식물들의 행위이지만, 모든 게 지나치면 탈이 나거나 칼을 맞게 되어있다. 썩은 동아줄 잡을 확률도 적을 뿐 아니라, 썩은 동아줄은 언제 끊어질지 모른다. 그리고 썩은 동아줄 안에서도 역시 만만치가 않을 것이다. 오히려 그쪽이 더 위험하고 리스크가 더 크다.

인생을 모 아니면 도의 도박판에 맡겨서는 절대 안 된다. '50전에 번 돈은 내 돈이 아니라'고 했다. 낮이 있으면 밤의 시간·공간이 필요하듯이, 현실세상이 있으면 영혼세상이 필요한 것은 같은 이치이다. 막다른 쥐의 퇴로를 열어주라고 했듯이, 서로 조심과 긴장을 하며 균형을 이루는 사회를 만들어야 한다.

"무슨 소리입니까?" 아무도 알지 못하는 영혼세상에 지레 겁을 먹고 침묵하는 양이나 노예처럼 사는 것보다, '지배세력'을 향하여 도전하며 인생의 한 획을 그으려고 노력하다 죽는 게 훨씬 낫다고 할 수도 있다.

그러면 자신이 현실세상을 살아가며 한 획을 긋고자 하는 것은 '침묵하는 양에서 탈피'인가, '지배집단으로 진입'일까? 작금의 '미친 자본주의'가 과연 대안이 없는 유일무이의 최고의 흐름이라고 생각하는가? 또 침묵하는 양들은 항상 이런 식으로 밟히고만 살아갈까? 이제 세상은 매스컴, 교통수단, 인터넷 등으로 많이 가까워져, 제법 눈치를 챈 양들이 곳곳에서 파열음을 내고 있다. '약육강식', '승자독식'의 이론은 '지배세력 안'에서 더 심하게 적용된다는 것을 잊어선 안 될 것이다. 도박용어로 "위험 속에 돈이 있다!"고 않던가. 심지어 짝퉁도 있기에 서로 조심해야 함은 말할 필요도 없다. 이제 지배집단 중에서도 무식하고 어설픈 놈들이 법당의 파리 한 마리까지 잡아먹으려다 더욱 반발을 불러일으키는 경우도 많다.

우리가 마치 이분법적 토론방식으로 가니 두 쪽 모두의 장단점이 노출되어 양쪽에 물 탄 듯 비슷하게 보이며 현실세상의 추악한 것들이 묻히고 있는데, (지배, 기득권 등) 집단들의 오욕과 칠정의 추악함과 잔인함 등을 무엇으로도 다 표현할 수 없을 것이다.

예로부터 도(道), 덕(德), 선(善)을 기반으로 살신성인(殺身成仁)을 꿈꾸는 지도자는 가끔 있었으나, 그들은 현실적으로 조직적으로 취약하고 음모·계략·술수 등에도 취약했다. 그래서 현실세상은 현실적이며 조직력이 강한 권모술수권자나 그들이 뭉쳐 야합된 조직들이 세상을 장악해 오고 있다. 특히 지배하려거나 세력을 키우려고 하는 욕심 찬 자들은 반드시 집단을 엮으며 시민들을 이용하려 한다. 극한 자본주의가 더해

지자, 오로지 '현혹과 승리'를 위한 갖은 권모술수들이 곳곳에서 난무하고 있다. 조심해야 한다.

이제는 곳곳에서 많은 피를 흘려도 눈 하나 깜빡하지 않는 정도가 됐다. 모두가 욕심의 정신병에 취해있기 때문이다. 게다가 계층이 너무 '다단계화' 되었을 뿐 아니라, 유명인들까지 앞세워가며 도를 넘어서 '침묵하는 양들'을 더욱 현혹시키고 있다. 그래서 많은 젊은이가 올바른 공부나 실력으로 출세가 힘들어지자, 온몸을 던지고 막는 '돌격대'에 자원하고, 또 청빈을 가장하며 '으쌰으쌰'들과 야합하거나 별별 집단을 형성하는 등, 현혹에 편승하는 방식도 다양하게 지능화하고 있다. 그러나 현혹집단 쪽으로 향하는 길이 오히려 더 위험하고 리스크가 더 크다는 것을 잊지 말아야 한다. 시쳇말로 세상에 공짜는 없다고 하지 않는가!

세상의 동식물 등 모든 것이 '약육강식', '적자생존'의 틀 안에서 살고 있는데, 적자생존에 가장 적합한 체제가 '자본주의' 아닌가요? 그러니 자본주의 체제에서 계층이 생겨나는 것은 자연스러운 일이자 최선의 길이지 않나요?

물이 고이면 썩고, 세상은 돌고 돈다. 세상에 어느 '주의'나 '체제' 등이 완벽한 것은 없다. 또 법·제도가 따라주지를 못하니, 황야를 주름잡으려는 '황야의 무법자들'만 설치는 세상이 되어버렸다. 이제는 정치인들의 '귀족화'와 '고착화'가 가장 큰 문제라는 것을 모두들 알고 있다. 균형을 잃고 한쪽으로 고착되거나 부패하면 결국 '피'가 튄다. 현실세상은 완벽하지도 않을 뿐더러, 다름이 있고 다양함이 어우러져 공존하기가 아주 어렵게 되어있다. 그래서 모두가 노력해서 균형을 맞추도록 최선을 다해야 한다.

개개인도 마찬가지이다. 균형을 잘 잡아야 한다. 인간을 자연물로써 습관체라고 했다. 그러나 한번 길들인 습관을 바꾸는 것은 더욱 어렵다. 그래서 '올바른 습관'을 가지는 것이 무엇보다 중요하다! 특히 지배자들이나 기득권자들의 소비성향(?)을 조심하라. 불안은 욕심을 부르고, 또 욕심은 불안을 부른다. 그렇게 강압과 다툼과 혼동이 이어지고, 또다시 계층은 더욱 다단계화 되어간다. 모두의 긴장감과 조심성이 떨어지면 잘못된 제도에 더욱 고착되거나, 또는 많은 피를 흘릴 수도 있다. 우선은 현혹집단들이 달콤할 수는 있지만, 사회에 엄청난 혼란을 가져오거나 크게 살육을 가져오고, 결국 모두를 패망으로 빠뜨리게 한다.

가능한 사람 많은 곳은 피하는 게 좋다! 특히 광적(狂的)인 곳을. '대형사고'는 꼭 그런 곳에서 발생한다. 곧 자신과 자손들을 망치는 길이고, 사회를 망치고, 시민들을 괴롭히는 아무 의미 없는 짓이다. '법·제도'가 브레이크 역할을 하면서 전체적인 균형을 유지하도록 해야 하는데, 항시 법·제도는 한발 늦다.

'더 나은 제도'를 생각한 게 있으면 말씀해 달라!

정말 법·제도를 잘 판단하고 집행하는 '로봇'이라도 발명하고 싶은 심정이다. 아니면 게으르고 불공정한 神이 할 수 없는, 세상 모든 인간의 일거수일투족을 CCTV로 촬영하고 볼 수 있는 '자동공개 몸캠 시스템'을 모두에게 부착하고 싶은 심정이다. 아니면 예전에 얘기했듯이 인간들 모두가 '독심술'로 형통하든지. 개인의 프라이버시가 문제 된다고? 아니면 로빈슨 크루소가 되든지.

아니면 침묵하는 양들이 투표참여율을 1~2% 이하로 만들 때야말로 명백하게 정치집단을 부정하는 표현이 되지 않을까? 이렇게 투표에 참

나我란 없다!

가하지 말자고 자주 얘기를 했더니, 투표율이 저조한 기회를 틈타 약삭빠른 집단들이 지들끼리 야합하고 참가하여 그 낮은 투표율 속에서 박빙의 승리를 거두는 경우도 있더라. 참으로 "문둥이 콧구멍에 마늘이라도 빼먹을 놈들이다!" 인간 개개인은 80~90년 정도 살다 간다. 마치 현실세상을 반드시 나를 포함한 우리의 것으로 착각하지 마라. '나(我)란 없다!'

흥분하다 보니 잠깐 옆으로 빠졌는데, 확실히 나는 현실 '집단들의 폐해'에 대한 알레르기가 심한 것 같다. 자연발생적인 집단을 제외하고, 모든 집단은 그 취지가 뭐든 간에 이기적이고 편 가르고 투쟁을 유발하고 현혹과 지배를 노리게 되어있다. 절대 정치집단 등이 난장판으로 어질러놓은 '이념갈등'과 '지역갈등' 등에 휩쓸리지 않기를 간절히 기도한다. 종교에도 집단으로 휩쓸리지 말고 '올바른 신앙심'을 추구하기를 간절히 기도한다. 물론 현실세상이 완벽할 수는 없지만, 완벽한 것을 '추구하는 것'이 최선이고 최고라 여긴다. 현실세상에서 양심 도덕과 겸허를 바탕으로 '공동의 善'을 추구할 때가 최고가 아닐까? 평범한 말 '공동의 善'이 현실세상은 물론 영혼세상까지 충족시켜줄 수 있을 것이다.

05
이성과 인내의 化身

제갈량은 30세가 다되도록 장가를 들지 못하였다. 당시 제갈량의 가정은 평범한 '농민'으로 그렇게 부유하지도 가난하지도 않았다. 한데 제갈량의 성품은 농사에 별 관심이 없었으며 항시 바둑을 즐기며 대국 후 받는 술대접과 낮잠으로 소일하는 자유분방하고도 좀 게으른 것 같은 성격의 소유자였다. 이때만 해도 제갈량은 삼국지에서 유비 현덕이 삼고초려 할 때의 풍부한 지식의 소유자가 아니었다. 오히려 지식이 부족한 상태로, 지식을 기초로 머리를 이용하는 삼국지에서 표현되는 학자는 너무나 아니었다.

다만 그때까지 제갈량의 특기는 중국 천하에서 바둑을 제일 잘 둔다는 소문이 있었다. 소문이 너무 자자해서, 현재도 비슷하지만, 그 당시 바둑 애호가들은 제갈량과 대국을 갖기를 갈망하였다. 그리고 한 수 가르침 뒤에는 항시 예의적인 대접이 따랐으니… 그 당시 제갈량의 바둑 수준은 요즘의 '입신(프로 9단의 별칭)' 정도의 경지라 할 수 있겠다. 이것은 제갈량이 학문은 부족했으나 머리는 뛰어나다는 증거이기도 했다.

어느 늦은 봄날 오후 여느 때와 같이 제갈량은 대국 후 대접을 받고 자기 집 마루에서 낮잠을 즐기고 있었다. 그런데 이때 꿈속에 웬 신령이

나我란 없다!

나타나 천생의 배필이 한 동네 이웃에 있다고 일깨워 줬다. 너무도 이상하고 신기해서 벌떡 일어나 마루에 걸터앉아 한동안 멍하니 생각하다, 꿈이 생시처럼 너무 생생하여 신령이 일러준 대로 제갈량은 그 규수가 있다는 집을 찾아가게 된다. "……골목을 돌아가면 우측 편으로 싸리문이 반쯤 열린 집이 있는데, 항시 이맘때면 주인이 마당을 쓸고 있고……."라는 신령의 말대로 꼭 들어맞았다.

마당을 쓸고 있는 노인은 너무 인자하게 보였다. 신령의 말씀대로 노인은 제갈량을 잘 알고 있었고, 제갈량을 극진히 안으로 모셨다. 방에 막 들어설 때 보이는 바느질하는 규수의 뒷모습이 너무나 아름다웠다. '신령의 말대로라면 저 낭자라고 했고, 얼굴은 상당히 못생겼지만, 천하의 배필감이라 했는데… 꿈이 반대라는 이론이 맞거나 신령께서 날 놀리려고 농담하셨구나!'라고 생각하며 방 안으로 들어서서 노인의 소개를 번갈아 받으며 규수의 얼굴을 봤을 때 추녀라고 하지만 세상에 이런 추녀가 다 있을까 할 정도였다.

그때까지 신령의 말대로 꼭 들어맞는 것이 신기해서 자신도 모르게 이 방에까지 들어오게 된 것을 제갈량은 뒤늦게 후회하기 시작했다. 신령이고, 옥황상제이고 빨리 그 자리를 벗어나고 싶은 심정뿐이었다. 다과상을 놓고 규수와 마주 앉아 졸지에 선 아닌 맞선을 보고 있던 제갈량은 문득 이 어려운 상황을 헤쳐나갈 묘안을 떠올렸다. 자리에서 불쑥 일어나 소피를 좀 보고 오겠다고 했다.

조금 전에 노인께서 두 사람 사이의 진전(?)을 위하여 일부러 자리를 피해준 탓에 제갈량은 절호의 기회라 여기며 문을 열고 슬쩍 나가려고 할 때, "아니 됩니다!" 며 바짓자락을 덥석 잡는 규수의 힘이 장사의 힘이었다. 제갈량의 바지가 중요 부분 입구까지 쭉 찢어졌다. 낭패였다. 고을에서는 너무 잘 알려진 제갈량이라 아직 해가 지지 않은 초저녁에 그 상태로 집에까지 갈 수는 없었다. 별수 없이 규수가 바지를 꿰맬 때까지 방에 같이 있을 수밖에 없었던 제갈량은 지루한 기다림과 긴장, 낮에 한 과음 탓으로 깜박 잠이 들어버린다.

얼마나 지났을까? 제갈량은 어느 이웃집에서 닭이 '홰'를 치는 소리를 듣고 깨어나며 이미 새벽이라는 것을 알아차린다. 주변을 둘러보다, 바느질하다 방 윗목에 잠들어 있는 규수를 보게 된다. '이제는 모든 게 끝났구나!' 하면서, 규수의 뒷모습만은 역시 아름답다고 느끼며 바지를 찾아 입는 순간 제갈량은 깜짝 놀란다. '바지는 틀림없이 내 바지인데 어제 저녁 찢어진 흔적이 거의 없지 않는가?' 규수는 제갈량이 깨어나기 바로 전까지 갖은 정성을 들여 한 올 한 올 바지를 엮어 매었던 것이었다.

결혼한 뒤에도 제갈량의 일과는 별 변동이 없었다. 바둑과 대접받는 술로 대부분의 세월을 보내고 있었다. 그러던 어느 날 새벽 대문 밖에서 제갈량을 부르는 소리에 잠을 깨어 밖을 내다보니, 웬 어린 동자 한 명이 큰 개나리봇짐을 어깨에 둘러메고 서 있었다. "나는 제갈량과 대국을 갖기 위해 서역에서 온 사람이오, 만약 내가 지면 목숨을 내놓을 것이오만 제갈량께서 지면 부인을 내놓으시오." 하며 낯선 동자가 당돌하고 여유 있게 내뱉는 말에, 화가 머리끝까지 난 제갈량은 대청마루에 바둑판을 '툭' 가져다 놓는 것으로 대답을 대신한다.

반나절 가량의 시간이 흘러 끝내기에 들어선 국면은 서너 집 차이의 호각수로 자신이 어렵게 된 것을 알고 있던 제갈량은 여태껏 처음 맞는 엄청난 고수에 초조감과 두려움을 느끼고 있었다. 또한 미처 아내에게 허락도 없이 이 엄청난 내기 바둑으로 자칫 아내를 잃게 된 제갈량은 죄책감을 느끼게 된다. '아 참, 마누라에게 이 엄청난 내기 바둑을 알려 주지 못했구나.'며 머리도 식힐 겸 자리에서 일어나 방문을 열고 들어섰을 때, "난국이지요, 이번의 수는 당신께서 두시려고 하는 첫 번째의 수보다 두 번째로 두고 싶은 곳에 착점하십시오." 라고 여느 때와 다름없이 돌아앉은 채로 바느질하던 아내가 뒤돌아보지도 않은 채 말을 한다. 멍하니 문을 닫고 돌아와 국면을 다시 대하는 제갈량은 대국에 빠져들어 착점하려다, 순간 아내의 말이 생각나서 두 번째 두려던 곳에 돌을 놓았다. 정말 입신의 경지 제갈량도 돌을 놓고 보니 서너 집 이상의 끝내기 수였다. 전세는 순식간에 역전이 되어 있었다. 아내는 벌써 감정이 앞서 혼란스러운 제갈량의 마음을 제갈량이 문을 열고 들어올 때 짐작하였던 것이었다.

결국 눈터지는 계가 바둑은 제갈량의 승리로 결판이 나고, 어린 동자는 두려움으로 땀을 뻘뻘 흘리며 꿇어앉아서, "제갈량님의 실력은 가히 천하제일임에 틀림없습니다. 제발 제 목숨만 살려 주시면 세상에서 가장 진귀한 이 책을 드리겠습니다."며 개나리봇짐 속의 큰 책 한 권을 내놓았다. 어느 정도 긴장과 화가 풀린 제갈량은 가·부의 대답을 하지 않은 채 책을 슬쩍 보게 된다. 기이하게도 이 책은 인문, 과학, 지리, 천문, 병법 등 우주의 모든 이치가 너무나 알기 쉽고 흥미 있게 적혀 있어, 제갈량은 첫 줄을 읽자 둘째 줄을 읽고 싶었고 첫 장을 읽자 둘째 장을 읽지 않으면 안 되었다. 제갈량은 대청마루 한구석에 잡귀를 물리치기 위해 놓여 있는 팥죽냄비(예전에는 우리 시골에서도 자주 볼 수 있었음)의 팥죽을 배가 고파서 떠먹기도 하고 재미있고 유익한 부분에 밑줄을 쳐 가며 그 큰 책의 반쯤을 읽었을 때는 벌써 해가 서산 너머로 지고 난 뒤였다.

아내에게 미처 대국이 끝났음을 알려주지 않았던 제갈량은 기지개를 켜며 일어서서 방문 앞으로 가서 문을 막 열 때였다. 그때까지 꼼짝 않고 여전히 바느질하던 아내가 역시 뒤돌아보지도 않은 채, "아니! 방에 들어오시지 말고, 지금 빨리 나가 보세요!"라고 외쳤다. 다시 갑자기 한 대 얻어맞은 듯, 제갈량이 문을 닫고 마루로 나가보니 어린 동자가 온데간데없이 사라졌다. 책도 읽지 않은 부분 절반을 떼어 가버린 상태였다.

이 어린 동자는 귀신이었으며(귀신은 붉은색의 팥죽을 싫어함), 제갈량은 이 책의 절반만을 터득하여 삼국지상 최고의 지장이 된다는 이야기이다. 그리고 이 모든 것이 '이성과 인내의 化身'이라 불리던 아내 덕분이었다고.

나我란 없다!

06
춘추 전국시대의 교훈

어떻게 진(秦)나라는 춘추전국시대의 종지부를 찍고 천하통일을 할 수 있었을까?

국민성이 북쪽 오랑캐들의 강인함을 지녔고, 더구나 서쪽의 사막이 병풍 역할을 하고, 이미 오랑캐라고 불리던 유목민족들과 경쟁으로 준 유목민 이상의 강인한 실전 경험이 많았다. 지리적으로 내륙의 춥고 척박한 땅으로, 백성들과 특히 지도자들이 항시 동남쪽으로 눈을 돌리고 있었다. 강인하고 진취적인 국민성에 '춘추 5패' 중 한 명인 진목공(秦穆公) 등의 우수한 왕들을 배출했고, 백리해, 상앙 등 인재를 고루 등용하여 다른 강대국들보다 더 빨리 발전할 수 있었다. 너무 강했다는 단점이 있긴 하지만, 고관대작들을 비롯하여 온 백성들의 정신을 바로잡는 '상앙의 획기적인 제도개혁'이 큰 밑받침이 됐다. 그리고 진왕 정(진시황)을 더 엄격하고 더 잔인하게 만들었던 '한비자의 법가사상'도 큰 몫을 했다.

왜, 넓고 기름진 땅의 초(楚)나라는 천하통일을 못했을까?

영웅 초장왕의 '자만심과 아집' 그리고 외교부족과 이미 광활한 영토에서 충분히 만족하고 있었다. 그리고 진(秦)과 진(晉)의 철저한 견제, 오

㈜나라를 비롯한 주변국들의 번성, 기름지고 풍족한 땅에서 별로 급할 게 없는 성격 등이 원인이었다.

그 외 중소 국가들은 어떻게 했어야 할까?
주로 주㈜황실 인근 국가들로써 주황실과 패권국들의 눈치를 너무 보지 않았을까? 그로 인하여 주변의 강대국들과 '외교 및 경쟁'을 등한 시했을 것이다.
기름진 땅일수록 위치가 좋을수록 자신들의 취약함을 느끼지 못하고 긴장감이 떨어졌고 설마 했을 것이며, 그 외 중소국가들은 주변 강대국과 패권국들의 등살과 내분에 시달리다 사라졌을 것이다(어디서나 약소국들의 국민성은 잘 안주하고, 시기와 질투, 배반심 등이 많았다.)
또 장의와 소진의 '합종과 연횡'을 뛰어넘는 주변 국가들과의 '합병'을 일찍 잘했으면, 진㈜나라를 물리칠 수 있는 세력 확장도 가능하지 않았을까? 그러나 지금도 그렇지만 나라 사이의 'M&A 기술' 부족과 '편협한 국민성', '우물 안의 개구리 같은 사고'가 발목을 잡았을 것이다.

왜, 700여 년간 끝없는 전쟁을 했으며, 전쟁이 가져다준 것은?
인간들의 오욕과 칠정, 그리고 도토리 키재기들의 세력다툼, 당시 주㈜황실의 중앙집권제하의 법·제도 개발 미흡 및 지속적인 통솔·관리 미흡이 다툼을 가져왔다. 무엇보다 목표 달성 후 더욱 지키고 관리하기 힘들다. 당시 주황실은 왜 안주하며 중국대륙으로만 한정 지으려고 했을까 하는 아쉬움도 있다. 역설적으로 전쟁은 철학과 과학의 진보를 가져왔으며 인간의 개체수를 조절할 수 있었다.

춘추전국시대뿐 아니라, 지금도 완벽한 제도나 국가들은 없다. 항시 연구하고, 항시 법·제도 개선에 만전을 기해야 할 것이다. 그리고 위에서부터 온 국민들까지 '살신성인의 문화'가 퍼져있어야 한다. 법·제도가 공정하고 투명하여 모든 국민이 이해하고 신뢰하고 화합하고 동참할 수 있는 것이 최고이다. 유일한 방법은 '살신성인 문화'를 이룩해야 한다!

그리고 절대 교만하거나 안주하면 안 된다. 천하장사라도 교만하거나 안주하면 패배했고, 심지어 졸병에게 죽는 경우도 많았다. 개인이나 왕후장상이나 집단들도 5욕 중 두 개 이상을 취하려 하면 반드시 패망했다! 특히 귀족, 호족들의 세습과 교만은 나라나 심지어 왕조(王朝)까지 망하게 했다.

흔히들 수단과 방법을 가리지 말아야 한다고들 말한다. 동서고금을 막론하고 누구나 수단과 방법을 가리지 않으려고 했다. 단 역사의 교훈은 말하고 있다. 무기가 한발이라도 앞서고 문화가 발전한 나라가 천하를 지배했다!

향후는 어렵고 어설픈 통치보다, 미래에 각광받을 '국제 자유화 지역' 등도 고려할 때이다!

07
자녀들(새로운 세대)에게 쓴 글(2)

나는 참 교만했다. 항상 준비도 없이 뭐든지 남보다 잘할 것 같았다. 그리고 남들보다야 우월하다고 생각했다. 뭘 믿고 그랬는지… 그러다 보니 늘 남들보다 앞서고 이기고 있음을 확인하려 했고, 또 남들을 현혹하려 했다. 그런데 언제부턴가 점점 남들에게 뒤처지고 있다는 것을 느끼기 시작했다. 그런데 잘못된 그 '교만의 습관'은 어지간한 교훈과 충격과 가르침에도 별로 바뀌지 않았다. 나중에는 화도 나고, 억울해하고, 답답해하는 등 힘들어했다. 원인과 치유방법이 '나 자신'에 있다고 생각지 못했다.

40대 초반부터 나의 의지와 통제를 훨씬 벗어난 건강의 문제가 생겼다는 것을 느꼈다. 교만하게 심신을 다뤄온 대가였다. 여기저기 병원을 다니면서 본격적으로 꺾이기 시작했다. 뒤늦게 명심보감과 사서삼경, 노장, 명리학, 영혼사상 등과 주변의 가르침을 허겁지겁 새기려고 노력했고, 자동적으로 채식주의 식단과 엄격한 생활을 한다고 자신을 채찍질하며 너희들에게도 힘들게 만들었던 것 같다. "잃어버린 18년!"이라고 자주 변명을 해대면서, 참으로 부끄럽고 민망한 기간이 오랫동안 지속됐던 것 같다.

나我란 없다!

'교만함'이 나의 청춘을 송두리째 망가뜨렸다. 이미 나는 청·장년기에 가장 중요한 지·덕·체(智德體)를 날려버렸다! 뒤늦게 억울해하며 반성과 자각하기 시작하자, 젊음과 건강이 이미 다 지나갔음을 그제야 깨달았다. 너희들에게 죄만 많이 짓고 죽어간다고 생각했다. 그러한 처절한 반성과 자각이 '절제'를 가져왔고, 서서히 '겸허'도 할 수 있게 되었던 것 같다. 그렇게 무식하고 비참하게 바닥을 기고 난 뒤에, 타의에 의해 '절제와 겸허'를 배우기 시작했다. 너무 심한 '교만의 고집'이 몸과 마음 전체를 차지하고 있었기에.

젊을 때부터 보고, 듣고, 안다고 다되면 얼마나 좋을까? "그 나이에 한 번 가버린 건강은 되돌리기 불가능하고, 더 안 나빠지게 노력하세요!"라는 의사의 말이 가슴에 와 닿았다. 폐 기관지 확장증, 염증이 심한 소장, 위궤양, 만성 중이염 등… 비록 약 18년간의 각고의 노력, 힘든 채식식단, 금연 금주, 만남과 취미활동 자제 등에도 불구하고, 이미 돌아오기에 너무 많은 길을 가버렸다는 것을 느꼈다. 잃어버린 약 18년이 지나서 뒤늦게 정신이 들기 시작하자, '인생은 이제야 겨우 시작하는 때이구나!'라는 것을 느꼈다. 너무 안타깝고 억울했지만, '그나마 늦게라도 알게 됐으니 죽기 전에 하나라도 더 해놓자!' 했다.

한탕주의였을까, 나의 부모님 세대를 봐왔던 탓일까, 나는 알게 모르게 활동연령을 60세 이내로 여기며 교만하게 살아왔던 것도 큰 실수였던 것 같다. 60세를 넘겨 활기찬 인생을 살아가는 사람들을 보며 무척 부러워한 적이 한두 번이 아니다. 정말 철딱서니 없이 교만하게 젊은 시절을 보냈다!

아직도 지식적인 면은 말할 것도 없고, 정신적인 면이나 육체적인 면에서 많이 부족한 것은 말할 필요도 없지만, 이제는 꽤 '중심'을 잡을 줄 알게 된 거 같다. 진실과 거짓, 이상한 것 아닌 것, 나에게 맞는 것 아닌 것, 과한 것 아닌 것, 주는 사람 받는 사람, 교만한 자 아닌 자, 선한 사람 악한 사람, 강한 사람 약한 사람, 고집적인 자 아닌 자, 유혹하는 자 아닌 자, 진정한 행복과 불행, 세상의 흐름 등등을 어느 정도 구분할 줄 알게 됐다. 그렇게 나 자신과 세상과 사람을 무서워할 줄도 알게 됐고, 어느 정도 거리감을 둘 줄도 알고, 조심성도 있게 되고, 자신의 위치도 대충 파악할 수 있게 되었다. '지금 알고 있는 것을 그때도 알았더라면…' 했다.

젊을 때 '지·덕·체'를 놓치면, 중·노년에 '살신성인(도·덕·선)'의 반열에 절대로 오를 수 없다는 것을 뼈저리게 느껴오고 있다! 사람들은 혈기왕성한 젊은 시절에 오욕칠정에 빠져서 산다. 그 중요한 시기에 건강한 체력 기르기와 양심을 바탕으로, 인·의·예·지·신·도·덕을 키워야 하는데…

감히 인생은 뿌린 대로 거둔다! 즉, 사필귀정(事必歸正)이라고 말한다. 따라서 인생에 제일 중요한 것은 '자기관리(自己管理)'이다! 세상에 교만하지 않은 자가 없지만, 나같이 특히 교만한 자들에게 굳이 한 말씀 한다면, "고집보다 기술을 익혀라!"이다.

첫째, 규칙적인 식사보신
둘째, 규칙적인 수면보신
셋째, 규칙적인 운동보신

넷째, 절제와 겸허

다섯째, 감사할 줄 알라

　교만한 자들이 뒤늦게 끊임없이 반성하고 공부하며 거꾸로 사는 삶을 후회하듯이, 모든 사람이 방향과 정도의 차이가 있을 뿐 황혼녘에 '반성과 후회'가 많은 것 같다! 완벽한 인생은 불가능한 모양이다. 그러나 '시지프스가 뾰족산을 향하여 끊임없이 바위를 굴러 올리려는 그 자체가 행복'이라 했듯이, 가장 후회를 적게 하려고 완벽하려고 노력하는 삶 자체가 행복인 것 같다.

　항상 모든 것을 배우는 자세로 '절제·겸허'하며 나아가자.

08
인재(人材) 등용

동서고금을 막론하고, 무기가 한 발이라도 앞선 나라가 세상을 지배했고, 인재를 잘 등용한 나라가 문명이 앞선 선진국의 위치에 있었다. 특히, 현실세상의 축소판이라고 하는 춘추전국시대는 이러한 인간세상을 잘 나타내주는 거울이라고 할 수 있다.

춘추전국 시대에는 나라(제후국)의 흥망이 빈번했고, 스스로 왕이라 자처하는 세도가들도 많았다. 당시 제나라(지금의 칭따오 지역)에서 전씨(田氏-제나라 씁씨의 후손)가 임금까지 죽이고 모든 국권을 마음대로 휘둘렀다. 주 황실국의 옆에 접한 패후국(覇候國)이였던 진(晉)나라도 세도삼가(勢道三家)에 의해 조, 한, 위 3국으로 나뉘게 된다. 당시를 논평한 시(詩)는, '…함부로 신하에게 병권과 세도를 주지 마라, 못난 임금이 간악한 신하를 이끌어 나라를 망친 예가 허다하도다.'

조, 한, 위 3국 중에서도 위나라의 위문후(魏文候)가 가장 어진 임금이었다. 위문후(魏文候)는 사심을 버리고 모든 선비를 두루 공경했다. 특히 동(同) 시대에 청렴하고 꼿꼿하기로 유명한 전자방, 단간목을 상빈(上賓)으로 삼았다. 백성들의 신뢰를 받고, 이극, 책황, 전문, 임좌 등 최상의 모사들이 많이 모여들어 그를 섬기게 됐다.

나我란 없다!

위문후(魏文候)의 인재등용 일화를 몇 개 보자.

전자방의 일화

하루는 위문후의 아들 세자 격이 길에서 상빈 전자방을 마주쳐 경의를 표했는데, 전자방은 세자를 쳐다보지도 않고 그냥 지나가 버리자, 세자는 화가 나서 신하에게 낡아 빠진 전자방의 수레를 세우게 하여 묻는다.

"대저 부귀하는 자가 사람에게 오만스럽게 굽니까, 빈천한 자가 사람에게 교만합니까?"

전자방이 웃고 대답한다.

"자고로 빈천한 자가 사람에게 교만하지 어찌 부귀하는 사람이 남에게 오만할 리가 있겠소. 그렇지만, 일국의 임금이 백성에게 교만히 굴면 나라를 유지하지 못하며, 대신이 수하 사람에게 교만히 굴면 종묘를 받들지 못하오. 옛날에 초령왕은 교만히 굴다가 그 나라를 망쳤으며, 최근에 지백은 교만히 굴다가 그 권문세가의 집안을 망쳤소. 이만하면 부귀는 족히 믿을 것이 못 된다는 것을 알 수 있소. 반대로 가난한 선비는 어떤고 하면, 먹는 것은 잡곡밥에 불과하고 입는 것은 거친 베옷에 불과하지만 누구에게도 요구할 것이 없기 때문에 세상에 대해서도 아무 욕심이 없소. 그저 선비를 좋아하는 임금이 있으면 그곳에 가서 벼슬을 살기도 하고, 또 뜻이 맞으면 그 임금을 위해서 노력도 하지만, 그러나 그렇지 못할 경우엔 벼슬을 버리고 유유히 떠나가오. 그러니 누가 그를 막겠소. 그러기에 옛날 주(周)나라 무왕은 능히 만승천자(萬乘天子) 은나라 주왕(紂王)을 잡아 죽일 순 있었지만 수양산(首陽山)의 백이(伯夷)와 숙제(叔齊)만은 굴복시키질 못했소.

그러기에 빈천한 사람에게도 이런 귀중한 것이 있습니다."

이 말을 듣고 태자 격은 크게 부끄러웠다. 그는 전자방에게 정중히 사죄하고서 떠나갔다. 위문후(魏文侯)는 전자방이 태자에게 굴복하지 않았다는 그 소문을 듣고 더욱 전자방을 존경했다.

서문표의 일화

그 당시 업 땅의 유수자리가 비어있었다. 모사 책황이 위문후에게 아뢴다.

"업 땅은 상당 땅과 한단 땅 사이에 있는 고을로서 한씨 나라와 조씨 나라의 이웃간입니다. 그러니 반드시 굳센 장수를 그곳 유수로 보내고 굳게 지키게 해야 합니다. 신의 생각으로는 서문표(西門豹)를 보내는 것이 가장 적합할 줄로 압니다."

위문후는 즉시 서문표(西門豹)를 업 땅 유수로 보냈다.

서문표가 업 땅에 당도해보니 길거리는 쓸쓸하고 백성들도 많지 않았다. 서문표가 늙은 백성들을 불러서 물었다.

"이곳에 살면서 특별히 어려운 일이 있으면 주저하지 말고 말하라."

늙은 백성들이 일제히 고한다.

"우리는 물의 신 하백(河伯)이 너무나 자주 여편네를 얻어서 못 살겠습니다."

서문표는 의아했다.

"그거 참 괴상한 일이로구나! 수신(水神)이 어떻게 신부를 얻는다는 말이냐? 좀더 자세하게 말하여라."

한 늙은 백성이 차근차근 설명한다.

"장수는 장령 고개에서 내려오다가, 사성 땅을 경유하면서 동쪽으

나我란 없다!

로 방향을 바꾸어 우리 업 땅에 이르러서는 장하가 되어 흐릅니다. 저희들이 말하는 하백이란 바로 그 장하의 수신(水神)입니다. 이곳 수신은 끔찍이 여자를 좋아해서 해마다 장가를 듭니다. 그래서 해마다 아리따운 처녀를 바쳐야만 우순풍조(雨順風調)하고 그해에 풍년이 듭니다. 만일 그렇게 하지 않으면 수신이 대로하여 홍수를 일으키는 바람에 사람과 집이 떠내려갑니다."

서문표가 묻는다.

"누가 맨 처음에 이런 말을 퍼뜨렸느냐?"

"이건 다 이 고을에 사는 무당이 주장해서 합니다. 이곳에 살려면 뭣보다도 수해가 두렵기 때문에 누구나 무당을 따르지 않을 수 없습니다. 그래서 해마다 이 고을 세도하는 집과 무당은 서로 짜고서 모든 백성들로부터 수백만 금의 비용을 긁어 갑니다. 그들이 수신에게 처녀를 바치는 비용으론 겨우 2, 30만 금만 쓰고 그 나머지는 그들이 서로 나눠 먹습니다."

서문표가 묻는다.

"그래 백성들은 그런 줄 알면서도 한마디도 불평을 말하지 않는가?"

늙은 백성들이 대답한다.

"그건 괜찮습니다. 참으로 기막힌 일이 또 있습니다. 해마다 봄이 되어 남자들이 밭에 나가 씨를 뿌리면, 이때 무당은 색시 있는 집으로 돌아다니면서 선을 봅니다. 좀 이쁜 처녀가 있으면 무당은 이렇게 말합니다. '이 처녀야말로 하백의 부인감이시다!' 그러나 어느 부모가 자기 딸을 내놓고 싶어 하겠습니까. 즉, 딸을 내주기 싫은 부모는 무당에게 많은 재물을 줘야만 합니다. 그러나 가난한 백성들이야 무슨 돈이 있습니까. 결국 가난한 집만 딸을 뺏기고 맙니다. 무당은 장하가에 있는 재궁으로 그 처녀를 데리고 갑니다. 그리고 침상에다 새로운 요와 이불을 펴고 붉은 방장을 칩니다. 처녀는 목욕하고, 옷을 갈아입고, 그날부터 재궁에 있게 됩니다. 무당은 다시 택일하고 그날이 되면 갈대로 엮은 배에다 그 처녀를 태워 강물에 떠내려 보냅니다. 갈대로 만든 배가 물에 뜨면 얼마나 떠 있겠습니까. 결국 갈대로 만든 배는 수십 리쯤 떠내려가다 침몰합니다. 우선 백성들은 해마다 뜯기는 막대한 비용 때문에 견뎌낼 도리가 없으며, 또 딸을 가진 부모는 딸을 뺏기지나 않을까 해서 늘 공포에 떨고 있습니다. 그래서 사람들은 걸핏하면 이곳을 떠나 먼 곳으로 달아나기 때문에 보시다시피 성안이 쓸쓸합니다."

서문표가 묻는다.

"지금까지 이 고을은 몇 번이나 수해를 당했느냐?"

늙은 백성들이 대답한다.

"해마다 하백에게 처녀를 바쳤기 때문에 수해를 당한 일은 없습니다. 우리 고을은 지대가 높아서 물이 들어오지 않지만, 그대신 거의 해마다 가물어서 곡식이 그냥 말라버리는 수가 많습니다."

서문표가 조용히 머리를 끄덕이며 부탁한다.

"수신이 그렇듯 영험하다 하니, 처녀를 바칠 때 나도 가서 전송하고 백성들을 위하여 기도하리라. 그때가 되면 즉시 나에게도 기별하여라."

그 후 갈대 배에 여자를 태워서 수신에게 떠내려 보내는 날이 됐다. 늙은 백성들은 서문표에게 가서 알렸다. 이에 서문표는 의관을 갖추고 친히 장하로 나갔다. 고을의 관속들과 고을의 세도가 세 명과 이장 등과 동네 어른들이 다 모여 있었다. 또 백성들도 구경하려고 백사장 가득히 나와 있었다. 그들을 추산한다면 적어도 수천 명은 되는 성싶었다. 이윽고 고을 세도하는 늙은이 세 명과 이장 등이

나我란 없다!

한 무당을 데리고 와서 서문표에게 인사를 시켰다. 그 무당은 자못 태도가 거만했다. 서문표가 가만히 보니, 참으로 못생긴 늙은 여자였다. 그 늙은 무당 뒤에는 20여 명의 젊은 무당들이 초초한 의관을 갖추고 각기 향로과 비품을 들고 뒤따라 서 있었다. 서문표가 늙은 무당에게 말했다.

"이 일에 너는 수고가 많겠구나. 오늘 하백에게 출가하는 여자를 이리 좀 데리고 오너라. 내가 한번 보고 싶다."

늙은 무당은 제자들을 시켜 신부를 데려왔다. 제자 무당들이 데리고 온 그 처녀는 선명한 옷에 하얀 버선을 신고 있었는데, 얼굴은 잘생긴 편이 아니었다. 서문표가 늙은 무당과 고을 세도가 3명에게 분부한다.

"수신 하백에게 바치는 여자는 반드시 절색이라야 할 것이다. 그런데 이 여자는 자색이 별로 아름답지 못하구나! 수고스럽겠지만 무당은 직접 하백에게 가서 우리 고을 태수께서 말씀하시기를 '극히 아름다운 여자를 구해서 바치겠으니 며칠만 좀 더 기다려 달라'고 나의 뜻을 전하고 오너라."

서문표가 다시 이졸들에게 명한다.

"하백이 있는 곳으로 이 늙은 무당을 보내주어라."

분부가 떨어지기가 급하게 이졸들은 우루루 달려들어 늙은 무당을 댕강 안아다가 강물 한가운데 던졌다. 늙은 무당은 괴상한 비명을 지르면서 물속으로 풍덩 빠지더니 다시는 떠오르지 않았다. 이를 보고 모든 사람은 대경실색했다. 서문표가 한참 동안 조용히 물가에 서 있다가 말한다.

"늙은 무당이어서 건망증이 심한가 보다. 하백에게 가더니 나에게 돌아와서 보고(報告)도 않는구나. 얘들아, 하백의 대답이 궁금하니 그

제자 무당을 또 보내 보아라."

이졸들은 다시 젊은 여자 무당 한 명을 댕강 안아다가 강물에 내던졌다. 조금 후에 서문표가 또 말한다.

"허! 그 제자도 한 번 가더니 왜 이리 소식이 없을꼬! 하나씩 보낼 것이 아니라 연달아 몇 명만 더 보내봐라!"

이졸들은 연달아 젊은 무당 몇 명을 강물에 내던졌다. 젊은 여자 무당들은 역시 비명을 지르면서 강물 속으로 사라졌다. 얼마후에 서문표가 또 말한다.

"여자들을 보냈더니 하백에게 나의 뜻을 잘 전하지 못하나 보다. 이번엔 이 고을에서 세도하는 저 노인 셋을 보내 보아라."

세 명의 고을 세도가들은 황망히 아뢴다.

"저희들은 좀 바쁜 일이 있어서 분부 거행을 못 하겠습니다."

그제서야 서문표가 큰 소리로 꾸짖는다.

"잔말 말고 속히 가서 하백에게 나의 뜻을 전하여라! 그리고 곧 대답을 듣고서 돌아오너라!"

이졸들은 기다리고 있었다는 듯이 달려들어 고을 세도가 3명을 잡아 이끌고 가서 강물에 던져버렸다. 구경나온 모든 백성이 이 광경을 보고 서로 속삭인다.

"이번에 도임해 오신 유수는 보통 분이 아닐세!"

"음, 대단하시다! 어쩌면 저렇게 아무 표정도 없이 척척 해치울까. 명관이시다."

서문표는 더욱 의관을 단정히 바로 잡고 마치 강물에 들어간 사람들의 대답을 기다리듯이 서 있었다. 다시 한 식경 가량 지나 서문표가 또 말한다.

"이거 암만 기다려도 소식이 없구나! 여자나 늙은이들만 보내선 안

나我란 없다!

되겠다. 해마다 이 일을 주선해 온 관속과 이장 등을 보내 보아라."

순간 관속과 이장 등은 놀라서 땀을 흘리며 얼굴은 흙빛이 되었다. 그들은 일제히 꿇어 엎드리고, 머리를 조아리면서 애걸복걸한다.

"살려주소서! 그저 저희들의 목숨만 살려 주소서! 한 번만 용서해 주소서!"

이졸들이 잡아 일으켜도 그들은 한사코 일어서지를 않으면서 울부짖었다. 서문표가 이졸들에게 분부한다.

"좀 더 기다려보기로 하고 우선 그냥 놔둬라. 다른 사람들까지 불안해서야 되겠나!"

다시 한 식경이 지났다. 강물 속에 빠진 자들이 살아서 돌아올 리가 만무했다. 서문표가 정색하고 꾸짖는다.

"강물이 유유히 흐르는데 들어간 자들이 나오지 않는구나. 너희들은 내 말을 잘 들어라. 과연 水神이란 것이 어디에 있느냐! 너희들은 해마다 죄 없는 처녀만 죽였고 착한 백성들만 괴롭혔다. 너희들의 죄는 죽어야만 마땅하다."

그들은 다시 머리를 조아리고 애걸복걸한다.

"저희들은 그저 늙은 무당년에게 속았을 뿐입니다. 어리석은 저희를 살려주소서!"

서문표가 분부한다.

"늙은 무당은 이미 없어졌다. 이후로 또 하백을 장가들여야 한다는 자가 있거든 언제든지 나에게 오너라. 내 그자를 강물 속 하백에게 보내어 직접 중신을 들도록 해주리라. 관속과 이장과 3명의 세도가의 재산을 모조리 몰수해서 그간 억울하게 당한 백성들에게 돌려주어라. 그리고 나이 많고 홀아비로 사는 백성들에게 저 나머지 무당년들을 내주어 짝을 짓게 하여라."

그 후로 업 땅엔 무당이란 것이 씨가 말라 버렸다. 그간 타관에 가서 살던 백성들도 차차 고향인 업 땅으로 돌아왔다.

그리고 서문표는 업읍 일대의 모든 지형을 측량하고 12곳에 장수를 끌어들여 저수지를 만들었다. 그 후 장수가 범람할 염려는 없어졌고, 물을 잘 이용해서 농사가 갑절로 잘 되었으며 백성들의 생활도 크게 향상되었다. 오늘날도 임장현에 가면 서문거라는 저수지가 있다.

오기장군의 일화

그 후 위문후는 진(秦)나라의 침범에 대비하여 서하(西河) 땅 태수로 누가 적임자일지 책황에게 물었다. 책황이 한참 만에 대답한다.

"성은 오(吳)며 이름은 기(起)라고 합니다. 오기는 위대한 장수의 소질이 있습니다. 전에 그는 노나라에 있었는데, 지금은 우리나라에 와 있습니다. 상감께서는 속히 오기를 등용하십시오. 오기는 혹 다른 나라로 가버릴지도 모릅니다."

위문후가 묻는다.

"오기라니, 그 사람은 지난날에 노나라 장수가 되기 위하여 자기 아내를 죽인 자가 아니냐? 내가 소문을 듣기엔 오기는 재물과 여색을 좋아하고 아주 잔인하다고 했다. 그런 자에게 어찌 중임을 맡길 수 있으리오."

책황이 대답한다.

"신은 다만 오기의 뛰어난 능력을 천거해서 상감의 일을 도우려는 것뿐입니다. 이번 일을 위해서, 그의 성격과 행동까진 따질 건 없지 않습니까?"

나我란 없다!

위문후가 말한다.

"그렇다면 과인은 시험 삼아 그대가 시키는 대로 오기를 등용하겠소."

과연 오기는 책황의 말대로 서하 땅에 가서 성을 구축하고, 성 둘레의 못을 깊이 파고, 군사를 조련하고, 군사를 사랑했다. 그 성의 이름을 오성(吳城)이라 명명했다. 그리고 진나라의 정변을 틈타 군사를 거느리고 하서지방 가까이에 있는 진나라 성 5개소를 빼앗았다.

그러나 위문후가 죽고 위무후가 왕이 되자, 오기가 정승이 되지 못하고 서하 땅 태수 자리에도 다시 가지 못하게 된다. 이에 눈치가 빠르고 지나치게 총명한 오기는 위무후가 자기를 경계한다는 것을 느끼고 신변의 위협을 느끼며 초나라로 달아난다. 초나라에서 정승이 된 오기는 초나라의 부국강병을 위해 새로운 관제를 제정하고 국가를 튼튼하게 했다. 그러나 초도왕이 세상을 떠나자 오기 때문에 그간 국록을 몰수당했던 대신들과 귀족들과 그 자손들이 일제히 들고 일어나 오기는 죽임을 당한다.

〈김구용 선생의 『동주 열국지』 참고〉

비록 급속하고 잔인한 일 추진으로 원한과 정적을 많이 쌓은 오기(吳起)뿐만 아니라, 변방의 진(秦)나라의 제도개혁을 과격하게 추진하여 700년여의 춘추전국시대의 막을 내리게 하고 천하통일의 기틀을 닦은 상앙(商鞅)과 같은 인재가 요즘은 그립다.

09
기회는 아직 있다!

이번 일본의 지진과 쓰나미는 너무 가혹했다. 특히 그 재앙을 TV로 생생하게 볼 수 있었기에 더욱 그렇게 느꼈을 것이다. 한동안 뭐라고 말할 기분도 나지 않았다. 일본 사람들을 조금 알 것 같고 이해할 것 같았다. 호전적이며 약삭빠르고 원숭이 같다고 느꼈었는데… 저렇게 파괴적이고 잦은 지진과 쓰나미가 일어나는 일본에 내가 살고 있었더라도 그렇게 약삭빠르고 호전적이 되었을 것이라고. 그리고 안전한 한국 땅을 탐냈을 것이라고. 그래서 함께 슬퍼하며 한국 땅을 일본인들도 마음껏 들어와서 이용하게 하거나 국가 간 합병을 하는 게 좋겠다고 했다. 이미 십수 년 전에 양국에 연륙교를 놓자고 누군가가 주장도 했다.

북한 주민은 같은 동포, 일본, 중국, 몽골 등은 형제국이라고들 한다. 베트남, 인도, 미얀마, 태국 등의 나라들도 몇백 년 전에 이미 혼인도 하고 상호 거주도 했던 친척의 나라라고 한다. 따지고 보면 세계인은 친척들이다. 5천 년 전 단군부터 촌수를 따져 봐도 가장 먼 친척이 160여 촌 밖에 차이 나지 않는다. 한 세대는 30년 정도이니까. 인간들은 가까울수록 서로 아는 것도 많다 보니, 이해보다 시기 질투하며 자주 다투게 된다.

나我란 없다!

사실 일본인, 한국인이라고 나눌 필요도 없는 것을. 일본인들에 대해 '연민의 정'을 느끼게 됐다. 그런데 이 와중에 일본이 '독도는 일본 땅'이라고 학생들 교과서에 나름대로 근거를 대며 싣기로 발표했다. 신문 방송 등은 상당히 흥분하고 있다. '일본 우익 집단의 짓이다, 어쩌야 한다'며. 그들에 대해 상당히 발칙함을 느꼈지만, 근시안적인 인간들의 이기심이려니 했다. 그래서 우리도 불안해하는 그들과 똑같이 들끓을 것이 아니라, 그들이 자숙할 때까지 기다릴 줄 아는 인내도 있어야 한다고. 그것이 신뢰를 쌓아가는 좋은 방법 중 하나일 것이라고. 이해해보니, '세계시민들이 일본에 대해 연민의 정을 느끼고 있는 이때가 독도를 자기들 것이라 주장하면 최고의 효과를 가져다줄 기회'라 느꼈을 것 같다. 그러는 일본인들에게 아쉬움은 있다. 너무 근시안적이기 때문이다. 독도와 그 영해를 금액으로 환산해도 얼마 되지 않는다. 그러나 그들은 북방 러시아와의 분쟁 섬과 중국과의 분쟁 섬들을 고려해 볼 때, 독도 문제는 이 섬들과 함께 좋은 팻감(바둑용어)으로 엮어둘 수 있을 것이다. 그 모두를 환산해도 얼마 되지 않는다. 자칫 小貪大失(소탐대실)할 수도 있을 텐데. 그러나 현실적으로도 일본인, 한국인 할 필요가 없다. 애시당초에 '나(我)'라는 것은 없으니까. 더욱이 내 것, 니 것이란 것도 없다. '집단'이나 '국가'라는 것들은 더 말할 나위도 없다. 이렇게 구분이 지어진 가장 큰 원인은 '지배집단'들의 욕심이다.

며칠 전 TV에서 염전에서 염전으로 또 농원으로 팔려다니며 현대판 노예생활을 하는 국내 사람들을 봤다. 얼마나 두려움에 주눅이 들었는지 방송사 직원들과 인권보호직원들의 갖은 호의와 노력에도 며칠간은 눈치를 보며 자신의 피해 사실을 말하려 하지 않았고, 오히려 그 가해자들을 '좋은 분들'이라고 했다.

세상에는 지진과 쓰나미 같은 천재(天災)에 반해, 전쟁 등의 인재(人災)가 더 많다. 天災와 달리 人災는 인간들의 화합과 의지로 막을 수 있다. 세상을 지배하는 서양문화 중 잘못된 첫째가 '차별화에 이은 귀족들의 특권 남용문화'이다. 그것이 현실세상의 전쟁 등 문제점들을 야기 시켜왔고, 점점 그 귀족집단들의 세력화와 세계화로 퍼져가고 있다는 점이 문제라는 것이다. 정치, 군사, 법(律), 종교, 금융, 경제, 기업 등의 매개를 이용하는 이 세력화된 집단들의 싸움에 이제 전 세계 대중들이 침묵하는 양처럼 침묵하는 노예처럼 끌려다니고 있다.

그러나 지렁이도 밟으면 꿈틀한다! 최근 쟈스민 혁명의 튀니지를 비롯하여 여러 국가가 꿈틀하기 시작했다. 이미 세계 곳곳에서 귀족집단들에 염증을 느끼고 있다. 매스미디어, SNS 등의 발달로 세계인들의 눈과 귀가 많이 열리고 있다. 이제 개인의 욕심을 채울 수 있는 것은 별로 없다. 집단의 욕심도 마찬가지이다. 사실 국가란 울타리도 누굴 위한 것일까? 득이 많을까, 실이 많을까? 또 누구의 득일까?

1990년 중반 해외생활시 지도를 보며 한반도는 국가가 되기에 좀 뭔가 부족한 것 같고 이상했다. 그리고 세계의 여러 나라를 훑어봐도 왜 저렇게까지 국가가 될 필요가 있었을까 하는 나라들도 많았다. 그때부터 주창해 온 것이 '한반도의 국제 자유화 지역'이다. 한반도가 안 되면 일단 '남한'부터라도 실행해야 한다고 했다.

이번 일본의 쓰나미에 한국을 '국제 자유지역, 세계인의 땅'으로 개방하지 못한 것을 아쉬워했다. 어릴 적 배고플 때 친구들이 먹던 빵이 그렇게도 먹고 싶었듯 일본이 그렇게 갖고 싶어하는 한국 땅을 모두 같이

나我란 없다!

공유했어야 한다고. 물론 형평성에 맞게 그들 땅도 같이 공유할 수 있어야 하고. 서로 생각의 차이와 문화의 차이 등을 해소할 수 있는, 공간적 시간적 정신적인 배려와 사랑과 협력의 장이 열릴 수 있도록. 특히 이렇게 좋은 '문명의 발달의 시대'이자 '1일 생활권 시대'에…. 그렇게 할 때 몇몇 개인이나 집단의 감정적인 지배와 일희일비(一喜一悲)하는 감정적인 욕심의 세상으로부터 탈피할 수 있을 것이다.

이제 세계는 '소수 지배집단의 전유물'이 아니다. 더 이상 소수지배집단들의 감정에 휘둘리는 우를 범해서는 안 된다. 세계시민들이 함께 벽을 허물어 동참해 나가야 한다. 물론 절대 단숨에 전세계화해서도 안 되고, 강압적으로 해서도 안 된다. 자연적으로 차츰 이루어지도록 놔두자는 것이다.

기회는 아직 있다!

10
자녀들(새로운 세대)에게 쓴 글(3)

건강하지? 항상 조심하고 절제·겸허하자! 나이 50을 넘어서 뒤늦게 '핸드폰 메모란'에 적어 다니는 게 있다. '건, 화, 달, 법, 긍'이다.

건강생활

화내지 말자

달지 말자

법·계약 철저

긍정적 생활

인생 모든 것의 근본은 건강이다. 사주의 좋고 나쁨도 그 사람이 얼마만큼 건강한가에 비례하는 것이라고 했다. 결국 자기관리를 잘하는 자가 최고의 길격(吉格) 사주를 가지는 자이다.

바쁜 일상에서 간혹 화를 낼 일들이 생길 것이다. 그러나 절대 화를 내면 손해이고 백전백패한다. 뿐만 아니라 여태껏 잘해온 것이 '화냄' 한 번에 다 무너진다. 모든 것은 내 탓이라고 생각하라. 정 어려우면 똥 밟았다고 생각하고 넘어가라.

자주 느끼는 말이, "말이 많으면 허물이 생기고, 말이 적으면 바보라

나我란 없다!

도 지혜롭다!"라는 말이다. 또 어릴 때 축구를 할 때, 우리끼리 자주 쓰던 말 "야, 달지 마라!"가 있다. 개인기가 좀 뛰어난 애들이 재빨리 패스하지 않고 잔재주를 부리며 상대 수비수를 많이 달고 있을 때 한 말이다. 본인의 힘도 엄청 빠지고, 게임도 지게 된다. 결국 말을 많이 하지 말고, 너무 많이 친하려 하지 말라는 교훈이다.

법규를 준수하라. 열 순경이 도둑 하나 못 잡는다고 했다. 절대 자신의 욕심과 주변의 분위기 등에 넘어가지 마라. 제 똥을 제가 밟게 된다. 이렇게 자신을 포함한 인간들은 '오욕칠정'의 덩어리로서, 절대로 완벽하고 이성적일 수가 없다. 자신의 오욕칠정도 컨트롤 못하는데, 어떻게 타인의 오욕칠정을 컨트롤하겠다는 말인가? 특히 사주학에서도, 어설픈 이성적인 자들은 오히려 감정적이고 힘센 자들의 '밥'일 수밖에 없다는 것을 얘기하고 있다. 뿐만 아니라 사람들은 모이면 더 감정적이고 교만해진다는 뜻이기도 하다.

어떻게 살아야 잘 사는 인생일까? 인간은 자연물로서 '습관체'이다. '인간 습관체'가 인생 70~80년을 춘하추동으로 나누어, 보통 15~20년 정도씩 성실하게 노력하고 살면 그 좋은 습관으로 다음 15~20년은 좋은 생활을 영위할 수 있다고 한다. 그러나 감정의 동물인 인간은 순간적인 큰 '감정폭발'로 15~20년의 습관을 깨트리기도 한다. 특히 나쁜 습관을 들이기는 쉽지만, 자각하고 뜯어고치는 데는 엄청난 세월과 각고의 노력이 필요하다. 인간은 어떻게 어디로 튈지 모르는 '오욕칠정'의 집합체로 되어있다. 인간 개개인의 정신과 마음속에 A부터 Z까지, 이미 천당부터 지옥까지 다 들어있다. 인생은 어느 것을 어떻게 끄집어내어 습관화하느냐는 '본인의 노력' 여하에 달려있다.

사주학에서도 인생의 길흉은, 건강하냐 아니냐에 달려있고, 정신이 이성적이고 강하냐에 달려있다. 결국 인간은 '습관체'이기 때문에 '이성적인 자기관리(절제와 겸허)'를 얼마나 잘하냐에 달려있다.

사주학에서 개운(開運:좋은 운을 불러들이는 것)을 간혹 얘기한다. 송나라 때 3대에 걸쳐 재상을 지낸 유명한 명리(사주)학자 여몽정 선생은 '겸허' 하면 자신이 타고난 부귀영화를 찾아 먹을 수 있다 했고, 18세기 일본의 유명한 관상가 미즈노 남보쿠 선생은 '음식절제'만으로 부귀영화를 누릴 수 있다고 했다. 굿이나 부적은, 물론 간절히 바란다는 의미에서 약간의 효력이 있을 수 있으나, 효력이 별로 없다. 일반적인 사주학적으로는 '궁합 좋은 배우자'를 만나는 일이 최고요, 그다음 '개명(改名)' 등이라 한다. 물론 최고는 '절제와 겸허(이성적인 자기관리)'의 습관이다.

왜 사주학을 자꾸 인용하냐고? 혈액형별 특성, 관상적 특성, 별자리 특성 등보다, 사주학이 더욱 정확하고 세분화되고 통계적으로 가르침을 주는 좋은 공부이더라! 사람의 욕심과 성정과 흐름을 알고, 세상의 흐름을 알게 되었다. 인생을 살면서 직접적으로 경험을 다 하면서 살 수는 없고, 사주학을 통하여 훌륭한 '자각'도 할 수 있는 밑거름이 되었다.

나의 직접 경험과 사주학 관점에 의한 결론은, '사주가 아무리 좋은 사람도 철저한 자각·반성에 의한 절제와 겸허를 하면 잘 살고, 사주가 아무리 나쁜 사람도 처절한 자각·반성에 의한 절제와 겸허를 하면 잘 산다.'이다. 즉, 인생은 '고집보다 기술'이 앞서야 삶이 행복하다는 것이다. 단, 각자의 주요 뼈대의 방향은 다를 수 있다. 한 인생에 있어 '절실한 자각'을 찾을 수 있는 기회도 2~3번 정도이고, '절제와 겸허'할 수 있

나我란 없다!

는 바탕도 그 절실한 자각에 의해서만 가능하더라는 것이다!

결국, 사주학에서도 최상의 방법은 '절제와 겸허', 즉, '이성적인 자기관리(自己管理)'라고 말한다. 이미 부모님이나 선각자들께서 수없이 좋은 말씀을 하셨다. 그런데 '고집과 교만' 등이 귀를 막았던 것이다. 특히 잘될 때일수록 더욱 낮출 수 있어야 진정한 '절제와 겸허'이다! 인간은 조금씩 올라갈수록 지가 최고인 줄 알며, 나쁜 습관이 쌓이게 마련이기 때문이다.

자기관리(自己管理)의 도움글들

1. 마음관리

– 이성적인 생활을 하자.

* 勤爲無價之寶(근면한 것보다 더 가치 있는 것은 없다)

* 滿招損 謙受益(교만하면 손해를 보게 되고, 겸손하면 이익을 얻는다. 남을 숙이게 하려면, 먼저 남에게 숙일 줄 알아야 한다)

– 집착과 급함을 삼가고, 경청과 기다림을 하자.

* 자기의 것이 될 것은 어떤 식으로도 된다.

* 시지프스가 힘들게 바위를 굴리는 바로 그 순간이 행복이다!

– 시기 질투를 삼가고, 지혜롭고 긍정적인 자세를 견지하자.

* 人不知而不慍, 不亦君子乎!(사람을 알아주지 않음에 화를 내지 않는다면, 이 또한 군자가 아니겠는가?)

* 積善之家 必有餘慶(좋은 일을 쌓아가는 사람은 경사가 있을 것이다)

– 공자 선생의 人生 有三戒 명심하자.

* (少之時 血氣未定 戒之在色 : 소년기에 혈기미정하니 색조심

及基壯也 血氣方剛 戒之在鬪 : 젊을때 혈기 강하니 투쟁조심

及基老也 血氣旣衰 戒之在得 : 늙어 쇠해지면 욕심조심=노욕조심)

2. 건강관리

– 식사 습관(과식, 술, 담배, 인스턴트식품 등 삼가)

– 운동(규칙적으로 적당한 운동취미)

– 청결(저녁 11시 이전에 깨끗이 씻고 잔다)

– 수면(저녁 11시 이전에 깨끗이 씻고 잔다)

3. 목표관리

– 현재 관리

– 사람 관리

– 계획, 실천, 달성 관리

4. 일반적인 삶의 기술

– 근심 = 애욕에서 오고(戒之在色)

– 허물 = 경망에서 오고(戒之在鬪)

– 재앙 = 물욕에서 오고(戒之在得)

– 죄 = 참지 못함에서 오고

– 복 = 절제에서 오고

– 덕 = 겸허에서 온다.

인생은 사필귀정(事必歸正)이다! 즉, 뿌린 대로 거둔다는 뜻이다. 인간 세상에서 제 인생에 만족하는 자는 없다. 불가(佛家)에서도 인생을 三苦 라고 했다. 전생도 고요, 이생도 고요, 내세도 고라고. 인도의 가르침에 도 '지혜스럽지 못하면 카르마(업)의 노예가 될 수 있다. 주로 그 형벌은

나我란 없다!

큰 질병으로 온다.'고 했다. 그만큼 자신의 욕심이 자신을 괴롭힐 뿐 아니라, 그 욕심을 이길 수가 없다는 것이다.

(만약 이 모든 것을 실천하고 습관화하였다고 하더라도, you are not a somebody! 즉, '나를 위해 세상이 돌아가는 것은 거의 없을 뿐 아니라, 세상을 위하여 내가 조화되어야 한다!'는 것이다. 긍정적인 마인드 속에서 항상 '절제하고 겸허'하자!)

11
사초 이야기

요즘 세상이 시끌시끌하다. 이집트 내전에, 시리아 내전에, 유럽 경제 충격에, 미국의 재정문제에, 일본의 집단적 자위권 행사를 포함한 군사력 증강 문제에, 북한과 이란의 핵 문제에, 아프리카의 문제 등…. 또 안으로는 이적단체 문제에, 북한과의 이산가족·개성공단 등의 문제에, 정치권의 주도권쟁탈 문제에, 검찰총장의 혼외 자식 문제에, 전 대통령 비자금 문제에, 기업들의 도덕적 해이 문제 등…. 더 이상 헛된 피를 흘리게 하지 말아야 한다.

지도자들이 교만하면 나라가 망한다고 했다. 예로부터 국가 간의 전쟁 때 가장 많은 피를 흘렸다. 패전국의 부녀자들의 치욕은 말할 것도 없고, 국민 대다수의 목숨이 위태로워도 어느 누구 입 하나 꼼짝하지 못했다. 너무 비참했다. 우리 국민들은 이미 많은 피를 흘렸다. 그런데 아직 끝나지 않았다, 계속 내분이 일어나고 있다.

지금을 난세(亂世)라고 해야 할까 치세(治世)라고 해야 할까? 치세든 난세든 내분(內紛)이 가장 큰 적이다. 어느 정도의 견제는 필요하지만, 서로 감정을 가지고 정신병적으로 시시콜콜 죽어라고 다투는 것은 지양해야 한다. 특히 국민들을 끌어들이면서까지… 이제 票(세력)를 위해 국가

나我란 없다!

와 국민을 갈기갈기 다 찢어놓은 상태이다. 서로가 한 단락이 끝날 때까지 기다릴 줄 아는 인내와 지혜가 필요하다. 수단과 방법을 가리지 않고 죽기 살기로 '세력다툼'을 하면, 적국들만 좋아지는 자중지란식의 '패망'이다.

약소국들의 가장 큰 병폐는 시야가 좁고 근시안적이다. 강대국들은 이미 경험과 여유가 많아 세상의 흐름을 잘 본다. 손자병법에 최상의 승리는 싸우지 않고 이기는 것이라 했다. 그 방법 중 최고는 상대를 자중지란에 빠트리는 것이다. 우리는 스스로 자중지란에 빠지고 있다.

도덕경의 安民편에는 '현명함을 존중하지 않아야 백성들이 경쟁하지 않는다.'라고 했다. '성인(聖人)의 다스리는 도리는 백성들의 마음을 비우게 하고, 배를 부르게 하며, 백성들의 뜻은 약하게 하고, 몸은 강하게 하는 것.'이라 했다. 또 '항상 백성들을 무지(無知)하고 욕심이 없도록 하고, 지혜로운 사람으로 하여금 감히 수작을 부리지 못하게 해야 한다.'고 했다. 국민들의 교만을 경계시키는 말이다. 지도층이 교만해도 나라가 망하고, 대중이 교만해도 나라가 망한다고 했다.

그리고 노자선생께서는 왜 임금을 '성인(聖人)'으로 표현했을까? 지도자라면 도덕선(道德善)이 충만하고, 국가와 국민을 위해서 살신성인(殺身成仁)할 수 있는 경지에 있는 자(者)여야 한다는 것을 강조했던 것이다.

이 불안한 시기에 전 정권의 남북정상회담 관련 사초(史草) 문제가 어이없이 불거졌다. 약 2500년 전 춘추시대에 한참 난세의 소용돌이 속의 한 사초(史草) 문제 사례를 보자.

제(齊)나라에 최저라는 대부의 부인 당강이 너무 예뻐서 제장공(제나라 왕)은 무력을 사용하여 당강과 자주 교정에 빠져있었다. 최저는 드디어 묘략을 짜서 제장공을 죽이게 된다. 그리고 최저는 태사(太史) 백(伯)에게 "실록에다 제장공이 학질로 죽었다고 써라"라고 분부했다. 그러나 태사 백은 명령에 복종하지 않고 기록에다 '여름 5월 을해(乙亥)일에 최저는 그의 임금 광(光)을 죽였다'고 썼다. 이때 태사 백에게 중(仲), 숙(叔), 계(季), 세 동생이 있었는데 모두 사관(史官)이었다. 대부 최저는 태사 백을 죽이고, 동생 중을 태사에 앉혔다. 그러자 동생 仲도 역시 그 형 백이 쓴 것과 똑같이 기록했다. 이에 최저는 태사 仲도 죽였다. 그다음 동생 숙도 죽은 두 형의 것과 똑같이 기록했다. 최저는 태사 叔까지 죽였다. 그 밑의 동생 계도 죽은 형들이 쓴 것과 똑같이 기록했다.

최저가 그 기록을 보고 기가 막혀 태사 계에게 말한다.

"너의 형 셋이 다 죽었는데도 너의 생명이 아깝지 않느냐? 내가 시키는 대로 쓰면 너를 살려주마."

태사 계가 대답한다.

"사실을 바른대로 쓰는 것이 역사를 맡은 사람의 직분입니다. 자기 직분을 잃고 사는 것보다는 차라리 죽는 편이 낫습니다. 옛날에 진령공이 죽임을 당했을 때 태사 동호는 조돈이 정경벼슬에 있었기 때문에 능히 그를 치지 못하고 붓으로 실록에다 '조돈이 그 임금 이고(진령공의 이름)를 죽였다'고 썼습니다. 그러나 조돈은 그 실록을 보고 아무 말도 않았습니다. 즉, 그는 권력으로도 사직(史職)을 맘대로 할 수 없다는 것을 잘 알고 있었기 때문입니다. 그러니 오늘 내가 쓰지 않더라도 반드시 천하에 이 사실을 쓸 사람이 있을 것이니 아무리 해도 최우상이 저지른 일을 감출 수는 없습니다. 자꾸 감추려 들면 도리어 웃음거리만 되고, 내가 죽게 되면 최우상은 더욱 불리해집니다. 그러니 나를 살리든 죽이든 마음대로 하십시오."

최저가 기록을 태사 계에게 던져주며 탄식한다.

"나는 우리나라 사직을 바로잡기 위해서 부득이 임금을 죽였다. 그대가 사실대로 기록한대도 사람들은 반드시 나를 이해하겠지."

태사 계가 그 기록을 들고 사관(史館) 가까이 갔을 때 남사씨가 다가왔다.

"난 그대 형제가 다 죽임을 당했다는 소문을 듣고 혹 이번 사건이 후세에 전해지지 못할까 염려하고 죽간(竹簡)을 가져오는 길이오." 했다.」

〈김구용 선생의 『동주 열국지』 참고〉

옛날을 '낡고 미흡하다!'라고 여기지만, 오히려 옛날이 더 체계적이고 엄격한 게 많았다!

세계 역사상 최고의 혼란기 춘추전국시대를 또 보면, 위치적으로 정(鄭)나라는 중국의 목구멍과 같다고 했다. 정나라는 중국의 한가운데의 주황실 옆에 있었지만, 나라가 작아서 위로는 춘추5패(覇)의 영웅인 진문공(晉文公)의 진나라와 아래에는 초(楚)장공의 초나라에 끼여 있는 실정이었다. 그러다 보니 정나라는 수백 년간 진(晉)나라와 초나라의 공격을 수십 차례 받았다. 정나라가 자주 침략을 받을 때마다 상대국 진이나 초의 도움을 번갈아 요청해야 했다. 그때마다 초나라에게는 패후국(覇侯國)인 초나라만 섬기고 진나라를 섬긴다는 말을 숨겨야 했고, 진나라에게는 진나라만을 섬긴다고 말해야 했다. 도움을 받을 때마다 대국

(大國)들에게 많은 금은보화를 바쳐야 했다. 국민의 고통은 이루 말할 수도 없었다.

대한민국이 처한 상황이 정나라의 상황과 너무 닮았다. 남북한을 합친 한반도 역시 정나라의 상황과 너무 닮았다. 한반도는 전략적 요충지로 러시아, 중국, 일본, 미국 등이 항시 눈여겨볼 수밖에 없는 위치에 놓여있다. 구한말에 호전적인 일본이 우리를 짓밟았다고 생각하지만, 그때는 일본이 아니었더라도 러시아나 중국 등이 짓밟게 되어있던 '굴러온 떡(자중지란)'의 상황이었다. 즉, 원인은 나라의 처한 상황도 모른 체 내홍에 빠져있던 우리 지도자들의 책임이었다.

현재도 세상 사람들이 세상에서 가장 불안하고 위험한 지역으로 한반도를 꼽고 있다. 아프간, 이라크, 이란, 시리아, 이집트, 아프리카 등이 아니다. 그러나 그렇게 위험하고 불안한 상황을 우리만 모르는 것 같다. 아니면 만성에 젖어버렸는지. 아니면 아예 이판사판으로 사는 건지.

절제하고 겸허해야 한다. 특히 지도층들이 솔선수범의 차원을 넘어, 살신성인의 자세로 임해야 한다. 그리고 국민들도 잘못된 정쟁(政爭)에 현혹되어 감정에 휘말리지 말아야 한다. 우리는 절대 강대국에 끼일 수 없고, 약소국이란 것을 알아야 한다. 또 강대국이 되어야 한다는 욕심도 버려야 한다. 그리고 우리 주변의 강대국들은 절대로 우리가 통일되는 것을 원치 않는다는 것도 알아야 한다. 그들이 가지고 놀기에 최상의 분할로써 많은 이익이 창출되기 때문이다.

우리의 국민성에 많은 문제가 있는 것도 알아야 한다. 그들의 시야와 우리의 시야의 차이를 항시 파악해야 한다. 무리하게 통일을 이루려 하면 안 된다. 세계 최고의 경제대국 독일과 동일시해서도 안 된다. 국가

간에 우호는 증진하되, 혈맹국 또는 형제국이라며 의존하거나 과도하게 엮으려는 마음도 버려야 한다. 끊임없이 내실을 다지며 유비무환하고 조심하고 또 조심해야 하는 위치에 있다는 것을 한시라도 잊으면 안 된다. 하루 빨리 '절제하고 겸허하는 문화'를 만들어야 한다.

12
새것들은 좋다!

요즘 주변을 보면 노인들은 찬밥 신세이다. 우리 아파트의 24층에 사시는 할머니께서 초등학교 1학년생, 네다섯 살, 젖먹이, 세 명을 아침마다 데리고 나와 학교와 어린이집에 데리고 가시는 것을 본다. 애들이 귀엽게 생겼고, 신체가 좋으신 할머니께서 안정감 있게 애들을 데리고 다니신다. 아이들을 좋아하는 우리 부부도 자주 인사를 한다. "할머니께서 너무 힘드시겠다." 하면서도, 이보다 더 어려운 독거노인들도 걱정하게 된다. 모든 것이 늙고 병들면 새 것들에게 바통을 넘겨줘야 하는 게 자연의 순리인데도, 왠지 서글프다. 1층은 어린이집으로 좀 시끄럽기는 하지만 천사 같은 애들을 보면 하루가 싱그럽게 시작된다. 이때 우리 부부가 자주 내뱉는 말이 있다. "새것들은 좋다!"

아파트에서 불과 500m 거리에 재래시장이 있다. 십여 년 전부터 재개발이 대두된 지역으로 낡은 집들과 재래시장이 함께하고 있다. 거기 재래시장에는 장사하시는 '노인들'이 꽤 많이 있다. 얼마나 소득이 되는지는 몰라도 항상 그곳에 자리하시는 분들이다. 제법 활달하게 움직이는 분들도 있지만, 등이 활처럼 굽어 거동이 불편하여 보는 이들을 안쓰럽게 하는 분들도 있다. 약 50여 개의 가게와 노점이 있지만, 재래시장 한

가운데 대형슈퍼가 자리하여 모든 것을 다 빨아들이고 있는 듯하다. 뭔가 좀 균형이 안 맞는 듯하지만, 다들 잘 활동하고 계시는 것 같다. 60이 다된 나도 어떤 때에는 움직이는 것도 귀찮을 때가 있다. 생산적인 일을 하는 데에 점점 힘이 부족하다는 것을 가끔 느낀다. 서글퍼진다.

'과연 노인들이 무엇을 할 수 있을까?' 걱정일 때도 있다. 또 어머니가 계시는 요양병원의 노인들을 볼 때 늙어가는 것이 우울하고 많은 생각이 들고, 옛날 '고려장'이 이해가 될 때도 있다. 그렇다고 고려장을 부활해달라는 것은 물론 아니다. '노인들의 경험과 철학과 지혜'는 육체 등 그 무엇보다 가치 있고 크다. 그리고 노인들의 육체와 건강도 활용할수록 더 강해진다. 등산할 때 운동기구장에서 만나는 80세 노인이 역기를 75kg, 나보다 무려 25kg을 더 드시는 분도 있고, 철봉에서 기계체조 선수 이상으로 묘기를 부리는 어르신들도 많다.

왜, 상당수의 노인들은 정말 짐짝 취급을 당할 수밖에 없을까? 노인들 장애인들 노숙자들을 좀 더 지혜롭게 활용할 방안은 없을까? 쉽지 않겠지만, '사회의 균형발전'을 위해서 꼭 해야 할 일이 아닐까? 물론 한참의 젊은이들과 똑같은 수입이 있어야 한다는 것은 아니다. 노인층들, 장애인들의 행복 기준은 크게 높지 않고 적절하고 보편적인 방안을 찾는다면 상당히 많은 분들의 행복을 충족할 수 있을 것이란 생각이 든다. 적정한 수준으로, 돈보다 '밝고 건강한 사회'와 '지혜의 활용'을 추구하자는 것이다.

젊은 노인들마저 벌써 노인 취급하지 마시라. 새것을 창조할 수 있으면, 늙은이들도 새것이 될 수 있다. 최근 미래경제과학부 등에서 주관하는 '창조경제타운' 사이트를 알게 되어 아이디어를 연구 중에 있다.

한 아이디어로 울릉도에서 독도까지 튼튼하고 큰 바지선들로 연결하면 어떨까? 중간 1,000m 정도는 닻을 내린 대형 폐선 등으로 간격을 띄워 놓아 배들이 지나다닐 수 있도록 하고. 고강도의 큰 바지선으로 연결하여 해상골프·해상마라톤·해상육상·낚시대회 등을 개최하면 어떨까? 중간의 대형 폐선을 이용하여 숙박시설 등을 만들고, 연결된 바지선 옆으로 안전난간과 구명튜브 등은 물론, 헬기나 쾌속정 등을 항시 준비하여 안전사고 등에 대비하면…

또 한 가지 아이디어는 탄력성이 좋고 아주 질긴 줄을 개발하여, 직선으로 막대기 3개(가운데는 축)를 서로 감아서 돌아가도록 연결한다. 한쪽으로 한 번만 감아놓으면 며칠 정도는 거뜬히 자동으로 왔다 갔다 돌아가며 중간축을 통하여 '에너지창출'이 되는 '무한 동력기'가 될 수 있을 것이다.

꼭 창업을 위한 것이 아니라, 시민과 사회를 위하는 것으로 출발할 수 있을 것이다. 누차 강조하다시피, '왜 꼭 학교공부만 공부이고 공부에 나이 등이 제한되어야 하나?'이다. 마치 제도적으로 그렇게 가두고 있는 듯하다. 학생들의 교과목 실력과 작금의 교육제도만으로 우리 사회를 발전시킬 수 있을까? 무한의 영역까지 생을 다할 때까지 할 수밖에 없는 것이 공부이다. 연륜을 바탕으로 아이디어와 창의성이 강한 은퇴자, 어르신들의 경험과 지혜를 이용토록 하자. 진정한 산학관(産學官)이 될 수 있도록 보다 유연한 장(場)이 되면 좋겠다.

'노인들을 위한 마을농장 제도'는 어떨까? 국유지를 이용하거나, 국민연금 등 자금을 이용하여 농지, 산림, 어촌 등에 지역별로 적당한 크기의 토지를 다양한 방식으로 준비할 수 있을 것이다. 이때 환경과 미래를 위하여 반드시 엄격한 그린벨트 등을 준수한다. 유스호스텔과 쉬프트 원룸을 병합한 방식으로 각 층마다 공동욕실과 공동 화장실과 중앙에 공동거실과 거실주위에 5~8개 정도의 방을 만들어, 분양방식이나 임대방식 등으로. '외로움을 달래는 효과'와 '공동생산의 효과' 등이 있을 것이다. 총 5~7층을 넘지 않도록 하며, 30~50명을 정원으로 하는 것이 좋겠다. 아름다운 마을농장이 되지 않을까? '노인마을농장'에는 거주 노인들의 '자유와 화합과 평화'를 최대한 보장하는 '공동생활의 규칙'이 있어야 할 것이다. 독거노인들을 우선하든지, 노인들 구분과 지역별로 특성화, 자유스런 생산 활동, 인근 병·의원들과 건강검진연계 등. 그리고 '전문가들의 순회지원'이 있으면 더욱 좋을 것이다.

지역민들과 함께 영농조합을 함께할 수도 있다. 예를 들어 바카스가 울고 갈 술을 대체할 수 있는 건강음료를 개발한다든지, 효소개발, 음식개발, 물고기양식, 자연스러운 문화창출 등 소득창출도 가능할 것이다.

가까운 미래에 인구의 노령화, 폭발하는 중하층, 천연자원 고갈 등의 문제가 대두될 것이라고 걱정만 할 게 아니다. 노인마을농장은 단순 수명을 연장하는 게 아니라, '건강수명'을 연장할 것이고, '행복수명'을 연장할 것이다. 60연대의 경제개혁운동과 70년대의 새마을운동에 이어 '노인마을농장 운동'이 미래의 좋은 사회사업이 될 수도 있을 것이다. 그리고 적어도 노인들 장애인들 노숙자들이 '잉여인간 또는 짐짝'으로 취급되지는 않을 것이다.

새것을 창조할 수 있으면, 늙은이들도 새것이 될 수 있다!

13
자녀들(새로운 세대)에게 쓴 글(4)

　그동안 두서없이 문자를 보냈지? 영혼세상과 현실세상의 함수관계부터 '절제와 겸허'의 강조에 이르기까지. 오늘은 사주학을 바탕으로 얘기해볼게. 좀 많이 고루하다고 느끼겠지만, 자주 들었던 어휘들이고 나름 알기 쉽게 쓰고 있다.

　먼저 알아둬야 할 것은 여태껏 내가 가끔씩 얘기한 사주학은 현실적인 면보다는 철학적인 면이 강했었다. 오늘은 현실적인 측면에서의 사주학을 얘기해 볼게. 다시 말하면 사주학은 철저히 현실세상의 개개인의 '길흉화복'을 나타낸다. 따라서 사주학의 큰 뼈대는 '신강(身强:자신이 강함)'한 것을 가장 우선으로 여긴다. 그다음 타고난 사주팔자의 '구조'가 좋아야 한다. 최상의 사주는 신강하며 좋은 구조에 '균형'을 이루어야 한다. 그리고 사주를 보는 중요한 방법은 사소한 것에 집착하지 말고 전체적으로 보며, 좀 비판적으로 봐야 한다. 그래야 발전할 수 있다. '구조, 주요 특성, 균형, 흐름'을 보며, 반드시 보완하고 노력하려 해야 한다.

　처음 사주책을 볼 때, '관(官)은 나(我)를 극(剋)하는 것인데 어떻게 벼슬(官)을 안겨줄까?' 궁금했다. 한참 뒤 깨달은 바로는, 인간은 오욕칠정의 덩어리이기에 '극제(剋制)'하지 않으면 어디로 튈지 모르기 때문이다.

　　　　　　　　　　　　나我란 없다!

그래서 官을 타고난 사람은 인생을 살아가는 태도가 반듯하고 방정하여 타의 모범이 된다.

그러나 官은 자신을 극하기에 자신의 사주가 신강해야 한다. 사주가 신강해야 官이 벼슬로 이어질 수 있고, 신약할 경우 官은 정말 자신을 극하는 '살(殺)'이 된다. 즉, 현실세상에서 관(官:벼슬)은 명예이자 관직이고 긍정적이고 예의이자 충성이고 종(從:따르다, 순직하다)이고 생명이라고 한다. 이렇듯 官은 보수적이다. 역으로 설명하면 모든 인간은 이기적이고 본인이 제일 잘났고 자신에게 도취되어 있고 오욕칠정의 덩어리이기에, 그 욕심 덩어리인 나(我)를 길들이지 못하면 '지옥'이라는 뜻이다! 그런데 요즘 벼슬아치들은 초심의 從이 너무 빨리 끝나 일찍 칼을 맞더라. 옛날 天子(황제)도 하늘(=백성)과 땅(=백성)을 위하여 끝까지 종(從)해야 오래 살아남을 수 있었다. 하물며 요즘 벼슬 나부랭이들이….

인(印)은 이성적이고 긍정적이고 공부이자 인내이고 책이자 문서이고 재물문서이다. 좀 수동적이지만, 官을 보호해준다. 그래서 관인상생(官印相生)으로 형성된 사주는 아주 올바른 사주로 벼슬을 오랫동안 잘할 수 있다는 것이다.

동서고금을 막론하고 사주에 官과 印이 잘 구성된 관인상생(官印相生)의 사람들이 '정치 지도자'들이 되어야 그 사회가 발전한다. 그래야 오랫동안 국가와 국민을 위하여 예의를 갖추고 충성하며 '살신성인'할 수 있기 때문이다. 그들은 대부분 도덕선(道德善)을 갖춘 자들이 많다. 하나일 때보다 이렇게 좋은 구조가 엮이면 사주가 훨씬 좋아진다. 요즘 가장 필요한 사주 형태이다! 물론 사주 전체의 구조와 균형을 더 봐야 하겠지만….

그다음 질문은 '상관(傷官)이란 자신의 지혜·끼·재능 등을 분출하는 것으로, 최고의 감성이자 창조력이고 기술이고 표현이고 베풂인데, 왜 관(벼슬)을 해치는 것일까?'였다. 상관은 감정분출로서 자신의 오욕칠정을 제어하기 어렵고, '자신이 제일 잘 나고' '자기주장'이 많아서 '官과 질서'를 무시하기 때문이다.

상관(傷官)도 자신의 엑기스를 뽑아내는 것으로 신약(身弱)해지기 쉬워 신강해야만 한다. 만약 신강한 사주가 상관(傷官)을 필요로 하는 경우는 엄청난 재능을 발휘하게 된다. 특히 문학·예술 방면에서 뛰어난 자들이 많다. 그러나 대부분의 강한 상관이 있는 자나 상관이 있는 여성의 경우는 세상살이가 힘들고 남편과 해로가 힘들다. 즉, 상관(傷官)이 강한 경우 감정적이고 비판적이고 순간적인 재치이고 변화무쌍한 표현이고, 베풂이자 자기주장과 동시에 자유와 일탈이기에 화(禍)를 부른다.

게다가 상관견관(傷官見官:사주원국에 상관도 있고 官도 있는 경우)은 위화백단(爲禍百端:백 가지의 화를 부르는 단초)이라 했다. 상관견관(傷官見官)에서 자신의 사주팔자에 官이 나타나지 않으면(상관만 있고 관이 없으면) 화(禍)가 덜한데, target(官)이 있으면 말 그대로 상관(관을 해친다)의 뜻이 몇 갑절 강해져서 '데모주동자'의 운이고 위도 아래도 없이 마음에 안 들면 씩씩 거리며 날뛴다. 그런데 오히려 상관견관의 본인들은 남들이 자신을 못 알아주는 것에 답답해하고 삐치며 감정이 쌓여 악순환이 된다.

또, 상관을 3초(梢=혀, 거시기, 손발)라고 하며 제일 조심해야 할 運이라 한다. 인생이란 백 번 좋아도 한 번 나쁘면 헤어나기 힘들다. 그런데 가끔 상관견관이 '선거'나 '으쌰으쌰'로 한탕귀족이 되기도 하지만 그 뒤가 문제이다.

최상의 사주로 꼽히는 재생관(財生官:재물과 벼슬)은 조심성과 준비성,

공격성을 가졌으며 이성적이면서 말이 없고 포커페이스고 냉정하다. 감정을 드러내지 않고 자기관리에 철저하다. 대부분의 사람들이 재생관을 보면 무미건조하다고 느끼지만, 목표를 향하여 끊임없이 아주 계획적이고 준비가 철저하다. 그래서 잔인하다고 표현된다. 잔인하니까 그만큼 자기관리를 잘할 수 있을 것이고 지배력이 있을 것이다. 특히 그 잔인함은 자신의 목표달성이 이루어진 후에 나타나고 남들이 느끼기 시작한다.

그런데 그렇게 냉정하고 목표를 달성할 때까지 빈틈이 없는 재생관들도 균형 잡힌 신강 사주여야 가능하고, 財官이 과(過)하거나 財官의 구성이 올바르지 않으면 '재살태과'나 '재살지(財殺地)'로 전락하여 악독하거나 악질이 많고 단명하거나 정신이상자로 된다. 사주는 '구조'와 '균형'이 중요하다고 했다.

그리고 '재생살'은 사람을 잘 현혹시키고 음흉하고 욕심이 많아 성질이 차갑고 잔인함이 단점이다. 자칫 무리하거나 일찍 간파되면 먼저 칼 맞는다. 또 재생살이 강한 자들은 나라 기둥뿌리도 뽑아먹을 수 있다. 또 사주에 財, 官이 없는 자들이 財, 官을 쫓으면 안 된다, 財, 官은 따라오는 것이다!

'견겁태왕(肩劫太旺)'은 자존심, 아집, 경쟁심, 추진력은 좋으나, 절대 제 잘못은 없으며 근시안적이고 감정적으로 빠지기 쉽고, 물불을 가리지 않는다. 또 잘 될 때는 도와주는 이들이 많은데, 안될 때는 모두가 썰물처럼 빠져나간다.

사주책의 설명은 10%를 충족하지 못하는 경우가 많다. 특히 수만 갈래의 인생살이를 설명해야 하는 사주학에서 干支(천간지지)로만 세상의 모든 것을 표현해야 하는 어려움과 함께, 일일이 남의 입장에서 표현한다는 게 정말 어렵고 힘들지만, 오늘은 몇 가지 주요한 것들만 얘기한다.

인기주의가 부상(浮上)하면서 똥배짱의 '상관'이나 '상관견관자들(반골 기질의 운)과 항상 최고가 되어야 하는 '재생살격'이나 '무제 양인격들', '견겁태왕자들(못 먹어도 GO)'도 인기투표로 귀족에 당선되는 시대가 됐다. 걱정이다! 이런 자들은 종(從)하기는커녕, 지들이 최고여야 하는 자들로 지들을 從하라고 외치기 때문이다. 더욱 문제는 이 자들은 이성적이지 못하고 '감정적'이라는 것이다. 춘추전국시대의 영웅들이나 패왕들마저도 '감정적 대응'으로 인해 하찮은 졸병들에게 목숨을 잃는 경우가 많았다.

傷官(말이 비수, 똥배짱), 상관견관(자기주장, 반골, 역적), 재살지(과욕심, 과격), 재다신약(착각자), 극신약자(착각자), 극신강자(착각자), 형충다자(사고자, 살인마), 또 기타 귀살혼잡자(착각자), 혼탁의 견겁태왕자(똥배짱, 무차별공격형), 무제양인격(무차별공격형) 등의 '나쁜 별들'이 있는 사주는 대부분 결국 힘들게 살아가게 된다. 이러한 사주들은 아무리 포퓰리즘 시대라 하더라도 국가와 국민을 위해서 사전에 관료가 되는 것을 막는 게 좋다. 단, 간혹 '불쏘시개'로 사용할 수는 있을 것이다.

이런 것들이 조금씩 섞여 있는 우리 민초들도 해결방책이 없는 것은 아니다. 쉽지 않다는 것이다. 쉬우면 모든 민초들이 그냥 민초로서 살겠는가? 우선 '자기관리'를 철저히 해야 한다. 자기관리의 근본이자 최상은 '절제와 겸허'라고 했다! 모든 세상 사람들의 눈에도 '교만한 자들'은 이미 밥맛이다!

나我란 없다!

결국 사람들을 조심해야 한다. 나 자신이 오욕칠정의 덩어리로 통제 불능인데, 남들의 오욕칠정을 어떻게 대처하겠는가? 또, 제 기분에 젖거나 과하고 의무적으로 친해지려 하는 것은 자타 모두에게 피해를 준다. 특히 지금 '친한 자들'도 조심하라! 주변에 달콤한 말을 잘하거나, 교만하거나, 고집 세거나, 이상한 者들은 무조건 절대 피해야 한다.

이러한 것을 바로잡는데 수년 수십 년의 습관을 길들여야 했다. 아직도 많이 부족하다. 등산할 때도 가벼운 봉우리를 올랐으면 그 봉우리를 이용하여 능선을 타면 목적지에 손쉽게 갈 수 있는데' 계곡이나 협곡 등으로 빠져 속칭 '냉탕온탕' 하면 거의 초주검이 된다. 누구나 마찬가지로 자신이 먼저 '감정(오욕과 칠정)'에 휩싸이면, 주변의 '달콤한 말'이나 '계곡과 협곡' 등이 지름길로 보이게 되고 현혹된다. 대부분 사람들의 사주가 이렇게 자기가 자기를 현혹하는 사주이다. 실력도 있어야 하겠지만, 항시 '절제와 겸허의 습관'이 우선 되어있어야 한다.

재생관이나 관인상생, 식신생재 등의 '좋은 사주들'도 습관화되어가는 과정 등에서, 충·형·파·해·살 등과 주변의 사람들의 사주와 엮여서 '희비'를 겪게 된다. 이렇게 세상은 쉬운 길도 없고 완벽한 사람도 없다. 누구나 할 것 없이 반드시 '조심과 절제와 겸허'를 해야 한다. 그리고 누구나 반드시 산이 높으면 골이 깊다는 것을 명심해야 한다. 간단한 표현으로 '내가 최고다!'하는 순간 다음부터는 내리막길만이 그를 기다리고 있을 뿐이다. 그러나 자신을 항시 미흡(바닥)하다 여기며 '절제하고 겸허'하는 사람들은 바닥 다음의 오르막길만이 그를 기다리고 있다.

사주를 얘기하다 보니 말이 많아졌다. 지금 우리 사회는 혼돈에 빠져

있다. 위아래 할 것 없이 원칙도 없고 정의도 없어졌다. 반드시 이 난국을 헤쳐나가야 한다. 官의 길은 從해야 하고 국가와 국민을 위해 목숨을 바치는 길이다. 높은 자리에 오를수록 살신성인하는 자세가 필요하다! 지금처럼 개나 소나 벼슬아치가 되면 나라가 망한다.

名(이름)이 나는 것에 일희일비하지 마라. 나중에 너무 허무하며 지옥이다. 항상 조심하고, 절제 겸허하자.

나我란 없다!

14
상대를 神으로 봐라!

개인이든 집단이든 국가든, 남 탓만으로 절대 발전할 수 없다. 특히 남 탓이 감정에 사로잡힌 경우이거나 집단의 욕심이 들어가거나 사심(私心)이 들어간 경우, 악감정은 악감정을 부르고 자칫 영원히 철천지원수가 될 수도 있다. 오월동주(吳越同舟)는커녕….

여태까지 지난 일들과 현재의 부족함들에 대하여 '우리의 반성과 개선'을 외치며, 지난 일들을 반성·비판적으로 글을 써왔다. 안으로 재정비하고 극복하자는 것이다. 이러한 '내실 다지기'에도 자칫 너무 감정적이고 욕구 불만적으로 빠질까 우려되는데, 하물며 살얼음 위를 걸어야 하는 대외적 문제에는…? 세상의 흐름을 잘 읽을 줄 알아야 하며, '외유내강(外柔內剛)'의 지혜도 지녀야 할 것이다.

내(우리)가 상대방에게 당했던 지난 것들에 대하여 잠도 못 들 정도로 치가 떨리는 것은 사실이다. 그러나 그 일만 물고 늘어진다고 그 일이 없어지거나 옆에서 동정하고 도와줄 사람은 없다. 그 당시 나(우리)의 준비부족이나 교만은 없었을까를 반드시 반성해봐야 한다. 무조건 상대방의 잘못이었을까? 도둑질 강도질 당하는 자들의 책임이나 과오는 없을까? 나(우리)는 무조건 옳았을까?

사건이 벌어지기 전에 항상 '절제와 겸허'하고 준비했어야 한다. '모든 일은 내 탓이요 내 탓이요, 내 큰 탓이로소이다!'라고 했다. 나(우리)의 '혼동'과 '욕심'과 '자중지란'의 원인이 훨씬 더 크다. 노름판이나 싸움판에서 상대를 잘못 보거나 분위기 파악을 잘못해서 실컷 얻어터지고 난 뒤 하소연할 곳이 있던가? 소꿉장난도 아니고 웃음거리밖에 안 된다.

또, 너무 세상을 쉽게 보거나 의존적인 것은 아니었을까? 부모 자식 사이에도 애들이 어리고 부모도 젊을 때는 정신없이 의무감, 책임감 등으로 정성을 다해서 키운다. 그러나 애들이 20대 후반에 접어들고 부모도 60대 정도 되면 힘도 없고 모든 게 귀찮아져서 자식들과 이해관계를 따지게 된다. 그런데 자식들은 항상 보호를 받아오던 타성에 젖어 20대 후반은 물론 30이 넘어서도 부모에게 기대는 자들도 있다. 이때 '충돌'이 가장 크게 일어난다. 하물며 타인에게나 타 국가들에게는?

시대의 변화와 주변 정세의 변화에 따라 능동적으로 대처할 수 있는 만반의 준비를 항상 해야 한다. '아생연후'라 하지 않는가? 나(우리)가 준비(화합, 능력)도 안 되었는데, 뭘 하겠다는 건가? 남 탓을 할 여유가 없을 뿐 아니라, 더 얻어터질 수도 있다. 눈 뜨고 코 베이는 21세기에 살고 있다. 이미 2500년 전 '춘추전국시대'에도 그랬다. 이게 현실세상의 '삶'이고 '세상살이'이다. 죽고 난 뒤에 '하소연'할 수 있는가?

국가라는 체계가 없으면 모르지만 역사 이래 국가라는 체계가 줄곧 최고로 중요시되어 왔는데, 국가를 흔들 정도 '내홍'에 쌓이면서 뭘 바라고 있는가? 안으로 '화합'하며 '내실'을 다진 후에 뭘 해도 해야 한다. 그리고 대외적으로는 '줄타기 균형'도 잡을 줄도 알아야 하고, '체제 순

나我란 없다!

응(오른뺨을 맞으면, 왼뺨도 내놓을 수 있는)'도 할 줄 알아야 하고, 서로 '상생' 할 수 있는 지혜와 신뢰도 견지해야 한다. 패권국이나 강대국이 하루아 침에 이루어지는 것이 아니다. 그들도 수천 년간 엄청난 피를 흘리고 나 라 빼앗김을 반복하며 죽을 힘을 다하며 좋은 문화를 길러왔기에 가능 할 수 있었다. 우리 약소국들은 감히 상상하기도 힘든 수준이다. 우리 는 절대 교만하거나 허세에 물들거나 또는 빌빌거리면 안 된다. 내(우리) 가 약할수록, 상대를 신(神)으로 여기며 내실을 다져나가야 한다!

중학생 때 탁구를 제법 친다는 소리를 들었다. 그런데 공부만 하던 3 살 위의 형에게만 유독 지고 있었다. 질 때마다 '화'를 내니까, 어느 날 형이 한마디 고언(苦言)을 해줬다. "상대의 공을 '神의 공'으로 생각하고 공을 끝까지 봐라!" 그 뒤로 형에게 탁구를 진 기억이 별로 없다.

'상대를 神으로 봐라!'는 조언은, 개인 간, 집단 간, 국가 간에서도 마 찬가지이다. 서로 '절제와 겸허'를 하면서, 적정한 거리감을 유지할 수 있을 때 최상의 사이가 유지될 수 있다. 모두가 어디로 튈지 모르는 '오 욕칠정의 덩어리'인데 잘 제어하지 못하면 본인은 물론 상대방과 주변도 엉망이 된다. 나의 오욕칠정 덩어리를 제어하기도 벅찬데, 너의 오욕칠 정 덩어리까지 어떻게 컨트롤하겠는가? 너무 가까워도 엉망이 되고, 너 무 멀어도 문제가 된다. 집단이나 국가의 오욕칠정은 그 힘이나 파괴력 등이 훨씬 더 크다. 그런데 주변에는 제3, 제4의 오욕칠정의 덩어리들도 많다.

항상 절제·겸허하며 상대를 神으로 봐라!